美国教育丛书

美国中学名校申请指南

黎和平

世界华语出版社

美国教育丛书

通往常春藤之路
美国中学名校申请指南

编者：黎和平
封面设计：王昌华(Changhua Wang)
出版：世界华语出版社(World Chinese Publishing)
发行：电子版—谷歌图书(google play)
　　　纸质版—布乐图书(blurb)
电邮：minellc@gmail.com
版次：2019 年 1 月第一版，第一次发行
字数：160 千字
电子书定价：19.99 美元

作品内容受国际知识产权公约保护，版权所有，翻印必究

黎和平

从事教育工作四十多年。在中国曾任教于中学和大学。八十年代来美国后的第一年即进入纽约市教育局工作。先后任职中学教师,学业顾问,大学顾问,教育局招生办专员直至退休。长期以来,在从事教育工作的同时,对教育理论及实践都有深入的研究及经验积累。指导过的学生无以计数。成功的学生遍布中美各个行业。

目录

编者的话 1
美国各州分布图 5
通往常春藤名校之路 6
美国名校录取率较高的前 100 名中学 11
为什么要送孩子入读全寄宿学校 15
    寄宿学校和走读学校的优劣对比 15
如何做好面试准备工作 18
美国私立寄宿学校 索引与介绍 23
    （一）七大中学名校 23
    （二）2018 年二十所顶尖中学 24
    （三）综合分类索引 25
编后语 301

编者的话

教育是富国、富家之本。这世界上的人，不管来自于何国，出自于何种民族，都极其重视子女的求学及受教育程度，何况是具有孔孟遗风的中华民族。在西学东渐了几百年后，出洋留学仍然是中华民族中父母对子女的最高期望。人们想尽办法，倾其所能把子女送往美国、欧洲、澳洲、日本等地求学，在所有热门的求学地中，美国往往是家长及学子们的首选。

尽管外界对美国的教育制度褒贬不一，但诺贝尔奖设立一百多年来，美国产生了最多的诺贝尔奖得主（科学奖几乎都由美国人囊括）。美国也产生了最多靠自己的本事起家的世界首富等等，这些事实却是不容置疑的。

送子女到美国留学在台湾、香港已经热门很久了，可仍然方兴未艾；但近十多年来，中国大陆随着经济快速发展，人们生活水平提高，成为出国留学生的最大输送地。原本的出国留学生以读大学及研究所为主，现在送青少年出国接受初等教育的热潮则悄悄兴起，

编者的话

势头越来越猛。因为大家开始意识到世界一流的美国高等教育一定要有相应的初等教育作基础。

身为有近四十年教龄的教育工作者，尤其有在美国教育系统二十几年的工作经历，看到不少的留学生因为未能慎选适合自己的学校而沦落为问题少年，以致不仅未能达到留洋深造的目的，反而贻误了大好前程而深感痛心。为帮助小留学生及其家长慎选学校，我们在广泛了解、深入研究后，编撰了这本《美国私立寄宿学校大全》。希望能造福大众，对有心送子女出洋留学的家庭有所帮助，也为中国对美国教育的研究、对比、借鉴，提供信息数据。

美国的初等教育基本上分为两大部分：一部分是以平民普及教育为主的公立教育系统；另一部分则是以精英教育为主旨的私立教育系统。笔者在美国的公立教育系统工作这么多年，自然不会忽略公立教育的地位和作用，公立教育毕竟是美国初等教育的主流之一。但是，公立学校是面对普罗大众的，不是为精英教育服务的。很多研究显示，精英教育的主流是私立教育系统而不是公立。从公立中学毕业考入美国一二流如常春藤盟校的学生，通常要一至两年时间才能适应并融入这些大学的教学运作程序；而私校毕业的学生，从入校那天起就知道该如何读书。大学教授通常可以根据该学生的素质，判断出学生是来自于公校还是私校。自从20世纪90年代中期以来，美国由加州带头而后波及许多州通过的反移民法案，使许多公校限制非移民子女入学后，也使私校成为非移民家庭子女入学的最先选择。

历届美国总统都强调教育是立国之本，也都主张强化公立教育，以民主党总统尤甚。但历届总统及其子女，却都接受私立学校的教育。卡特总统是一个特例，就任总统之后，他将女儿艾美送入公立学校，结果造成女儿强烈反应。因此，私立学校与公立学校的教育孰优孰劣，在美国民众心目中是有清晰答案的。

2000年美国总统大选让民众想到一个值得深思的问题：四个总统候选人都是什么样的私立学校培养出来的？答案是：私立寄宿学校。

当选总统布什毕业于菲立甫书院(Philips Academy，Andover)，福比斯毕业于在首都华盛顿 D.C.的圣奥本斯学校(St. Albans School)，而麦凯恩早他们十年毕业于维吉尼亚州的圣公会高中(Episcopal High School)。这些私立寄宿学校都是在美国东部原有的十三个英属殖民地之中。

二百多年来，私立寄宿学校一直是美国精英教育的大本营。毕业于寄宿学校的学生大部分会很怀念那段日子，虽然也有不喜欢的。但没有人会否认其教育的成果以及对他们一生所带来的影响。凡读过寄宿学校的人都承认：他们一辈子的行为习惯都是在寄宿学校养成的，他们在那里所交的朋友也是一辈子的朋友。用常春藤大学盟校的学生话说就是：那些人一看就知道是私立寄宿学校来的。

私立寄宿学校在美国历史中一直具有合法稳固的地位，后来因为有人抱怨其不够平民化，带有性别和种族歧视而受到挑战，于是很多私立寄宿学校在20世纪60年代开始调整办学方针，注意突显性别、种族平等，强调学生的学业表现而不是他们的出身。

70年代至80年代时，寄宿学校再次面临认同危机，人们怀疑寄宿学校对青少年成长的正面影响，于是私立日间走读学校开始快速成长。但有趣的是，私立寄宿学校的申请人数仍然持续增长。私立寄宿学校尽管学费都很高，申请者仍然比以往任何时候都多，比20年前增长了17%，入学难度与全国顶尖名牌大学相同。东北部最有声誉的七大名校（以后简称七大名校）的申请录取率从35%收紧到29%，门坎愈来愈高。

人们对私立寄宿学校能维持高度兴趣的原因，除了这些学校丰富的课程设置，超众的教学设施、更为多样化的学习内容及完善的道德教育之外，大幅增加的经济资助也功不可没。七大名校中有六所学校每年所获捐赠超过八所常春藤盟校中如宾州大学、布朗大学和康乃尔大学等，也超过三小名校(The Little Three)、阿姆赫斯特(Amherst)、威廉斯(Williams)和韦斯利(Wesleyan)。这使七大名校的三分之一的学生可获得经济资助，奖助学金可支付71.4%的学费。很多私立名校如圣安德鲁斯、圣保罗等，为了吸引资优学生，都采用不考虑家庭支付能力的招生政策(Need-blind basis)。

编者的话

　　国内外有很多人对寄宿学校了解不够。甚至在美国首都华盛顿所做的调查都显示，很多家长会视送子女到寄宿学校为家里有麻烦的讯号。不是子女行为不端，在校学习成绩低下，就是家庭在某方面发生了问题。实际上，确实有专门为行为不良和学习能力有限的学生开设的寄宿学校。但大多的寄宿学校是为那些要求有更高水平发展的学子而设的。学生在这些学校可以在学科上锻炼自己的才干，在运动上更上一层楼，或在艺术上有更好的发展。

　　研究发现，寄宿学校其实有利于家庭改善亲子关系。因为父母不用再扮演孩子的家庭作业"监考官"，周末活动的"司机"和日常生活的"警察"的角色。对单亲家庭和工作繁忙的双职工家庭尤其有利。上寄宿学校的青少年在父母不在身边的情况下，可学习新知识和作新的尝试，这就是走向成熟的转折点。学校教师常开玩笑说，学生们在父母面前个个都是小孩，但在学校却个个像大人。

　　尽管进入美国常春藤大学的竞争剧烈，但寄宿学校学生进入美国常春藤盟校和顶尖名校的比率还是最高的。2015年光是七大名校就有四百多人进入哈佛大学、耶鲁大学等常春藤盟校，其它寄宿学校也有上千人进入这些名校，占新生总数的三分之二左右。

　　私立寄宿学校好处多多，但大多数人却对这些学校知之甚微，作者希望能向大家提供一本对美国、加拿大及欧洲部分地区的私立寄宿学校有较详尽的介绍，使大家能对私立寄宿学校有一定了解的指导书。本书经过长时间搜集数据，再进行对比分类编纂而成，数据大多数直接由各校提供。本书编入的二百多所寄宿学校都是美国寄宿学校协会的成员，都是质量较高且信誉可靠的寄宿学校。目前许多私立的走读学校为了增加收入，也纷纷到中国招收学生。然后租用校外房产，让留学生集中住宿，雇用外人管理学生生活，或者让学生住到寄宿家庭。这种方式并不适合大多数留学生。也产生很多问题。家长要慎重考虑。

　　本书按美国各州的字母顺序排列编录，各州内学校的排列也以字母顺序为基础，但在分类目录中则有名校分类、特别学校分类及根据学校提供的特别课程及项目进行的分类，读者可根据目录查找不同类别的学校。

美国中学名校申请指南

美国各州分布图

通往常春藤名校之路

一向以报导经济金融为主的《财富》杂志在2002年9月份的月刊上，出人意料地作了一个特别的研究报告。经过对从1998年到2001年被哈佛大学、耶鲁大学、普林斯顿大学三所常春藤名校录取的学生逐个追踪，与各个高中确定落实，并参考《彼得森私立高中简介》（Peterson's Private Secondary Schools Guide）及全国教育中心公布的资料，《财富》杂志的研究员将全美国所有公、私立中学放在一起，按近年来向哈佛大学、耶鲁大学和普林斯顿大学输送毕业生的多寡作出排列，公布了前100名的入选高中。

结果显示：考进这三所顶尖名牌大学的毕业生总数比例最高的前100名学校中，94%是私立高中，只有6所公立学校名列其中。其中纽约市的亨特学院附中曾被最权威的《纽约时报》评为全国最优秀的公立学校，但在《财富》杂志公布的今年的排列中，只排到

26位；第二名新泽西州的名星中学普林斯顿中学则名列第59名；纽约市少年学子趋之若鹜的明星中学——史岱文森高中则只名列第120名。

《财富》杂志根据详细搜证后所写的研究报告就以"走进常春藤名校之门"为题。研究报告的目的是要证明：名牌高中与名牌大学的直接输送管道(feeder system)，在经过几十年的平民教育改革之后仍然存在。报告一开始就说："两个世代以前，如果你想进哈佛，你就该去读菲立普安都华书院(Phillips Academy Andover)如果你想进耶鲁，你就应该去读菲立普艾斯特书院(Phillips Exeter Academy)。"（《财富》杂志2002年9月刊第96页）；接着引述了访问耶鲁大学资深招生官员罗德·彼得森的问话："从全国顶尖中学到顶尖大学之间的输送管道是否仍明显存在？"答案是："没错。"报告进一步说明了这些顶尖高中是如何培养他们的学生、如何包装他们的学生。这些学校动用大量的人力物力从事申请大学工作：他们拥有勇于奉献的教职员工在从事申请工作，他们与各名校建立了良好的互动关系，这些都是高录取率的关键因素。（《财富》杂志2002年9月刊第96页）。

报告还指出：全美有31,700所高中。其中21,000所公立学校，10,700所私立学校（属于私立寄宿学校协会的有280多所）。在31,700所高中里，只有930所学校在近五年中有至少4个学生进入哈佛大学、耶鲁大学和普林斯顿大学就读，而其中私立学校占了绝对优势。有好几所顶尖大学都宣称他们的学生一半来自于私立学校，另一半来自于公立学校，让人觉得很公平，但实际上公立学校的毕业生是私立学校毕业生总数的十倍多。

好的私立高中及几所需要经过考核甄选才能进入的公立学校的学生，先赢在起跑在线：他们都是经过挑选的有天分的学生，入学后又可接受密集的教学培训。这是名牌大学偏爱他们的其中一个原因，同时，名牌大学也会乐于招收那些在公立高中各方面都拔尖的学生。但是，正如耶鲁大学前资深招生官员彼得森先生所说："如果你就读公立高中，你必须是学校拔尖的学生，你必须选对所选的课程，你还要找人帮你修改申请大学必备的作文。而如果就读私立

高中,这一切安排都像有人用汤匙喂食般不需要自己操心。"(《财富》杂志2002年9月刊第98页)

　　为学生申请选读大学的资格是私立学校最重要宗旨,因此,私立学校拥有特别有奉献精神的大学辅导员,他们专注于帮助学生向大学显示自己各方面的能力与成就。为此他们需要与大学招收办建立良好的互动关系;事实上,很多私校的大学辅导员都曾经是大学招生办官员。私立学校的大学辅导员的人数远高于全国平均水平:以全国公、私立学校合起来算,平均一个大学辅导员要协助490个学生;而在私校,一个大学辅导员只需协助40至60个学生。

　　私立学校的辅导程序从学生进入高中一年级便开始。他们建议学生选修对申请大学有帮助的课程,引导学生自我评估将来所要进的大学取向,与学生家长会商长远的策略。到了高中最后两年,大学辅导员就开始帮助学生准备目标大学排列,修正申请大学的文章,着手写推荐信。另一方面,这些大学辅导员也开始打电话到各个大学摸底以初步了解哪些学生可以被录取,哪些不可以,哪些学生介于录取与不录取之间。然后,他们会去大学游说,设法使边缘学生挤进去。能够与顶尖大学招生部门直接沟通的只有私校及少数几所顶尖公立高中,而大多数的公立学校"根本没有那种特权,让他们有权在学生收到录取通知书之前知道录取的结果(蕾秋•托尔)。"蕾秋•托尔曾任职杜克大学招生部门,也是《招生机密》一书的作者。(《财富》杂志2002年9月刊第100页)

　　私立学校学生在复审过程中也可以见到大学招生官员。报告中引用了新泽西州私立寄宿名校罗伦斯维尔高中(今次排名第39名)毕业生麦特•厄普顿的例子。他曾就读常春藤名校宾州大学,现在在加大伯克利分校读研究生。他告诉研究报告的作者,名校阿姆赫斯特学院的招生办官员曾到罗伦斯维尔高中批阅学生的申请文章,修改后才送出。今次名列第一的洛斯堡列拉丁学校毕业生亨利•萨顿今年考进了哈佛大学。他告诉《财富》杂志,哈佛大学的资深招生办官员去年曾到他们学校对学生演讲。亨利说:"在我们学校,聪明的学生都会就读哈佛,这已成为一种传统。哈佛学院的院长就是我们学校的首席理事。"(《财富》杂志2002年9月刊第100页)

有些私立学校会不辞辛劳地推荐他们的学生。名私校圣安学校（该校今次名列第 16 名）校长博斯沃士，今年春天亲自从纽约市布鲁克林带了部分毕业生去哈佛大学。他说："我对每一位我见到的招生官员说，这些是我们所拥有的精英中的精英。"（《财富》杂志 2002 年 9 月刊第 100 页）该校长也探访耶鲁大学、普林斯顿大学、布朗大学、达特茅斯学院及阿姆赫斯特学院，他认为在帮助他的学生的同时，各大学也同样得益："我不想在任何一家大学冒险，我不会送不出色的学生给他们，我可能曾送过一个次品到其它大学，但送到普林斯顿那类大学则没有一个是不好的。"（《财富》杂志 2002 年 9 月刊第 101 页）

　　与此相较之下，大多数公立学校的辅导员根本没有时间去打电话与大学招生部门交涉或建立良好的关系。曾经在纽约市明星高中——史岱文森高中任职辅导员的罗德·彼得森先生回忆说："只有史岱文森高中是个异类，她非常坚韧不拔地年复一年地尽力争取，才能赢得常春藤大学的重视。"（《财富》杂志 2002 年 9 月刊第 102 页）报告也指出，私立学校通常把帮学生申请大学资格作为优先工作，也很注意避免自己的学生互相竞争和互相排斥，他们会早在学生申请大学之前就作出调整和安排，确保"有更大的机会让符合条件的学生进入相应的学校"。

　　各大学都很注意录取率和入学率，即希望保持高入学率。各私校为迎合大学的心态，也投注很多精力在保证入学率之上。他们鼓励学生申请提早决定(early decisions)或者提早行动(early action)。提早决定是指学生提前在高中最后一年一开始就申请自己心仪的大学，大学也提早通知他们是否能录取；一旦录取，学生就一定要到该校就读。提早行动则没有限制一定要到该大学就读，但很多学生会将此作为自己的首选。三分之二的私校生都会提前申请。亚历斯·林彼 1999 年从菲立普安都华书院考入哈佛大学。他说他的学校尽其所能地增大学生考入各名牌大学的人数；为了保证入学率，甚至要求一些同学放弃自己的另一些选择。他本人在提前申请哈佛时，也曾考虑过普林斯顿大学，但学校要求每一个学生承诺一定去提前申请的学校就读，以免浪费名额，所以他就放弃了普林斯顿大学。（《财富》杂志 2002 年 9 月刊第 104 页）

从《财富》杂志的分析报告所列举的种种私立学校的策略和所为，都可以看出私立学校为培养精英学生是如何的煞费苦心、竭尽所能，这也是私立学校教育的吸引力，及继续兴旺的原因所在，也由此证明：私立高中及公立明星高中为有能力的家庭及学子敞开了进入常春藤名校之门。

美国名校录取率较高的前100名中学

"入读人数"为：入读"哈佛大学、耶鲁大学、普林斯顿大学"的人数；"人数"为：平均毕业人数。

NO.	学校名称	所在州	学校性质	成功率(%)	入读人数	人数
1	Roxbury Latin School	MA	私立	21.106	42	50
2	Brearley School	NYC	私立	20.904	37	44
3	Collegiate School	NYC	私立	20.000	42	53
4	Groton School	MA	私立	17.857	60	84
5	Dalton School	NYC	私立	17.580	77	110
6	Spence School	NYC	私立	17.160	29	42
7	Horace Mann School	NYC	私立	16.772	106	158
8	Winsor School	MA	私立	16.744	36	54
9	Milton Academy	MA	私立	15.843	109	172
10	Phillip Academy	MA	私立	15.681	167	266
11	Phillips Exeter Academy	NH	私立	14.754	153	259
12	Trinity School	NYC	私立	14.602	66	113
13	St. Albans School	DC	私立	14.110	46	82
14	Chapin School	NYC	私立	14.085	20	36
15	St.Paul's School	NH	私立	13.701	77	141
16	Saint Ann's School	NYC	私立	13.542	39	72
17	National Cathedral School	DC	私立	12.715	37	73
18	Polytechnic School	CA	私立	11.884	41	86
19	Hotchkiss School	CT	私立	11.009	60	136
20	Brunswick School	CT	私立	10.860	24	55
21	Deerfield Academy	MA	私立	10.765	76	17
22	Potomac School	VA	私立	10.345	30	73
23	Belmont Hill School	MA	私立	9.689	28	72
24	Baldwin School	PA	私立	9.524	16	42
25	Maimonides School	MA	私立	9.424	18	48
26	Hunter College High School	NYC	公立	9.358	67	179

美国名校录取率较高的前100名中学

27	Gilman School	MD	私立	9.346	40	107
28	Sidwell Friends School	DC	私立	8.989	40	111
29	Hopkins School	CT	私立	8.972	41	114
30	Pingry School	NJ	私立	8.841	45	127
31	St. John's School	TX	私立	8.704	43	124
32	Buckingham Browne & Nichols School	MA	私立	8.647	39	113
33	Lakeside School	WA	私立	8.571	39	114
34	Harvard-Westlake School	CA	私立	8.240	88	267
35	San Francisco University High School	CA	私立	8.226	32	97
36	Episcopal Academy	PA	私立	7.783	33	106
37	Greenhill School	TX	私立	7.752	30	97
38	Haverford School	PA	私立	7.749	21	68
39	Lawrenceville School	NJ	私立	7.665	64	209
40	Regis High School	NYC	私立	7.648	40	131
41	Ransom Everglades School	FL	私立	7.602	39	128
42	Holton-Arms School	MD	私立	7.541	23	76
43	Georgetown Day School	DC	私立	7.256	34	114
44	Greenwick Academy	CT	私立	7.407	16	54
45	St. Andrew's School	DE	私立	7.380	20	68
46	Fieldston School	NYC	私立	7.308	38	130
47	Germantown Friends School	PA	私立	7.295	24	82
48	Delbarton School	NJ	私立	7.285	33	113
49	Landon School	MD	私立	7.220	20	69
50	Professional Children's School	NYC	私立	7.286	12	42
51	Choate Rosemary Hall	CT	私立	7.259	65	227
52	Tower Hill School	DE	私立	6.912	15	54
53	Crystal Spring Upland School	CA	私立	6.838	16	59
54	Hackley School	NY	私立	6.649	25	94
55	Bryn Mawr School	MD	私立	6.646	21	79
56	Hathaway Brown School	OH	私立	6.599	13	49
57	College Preparatory School	CA	私立	6.502	21	81
58	Taft School	CT	私立	6.446	39	151
59	Princeton High School	NJ	公立	6.298	65	258
60	Greens Farms Academy	CT	私立	6.250	12	48

61	Maret School	DC	私立	6.204	17	69
62	Head-Royce School	CA	私立	6.189	19	77
63	John Burroughs School	MO	私立	6.154	24	98
64	Menlo School	CA	私立	6.107	32	131
65	Stuart Gountry Day School of the Sacred Heart	NJ	私立	6.087	7	29
66	Agnes Irwin School	PA	私立	6.091	12	49
67	Westminster Schools	GA	私立	5.959	46	193
68	Pembroke Hill School	MO	私立	5.928	23	97
69	Marlborough School	LA	私立	5.902	18	76
70	Bishop's School	CA	私立	5.897	24	102
71	Thomas Jefferson H.S.	VA	公立	5.893	95	403
72	Seven Hills School	OH	私立	5.809	14	60
73	Noble and Greenough School	MA	私立	5.665	23	102
74	Community School of Naples	FL	私立	5.556	7	32
75	Castilleja School	CA	私立	5.430	12	55
76	Nightingale-Bamford School	NYC	私立	5.389	9	42
77	Convert of Sacred Heart	NYC	私立	5.357	9	42
78	Packer Collegiate Institute	NYC	私立	5.340	11	52
79	Chadwick School	CA	私立	5.229	16	77
80	William Penn Charter School	PA	私立	5.028	18	90
81	Scarsdale High School	NY	公立	4.911	58	295
82	Princeton Day School	NJ	私立	4.878	16	82
83	Ramaz School	NYC	私立	4.878	24	123
84	Kent Place School	NJ	私立	4.878	10	51
85	Peddie School	NJ	私立	4.810	24	125
86	Indian Springs School	AL	私立	4.762	11	58
87	Bronxville High School	NY	公立	4.706	16	85
88	Canterbury School	FL	私立	4.698	7	37
89	Riverdale Country School	NYC	私立	4.646	21	113
90	Milburn High School	NJ	公立	4.637	37	200
91	Allendale Columbia School	NY	私立	4.511	6	33
92	University of Chicago Laboratory School	IL	私立	4.626	21	114
93	Altamont School	AL	私立	4.420	8	45
94	St. Andrew's Episcopal School	MS	私立	4.418	11	62

美国名校录取率较高的前100名中学

95	Shady Side Academy	PA	私立	4.400	22	125
96	Hawken School	OH	私立	4.378	19	109
97	University School	OH	私立	4.359	17	98
98	Bancroft School	MA	私立	4.348	10	58
99	Pine Crest School	FL	私立	4.330	31	179
100	St. Mark's School of Texas	TX	私立	4.308	14	81

为什么要送孩子入读全寄宿学校

寄宿学校和走读学校的优劣对比

当学生申请寄宿学校面试时,学生和家长都常常被问到这么一个问题:你为什么要申请寄宿学校而不是走读学校?你认为寄宿学校在哪些方面能给你(你的孩子)提供更好的教育和成长机会?这就是学校想了解你对美国寄宿学校的认识。希望你是真的理解:寄宿学校会给你(你的孩子)提供更好的教育资源和有助于你(你的孩子)成长为更优秀的社会人才;而不是因为这个学校比其他学校名气更大些。

有不少家长和国内的中介机构,在为学生选择学校时,把全寄宿学校和走读学校混在一起。让人以为上哪种学校都是一样的。其实不然。我在给有意送孩子来美国留学的家长提供建议时,会先让家长明确选择学校的两个前提:

1,是选公立学校还是私立学校。

2,是选全寄宿学校还是走读学校。关于选公立学校还是私立学校的问题,我已经在"通往常春藤大学之路"一文中作过比对,这里就不重复了。本文专门讨论全寄宿学校和走读学校的优劣对比,希望给读者提供对这两种学校更清晰的认识。

美国的很多名人,包括总统,成功企业家,学者,演艺明星,著名运动员,政治家大多都是私立学校培养出来的,而且是私立寄宿学校。有很多美国人,家住在高尚社区,附近的公立私立学校都很好,但偏偏要送孩子去离家百里或者千里的寄宿学校就读。寄宿学校究竟有什么魅力吸引家长们作出这样的决定?

众所周知,上寄宿学校的学生会较具有独立性。寄宿学校会尽其所能的为学生营造家的感觉。但学校毕竟不是孩子可以向父母撒娇赖皮的家。学校规定要独立完成的事,孩子会自动去完成;遇到

为什么要送孩子入读全寄宿学校

不想或不能独立完成的学生，学校老师会有办法让他们去完成的。我常提醒送孩子上大学的学生，挑室友的时候最好要求和来自寄宿学校的学生同住，比较不会遇到衣服几个月不洗，等家长来接时一起带回家洗；或物品扔满地而挺自在的室友。

寄宿学校是培养学生全面发展的最佳基地。所有全寄宿的学校，教学，体育运动，社团活动，艺术培训的设施都比走读学校要齐全的多。有些学校泳池，冰球馆，高尔夫球场，篮球场都是奥运或国际专业水准的。这些设施就在校内，不必在放学之后或假日在另外安排时间，费金钱去参加外面的培训了。有些学生不知道怎样去利用学校的资源，没有报名参加学校的各种活动，是非常可惜的。

寄宿学校的大部分老师跟学生一起住校，教学班级都是小班教学，学生和老师互动的机会就多了。有问题需要找老师帮忙解决的，直接见面或预约都很方便。老师想要找学生也容易多了。学校一周七天，都有活动安排。学生在校内所有活动都在老师和监管人员的监督下进行。所以人们喜欢说寄宿学校的教育是全天候，全时段的教育。

学生因为住校，省却了每天上下学的通勤时间，会有更多时间去读书，作功课和参加课外活动。这是其他学生没法相比的巨大优势。

寄宿学校的学生，相互朝夕相处，同吃同住，关系更为密切，较为容易成为终身的朋友。良好的校友关系，是学生一生非常珍贵的社会资源，会给学生带来事业上，生活上不可或缺的助力。

近来，为了扩大学校收益，很多走读学校也向国际学生招手。有些是租一个地方把国际生集中起来请人照顾；有些是让学生住到寄宿家庭然后走读。前一种因为学校设备还是走读的设计，国际学生集中吃住，还是没法融入其他美国学生，引起诟病。而后一种受欢迎程度高点，但还是有不少麻烦。如果家长不能陪读，我通常不建议让孩子这样留学。我把全寄宿学校和住寄宿家庭走读的留学方式通过下表作个优劣势比较，希望能为大家提供参考根据。

选择全寄宿学校和让孩子住寄宿家庭走读的优劣对比

全寄宿		住寄宿家庭走读	
优势	劣势	优势	劣势
1.教师与学生共同住校,随时解决学习及生活问题。学校的教学、体育运动、才艺、社团活动设施较齐全。	1.学校通常位于较偏远的地区。	1.能亲身体验西方家庭文化,让学生有家的感觉。	1.难以遇到理想的寄宿家庭。
2.学校设有专职辅导老师分别担任心理辅导、学业指导、课外活动教练及家长角色。	2.家长和亲友不能随时探访。	2.可供选择的学校较多。	2.寄宿家庭无法承担学生上补习班,参加课外活动接送的重责。
3.学生有充分的时间参与学术、运动、社区活动。活动有学校统一安排与监督。	3.家长与孩子的教育机会减少。	3.大多数可为家庭节省开支。	3.学生容易产生家庭生活疏离感(寄人篱下)。
4.更能培养学生的独立性,并有统一生活管理(出勤、宿舍卫生、灯火、零用钱)。	4.有些孩子会想家而产生适应不良。		4.学生对寄宿家庭的管教容易产生反弹情绪。
5.因为与同学同吃同住,很容易成为终身的朋友。			
6.一周7天的活动安排,接受全天候的教育成长机会。			

如何做好面试准备工作

如何做好面试准备工作

近年来，申请到美国的中学留学的学生人数急剧增长。越来越多的家长希望孩子尽早适应美国的教育环境，所以申请学生的年龄也有所下降。但是美国的大多数学校并没有因应这种趋势增加对中国大陆学生的招生名额，尤其是那些顶尖的名校，每年招收中国学生的配额都只有4到5个。造成了僧多粥少的激烈竞争局面。据了解，各个学校每年都有超过100多个申请人来争夺这4-到5个的学位。学校的招生压力大增。为了减压，纷纷提高入学门槛。很多学校把托福最低要求提高到105分。我常常很感慨地说，100分进哈佛都够了，进一中学比进哈佛大学还难！可见竞争的激烈程度。

可喜的是我们的孩子确实很优秀。很多孩子小小年纪就考出很高的托福分数和SSAT分数。学校招生办常常面临着怎样能从上百个分数，艺术运动才能，领导能力，社会活动经历都很出色的学生中挑选出4到5个录取学生的困境。作为申请人，不得不思考这样一个问题：在高手如云的竞争状况中，如何能够跻身出线呢？

学校的招生委员会通常不会在这些优秀学生中作出谁的托福SSAT 高一分两分这种细微的比较。在选择学生的程序中，面试成了他们在众多优秀竞争者中挑选心头之好的最重要的环节了。他们会通过面试来检验学生的能力，素质和潜能。

显然，面试出彩是在高手如云中出线的关键机会。现在大家也都很清楚这一点。各个中介机构也推出各种各样的面试培训。我不清楚短期的面试培训能对一个学生的面试应对能力有多大的帮助。但是，我深信学生自己平时做好准备是非常有用的。

那要从哪几个方面着手呢：

首先，要提高学生自身的口语，阅读和写作能力。有人可能会怀疑，面试不就是口语好就行了吗？请相信我，面试官除了看学生的口语能力外，会有办法检查学生的阅读和写作能力的。我在与学校沟通的过程中，常常听到他们说某学生的阅读和写作能力可能应付不了我们学校带有挑战性的课程。

其次，面试时要自然。让面试官觉得你的陈述很真诚。最好能把面试看作和老师在聊天，这样就不会觉得紧张。提问及回答问题时都要看着面试官，说话带点幽默的学生是很讨喜的。切记千万不要抢话，插话。如果面试官没有问你有什么问题，而你很想问问题时，要礼貌地说：Can I ask you a question？得到允许后才问。还要记得，所有陈述，答问及提问，不要涉及政治，宗教，种族等敏感议题。被问到了，也不要妄加评议。例如，考官问：你在意和其他族裔的同学住在同一个宿舍吗？尽管你很不想和一个黑人同学做室友，但你不能说，我讨厌黑人，最好不要让我跟黑人住。

第三，面试时的着装要符合本人的气质和形象。不夸张也不过于随意。如果你在申请文件中展示的是一个刻苦好学的学生，那就在穿着上带点书生气；如果你展示的是领袖型的学生，着装可以正式些；但是就算你已经是专业级的运动员，也不应该穿着运动服去面试；近年来常见诟病是：明明是一个中学生，面试时却一身名牌，让人瞠目。

第四，我建议面试前要针对每个要申请的学校作一个笔记。把

如何做好面试准备工作

这个学校的办学宗旨、特色、著名的校友等等排列出来，根据这些资料写一段文字，回答：Why do you like to come to our school? What do you think our school can help you to reach your goal? 面试官会用不同的方式问你这个问题来看你对学校的了解程度，也看你是否是学校想要的学生。同时，也要把想问面试官的问题事先列好。作笔记的好处是，写过一遍的事情，容易储存在记忆里。面试时就比较自如。

最后，大家一定很想知道面试官会问什么问题。根据我了解，各校各个面试官对不同的面试对象问的问题都不固定。不像标准考试有固定的试题。我根据几十年来与大多数名校交流的经验，总结了下面一些常问的问题，希望对大家有帮助：

1. What do you like about XXXX school?

2. How would you describe your family?

3. What aspects of school are most important to you?

4. What are your goals for the next few years?

5. What are your strengths and what do you perceive as your weakness?

6. What class/subject to you enjoy the most?

7. What do you do in your free time?

8. How would your favorite teacher/ friend describe you?

9. What/Why are you interested in XXXXX school?

10. What experience has made an impact on you?

11. Are you in or have been in any leadership roles?

12. What current issues concern you or please you?

13. What do you typically do during your Summers

14. Do you happen to know what field you are interested in?

15. What activities do you find most satisfying? Sports, music, arts, reading etc.?

16. Why are you interested in coming to boarding school?

17. Who is your favorite author and why?

18. Tell me something that I must know about you?

19. Are you and your parents in agreement about your interest in boarding school?

20. Who has influenced you the most in your life?

一个曾在 Phillips Exeter Academy 就读学生当时回答面试问题范本：

What do you like about XXXX school? (Based on Phillips Exeter Academy)

I think Phillips Exeter is the right choice for me because it is an environment that emphasizes collaboration and the exploration of multiple perspectives. I appreciate that as a student, I'll get the chance to hear different perspectives of a single issue. What's really important to me, is that I am hearing those perspectives from my own peers and not just being lectured about what history has considered to be right from an older educator. I think it will really help me to develop my own views and teach me to consider all sides of an issue before making any decisions.

Do you happen to know what field you are interested in?

Right now, I think I'm most interested in psychology. When I was younger, I wanted to be a doctor. But we discovered pretty quickly that I cannot stand the sight of blood. I can't really pinpoint when I started being interested in psychology but I remember wanting to be a psychologist because I wanted to help people whose disabilities were more invisible to the world than those with physical disabilities. As I've grown older, I've grown to love psychology because of the way it encompasses other fields of knowledge and allows me to learn about other subjects in completely different ways.

如何做好面试准备工作

Why are you interested in coming to boarding school?

I'm particularly interested in boarding school because I think it offers you a type of education that you can't get at a day school. You're living with your peers 24/7, without your parents there to help you problem solve or to pick up after you. It teaches you a type of independence that you can't get while living at home, while also still giving you a nurturing and caring academic environment.

What do you do in your free time?

I really like to make sure that I'm separating my free time from the time I spend doing my extracurricular activities. What makes it different for me, is that while I am doing things that I enjoy outside of school in both of those times, my free time is really for me to relax and practice self-care. I like to do casual reading, as well as spending time connecting with my friends.

美国私立寄宿学校 索引与介绍

（一）七大中学名校

美国的顶尖大学里有八所常春藤盟校。分别是哈佛大学、耶鲁大学、普林斯顿大学、哥伦比亚大学、布朗大学、宾夕法尼亚大学、康乃尔大学及达特茅斯学院。之所以称为常春藤，是因为这些学校的高质素教育历史不息，学校的历史悠久，校园的古老建筑物上攀满常春藤而得名。

与这些大学相得益彰的是顶尖的寄宿私立中学。这些学校不仅历史悠久，而且每年向顶尖名牌大学输送大量毕业生，也产生众多名人，因其古老建筑上也攀满常春藤，故被称为常春藤中学。

Group of Seven

1. Choate Rosemary Hall（齐奥特·罗斯玛莉学校）☆★ 68
2. The Hotchkiss School（海契克斯学校）☆★ 74
3. Phillips Academy（菲利普斯学院）☆★ 81
4. Deerfield Academy（鹿田书院）☆★ 140
5. Phillips Exeter Academy（菲利普艾瑟特书院）☆★ 179
6. St. Paul's School（圣保罗学校）☆★ 181
7. Lawrenceville School（罗伦斯维尔学校）☆★ 187

（二）2018年二十所顶尖中学

尽管美国的私立中学很反对搞排名，但《美国新闻及国际报告》杂志（U.S News & World Report）从2001年开始，还是参照每年对大学及研究院所作的评估，在美国三百多所私立寄宿学校中评选出前二十名的学校。下面是2018年的评选结果：

The top 20 boarding schools 2018

1. Cate School（凯帝学校）☆ 43
2. The Thacher School（撒切尔学校）☆ 57
3. Choate Rosemary Hall(齐奥特·罗斯玛莉学校)☆★ 68
4. The Hotchkiss School（海契克斯学校）☆★ 74
5. Kent School（坎特学校）* 76
6. Phillips Academy（菲利普斯学院）☆★ 81
7. The Taft School（塔虎特学校）☆ 89
8. St. Albans School(圣奥本斯学校) 93
9. Lake Forest Academy（湖林书院）* 108
10. Concord Academy（康柯德书院） 137
11. Deerfield Academy（鹿田书院）☆★ 140
12. Groton School（格罗顿学校）☆ 145
13. Middlesex School（米度萨克斯学校） 150

14. Milton Academy（米尔顿书院）.................................. 151
15. Cranbrook School（鲱斗溪学校）* 162
16. Phillips Exeter Academy (菲利普艾瑟特书院) ☆★ 179
17. St. Paul's School（圣保罗学校）☆★ 181
18. Lawrenceville School（罗伦斯维尔学校）☆★ 187
19. The Peddie School（帕帝学校）* 188
20. Emma Willard School（埃玛威莱特学校）......................... 193

（三）综合分类索引

★ 开设有英语为第二语言课程（ESL）的学校，共 180 所。

中国学生要进入美国的寄宿学校，大部分学校会要求学生通过入学考试才获得录取。但英语毕竟不是母语，要灵活通用于各门学科会有困难，而英语为第二语言课程就可以为他们提供支持和帮助。

☆ 《美国新闻及国际报告》杂志（U.S. News & World Report）参照每年对大学及研究院所作出的评估，在三百多所私立寄宿学校中评选出名列前茅的学校（这种评估并不是每年都做）。

1. Indian Springs School (印第安春泉学校).......................... 35
2. St. Bernard Preparatory School (圣伯纳学校)................... 36
3. The Orme School（奥姆学校）* 37
4. Southwestern Academy（西南书院）* 38
5. Verde Valley School（翠谷学校）* 39
6. Subiaco Academy（苏比亚科书院）................................ 40
7. Army and Navy Academy（加州陆海军学院）* 41
8. The Athenian School（雅典学校）* 42
9. Cate School（凯帝学校）☆ 43
10. Dunn School（岱恩学校).. 44

11. Flintridge Sacred Heart Academy(燧石岭圣心书院)＊ 45
12. Beasant Hill School of Happy Valley(快活谷学校)＊ 46
13. The Harker School（哈克学校）＊ 47
14. Idyllwild Arts Academy（牧诗文科书院）＊ 48
15. Midland School(中原学校) 49
16. Monte Vista Christian School(蒙达韦斯达基督学校)＊ 50
17. Oak Grove School（橡木园学校）＊ 51
18. Ojai Valley School（奥塞谷学校）＊ 52
19. San Domenico School（圣多敏尼歌女子学校）＊ 53
20. Santa Catalina School（圣塔卡特琳娜女校） 54

21. Southwestern Academy（西南书院）＊ 55
22. Stevenson School（史蒂文森学校） 56
23. The Thacher School（撒切尔学校）☆ 57
24. Villanova Preparatory School（维兰诺凡学校）＊ 58
25. The Webb School（伟博学校） 59
26. Woodside Priory School（木边修道学校） 60
27. Colorado Rocky Mountain School(科罗拉多落基山学校)＊ 61
28. Colorado Timberline Academy（科罗拉多林边书院） 62
29. Fountain Valley School Colorado(科罗拉多喷泉学校)＊ 63
30. The Lowell Whiteman School(罗威佛文学校) 64

31. Avon Old Farms School (艾凡学校) 65
32. Canterbury School（坎特伯利学校）＊ 66
33. Cheshire Academy（撒沙书院）＊ 67
34. Choate Rosemary Hall(齐奥特·罗斯玛莉学校)☆★ 68
35. Eagle Hill School（鹰岭学校） 69
36. The Ethel Walker School（埃塞尔沃可学校）＊ 70
37. The Forman School（科文学校）＊ 71
38. The Glenholme School（格兰荷姆学校） 72
39. The Gunnery School（甘诺利学校）＊ 73
40. The Hotchkiss School（海契克斯学校）☆★ 74

41. Indian Mountain School（印第安山学校）* 75
42. Kent School（坎特学校）* 76
43. The Loomis Chaffee School（卢米斯学校）............................ 77
44. Marianapolis Preparatory School(玛莉安那波利斯学校)* 78
45. Marvelwood School（奇异木学校）* 79
46. Miss Porter's School（波特斯女校）☆ 80
47. Phillips Academy（菲利普斯学院）☆★ 81
48. The Oxford Academy（牛津书院）* 82
49. The Rectory School（教区学校）* 83
50. Rumsey Hall School（林西名人学校）* 84

51. Saint Thomas More School（圣汤玛士摩尔学校）* 85
52. Salisbury School（索尔兹伯利学校）................................. 86
53. South Kent School（南坎特学校）* 87
54. Suffield Academy（撒菲尔德书院）* 88
55. The Taft School（塔虎特学校）☆ 89
56. Westover School（威斯特沃佛学校）* 90
57. Westminster School（西敏斯特学校）................................. 91
58. The Woodhall School（木厅学校）伍德霍尔学校* 92
59. St. Albans School(圣奥本斯学校)..................................... 93
60. St. Andrew's School（圣安德鲁斯学校）............................... 94

61. Admiral Farragut Academy（佛拉格特海军书院）...................... 95
62. The Bolles School（波列斯学校）* 96
63. Montverde Academy（蒙特佛德书院）* 97
64. Pine Crest School（松峰学校）* 98
65. Saint Andrew's School（圣安德鲁斯学校）* ☆ 99
66. The Vanguard School（永嘉学校）.................................... 100
67. Brandon Hall School（布兰顿学校）* 101
68. Darlington School（达灵顿学校）* 102
69. Rabun Gap-Nacoochee School（拉宾峡学校）* 103
70. Riversidw Military Acadmey（河边军事书院）....................... 104

71. Tallulah Falls School（托鲁拉瀑布学校）................................. 105
72. Hawaii Preparatory Academy（夏威夷预备学校）★ 106
73. Brehm Preparatory School（布莱姆预备学校）....................... 107
74. Lake Forest Academy（湖林书院）★ 108
75. Marmion Academy（玛米安书院）... 109
76. Woodlands Academy of the Sacred Heart(林地圣心书院)★ 110
77. The Culver Academies（冠佛书院）★ 111
78. Howe Military School（豪威军事学校）................................ 112
79. La Lumiere School（拉卢米尔学校）★ 113
80. Scattergood Friends School（播爱学校）★ 114

81. Maur Hill Prep School（茅坡大学预备学校）★ 115
82. Thomas More Pre-Marian（汤玛士摩尔圣母学堂）................ 116
83. Bridgton Academy（布里奇顿书院）...................................... 117
84. Fryeburg Academy（费拉堡书院）★ 118
85. Gould Academy（古德书院）★ 119
86. Hebron Academy（赫布伦书院）★ 120
87. Hyde School（海德学校）.. 121
88. Kents Hill School（坎兹坡学校）★ 122
89. Maine Central Institute（缅因中部书院）★ 123
90. Garrison Forest School（嘉理逊学校）................................... 124

91. Georgetown Preparatory School 乔治城大学预备学校 125
92. Oldfields School (老田学校).. 126
93. Saint James School（圣占姆士学校）★ 127
94. St.Timothy's School（圣提摩西学校）★ 128
95. Sandy Spring Friends School（沙泉之友学校）★ 129
96. West Nottingham Academy（西诺丁汉书院）★ 130
97. The Bement School（贝曼特学校）★ 131
98. Berkshire School（伯克谢学校）★ 132
99. Brooks School（溪流学校）... 133
100. Buxton School（伯克斯顿学校）★ 134

101. The Cambridge School Weston(韦斯顿剑桥学校)★ 135
102. Chapel Hill-Chauncy Hall School(教堂山学校)★ 136
103. Concord Academy（康柯德书院）................................137
104. Cushing Academy（吉顺书院）★ 138
105. Dand Hall School（丹娜名人学校）..............................139
106. Deerfield Academy（鹿田书院）☆★ 140
107. Eaglebrook School（鹰溪学校）★ 141
108. Fay School（小仙子学校）★ 142
109. The Fessenden School（菲森顿泉学校）★ 143
110. Governor Dummer Academy（总督书院）..........................144

111. Groton School（格罗顿学校）☆ 145
112. Hillside School（岭边学校）★ 146
113. Landmark School（地标学校）..................................147
114. Lawrence Academy（罗伦斯书院）★ 148
115. The MacDuffie School（麦克杜菲学校）★ 149
116. Middlesex School（米度萨克斯学校）............................150
117. Milton Academy（米尔顿书院）.................................151
118. Miss Hall's School（名人女子学校）★ 152
119. Northfield Mount Hermon School(北田贺曼山学校)★ ☆ 153
120. St. Mark's College（圣马可学院）..............................154

121. Stoneleigh-Burnham School（史东莱伯翰学校）★ 155
122. Tabor Academy（达坡书院）★ 156
123. Walnut Hill School（核桃坡学校）★ 157
124. Wilbraham & Monson Academy (威伯汉和蒙申书院) ★ 158
125. The Williston Northampton School(威利斯顿北汉普顿学校)★ 159
126. The Winchendon School（威契安顿学校）★ 160
127. Worcester Academy（华契斯特书院）★ 161
128. Cranbrook School（鲆斗溪学校）★ 162
129. Interlochen Arts Academy(英特洛晨艺术书院)★ ☆ 163
130. The Leelanau School（李兰诺学校）★ 164

131. Shattuck-St. Mary's School（圣玛莉学校）★ 165
132. Saint John's Preparatory School（圣约翰学校）★ 166
133. Piney Woods Country Life School（松林学校）☆.................. 167
134. St. Stanislaus School（圣斯坦尼斯洛斯书院）★ 168
135. Chaminade College Preparatory School(查敏民德学校)★........... 169
136. Thomas Jefferson School（托马斯·杰佛逊学校）★ 170
137. Brewster Academy（布鲁斯特书院）★ 171
138. Cardigan Mountain School（卡迪根山学校）★ 172
139. Dublin School（都伯苓学校）★ 173
140. Hampshire Country School（罕布夏乡间学校）.................. 174

141. High Mowing School（高谷学校）★ 175
142. Holderness School(侯德尼斯学校)...................... 176
143. Kimball Union Academy（金博联合书院）★ 177
144. New Hampton School（新汉普顿学校）★ 178
145. Phillips Exeter Academy（菲利普艾瑟特书院）☆★ 179
146. Proctor Academy(学监书院) ☆...................... 180
147. St. Paul's School（圣保罗学校）☆★...................... 181
148. Tilton School（提尔顿学校）★ 182
149. The White Mountain School（白山学校）★ 183
150. Wolfeboro Camp School（沃夫营学校）★ 184

151. Blair Academy（布列尔书院）...................... 185
152. The Hun School（汉学校）★ 186
153. Lawrenceville School（罗伦斯维尔学校）☆★ 187
154. The Peddie School（帕帝学校）★ 188
155. The Pennington School（潘宁顿学校）★ 189
156. The Purnell School （潘乃尔学校）★ 190
157. New Mexico Military Institute(新墨西哥军事学院)...................... 191
158. Darrow School（达罗学校）☆...................... 192
159. Emma Willard School（埃玛威莱特学校）...................... 193
160. The Gow School（格奥学校）...................... 194

161. Hackley School（哈克莱学校）* 195
162. The Harvey School（哈维学校） 196
163. Hoosac School（胡萨克学校）* 197
164. The Kildonan School（奇多南学校） 198
165. Maplebrook School（枫树溪学校）* 199
166. The Masters School（名家学校）* 200
167. Millbrook School（磨坊溪学校）* 201
168. New York Military Academy（纽约军事学校）* 202
169. North Country School（北国学校）* 203
170. Northwood School（北林学校）* 204

171. Oakwood Friends School（橡木之友学校） 205
172. The Stony Brook School（石溪学校）* 206
173. Storm King School（史坦金学校)* 207
174. St. Thomas Choir School（圣汤玛士学） 208
175. Trinity-Pawling School（千里达波玲学校）* 209
176. The Asheville School（艾希维尔学校） 210
177. Christ School（克里斯特学校）* 211
178. Saint Mary's School（圣玛莉学校） 212
179. Salem Academy（沙林书院） 213
180. The Andrews Osborne Academy School(安德森奥斯本中学)* 214

181. Gilmour Academy（基尔摩书院）* 215
182. The Grand River Academy（大河书院）* 216
183. Olney Friends School（奥尔尼之友学校）* 217
184. Western Reserve Academy（西部预备书院）☆ 218
185. Orego Episcopal School（奥立根教区学校）* 219
186. Carson Long Military Institute(卡森隆军事学校)* 220
187. CFS，The School at Church Farm（教会农场学校） 221
188. George School（乔治学校）* 222
189. Girard College（吉莱德学校） 223
190. The Grier School（格里阿学校）* 224

191. The Hill School（希尔学校） 225
192. Kiski School（基士奇学校）* 226
193. Linden Hall School for Girls（林登名人女校）* 227
194. Mercersburg Academy（姆萨斯堡学校）* 228
195. Milton Hershey School（米尔顿河水学校） 229
196. Perkiomen School（帕基奥曼学校）* 230
197. The Phelps School（费尔彼斯学校）* 231
198. Shady Side Academy（影边书院） 232
199. Solebury School（苏伯利学校）* 233
200. Valley Forge Military Academy&College(溪谷军事书院)* 234

201. Westtown School（西镇学校）* 235
202. Wyoming Seminary（怀俄明高等中学）* 236
203. Portsmouth Abbey School（朴次茅斯修道院学校） 237
204. St. Andrew's School（圣安德鲁斯学校）* 238
205. St. George's School（圣乔治学校） 239
206. Ben Lippen School（班立本学校）* 240
207. Baylor School（蓓蕾学校） 241
208. St. Andrew's-Sewanee School(圣安德斯斯文学校)* 242
209. The Webb School（苇伯学校）* 243
210. The Hockaday School（霍克弟学校）* 244

211. Saint Mary's Hall（圣玛莉名人学校）* 245
212. St.Stephen's Episcopal School(圣史蒂文斯教区书院)* 246
213. San Marcos Baptist Academy（圣马可斯浸会书院）* 247
214. Texas Military Institute（德州军事书院） 248
215. Wasatch Academy（华萨其书院）* 249
216. The Greenwood School（绿木学校） 250
217. The Putney School（蒲特尼学校）* 251
218. Rock Point School（岩尖学校） 252
219. St. Johnsbury Academy（圣约翰伯利书院）* 253
220. Vermont Academy（佛尔蒙特书院）* 254

221. The Blue Ridge School（蓝岭学校）* 255
222. Chatham Hall（查敦名人学校）* 256
223. Christchurch Episcopal School(基督教教区学校)* 257
224. Episcopal High School（教区高中）..................258
225. Foxcroft School（福斯克罗芙学校）* 259
226. Hargrave Military Academy（哈格雷夫军事学校）* 260
227. The Madeira School（玛蒂拉学校）* 261
228. Massanutten Military Academy(玛珊努顿军事书院)* 262
229. Miller School of Albemarle（米勒学校）* 263
230. Oak Hill Academy（橡木岭书院）..................264

231. Randolph-Macon Academy（兰道夫梅根书院）* 265
232. St. Anne's-Belfield School（圣安妮比尔菲学校）* 266
233. St. Catherine's School（圣凯瑟琳学校）..................267
234. St. Margaret't School（圣玛格莉特学校）* 268
235. Stuart Hall（斯图亚特名人学校）* 269
236. Virginia Episcopal School (弗吉尼亚教区学校)..................270
237. Woodberry Forest School（木莓林学校）☆ 271
238. Annie Wright School（安妮莱特学校）* 272
239. The Northwest School（西北学校）* 273
240. The Linsly School（林斯利学校）* 274

241. St.John's Northwestern Military Academy(圣约翰西北军事学院)* 275
242. Wayland Academy（韦兰德书院）* 276
243. American International School in Salzburg（莎尔兹堡美国国际学校）* 277
244. Albert College（艾伯特书院）* 278
245. Appleby College（亚扑拜学院）..................279
246. Ashbury College (阿什伯利学校）* 280
247. Balmoral Hall School（巴尔摩洛名人学校）* 281
248. Bishop's College School (主教学校)..................282

249. The Bishop Strachan School (斯特洛恩学校) ★ 283
250. Branksome Hall（布兰克什名人学校）★ 284

251. Brentwood College School（班特伍德学校）........................ 285
252. Lakefield College School（湖田学校）............................... 286
253. Pickering College（皮克林学院）★ 287
254. Ridley College（瑞德利学院）★ 288
255. Roseeau Lake College School（罗素湖学院）★ 289
256. St. Andrew's College（圣安德鲁斯学院）★ 290
257. St. George's College（圣乔治学院）................................. 291
258. St. John's-Ravenscourt School（圣约翰渡鸦院学校）............ 292
259. St. Michaels University School（圣马克大学附中）★ 293
260. Shawnigan Lake School（桑尼根湖学校）......................... 294

261. Stanstead College（斯坦斯德学院）★ 295
262. Trinity College School（千里达学校）★ 296
263. Upper Canada College（上加拿大学院）........................... 297
264. American Overseas School Rome(罗马美国海外学校)★ 298
265. Leysin American School in Switzerland(瑞士雷欣美国学校)★ 299
266. TASIS,The American School in Switzerland(瑞士美国学校)★ .. 300

1. Indian Springs School (印第安春泉学校)

网　　址：www.indiansprings.org
所在州：亚拉巴马州（Alabama）
地　　址：190 Woodward Drive, Indian Springs, AL35124-3272
招生范围：日间部八至十二年级，住宿部八至十二年级，大学预科
学生人数：279人（男生145人，女生134人）（住宿部81人(30%)，日间部198人(70%)）
教　　师：40人（博士13人，硕士25人）
入学要求：登陆CIEE进行网上申请，然后递交托福成绩，PSAT，ACT，SAT成绩，学校成绩单，教师推荐信。
2018学费：US$45,859（国际生寄宿部）
学校简介：这是一所中等规模的大学预备学校，建校于1952年。课程设置强调适合不同学生的需要并带有挑战性。学校从校园设计到各项设备都以为学生创造良好的学习环境为出发点。教师大多拥有硕士、博士学位，他们也都住校以便于就近督导和照顾学生。
课程设置：AP欧洲历史，AP美国历史，AP法语，AP西班牙语，AP音乐理论，AP物理，AP化学，AP生物。
运动队：篮球队，足球队，排球队，棒球队，高尔夫球队，网球队，垒球队。
社　　团：桥牌社，艺术社，象棋社，新闻社，乒乓球社，戏剧社，写作社。
大学去向：普林斯顿大学，斯坦福大学，耶鲁大学，哈佛大学，麻省理工大学，艾默斯学院，宾州大学，杜克大学。

2. St. Bernard Preparatory School (圣伯纳学校)

网　　址：www.stbernardprep.com
所在州：亚拉巴马州（Alabama）
地　　址：1600 St.Bernard Drive, S.E.Cullman, AL35055－3057
招生范围：大陆初中三年级至高中三年级；台湾国中三年级至高三；九至十二年级，相当于香港 Form 3 至 Form 6。
学生人数：160-180 人（住宿部&日间部）
教　　师：42 人
入学要求：网上申请，面试，学校成绩单，两封教师推荐信，经济证明，健康证明
2018 学费：US$39,750（国际学生寄宿部）
学校简介：圣伯纳大学预备学校是一所小型的私立学校，建校于 1891 年。该教会从公元六世纪以来，就以重视教育作为其优良传统。学校课程设置以大学预备为基础，在此基础上，开设其它具挑战性的课程，对学校要求严格。1999 年毕业班的学生获得全美学业优胜奖及各类奖学金高达 100 万美元。
课程设置：AP 课程：微积分 AB，化学，英文，英国文学，美国政府与政治。
运动队：足球队，篮球队，田径队，越野赛队，网球队，棒球队，垒球队，游泳队，排球队。
社　　团：围棋社，小区服务，计算机社，外语社，戏剧社。
大学去向：哈佛大学，麻省理工大学，布朗大学，波士顿学院，乔治华盛顿大学，卡内基梅隆大学，密歇根州立大学，杨百翰大学，布尔茅尔学院，阿拉巴马大学，佛罗里达大学。

3. The Orme School（奥姆学校）*

网　址：www.ormeschool.org

所在州：亚利桑那州（Arizona）

地　址：HC 63，Box 3040　Mayer, AZ86333

招生范围：七至十二年级，相当于香港 Form 1 至 Form 6；台湾国中一年级至高三；大陆初中一年级至高中三年级。

学生人数：126 人

教　师：27 人

入学要求：学校成绩单，教师推荐信，面试。

2018 学费：US$46,000（外国学生寄宿部）

学校简介：这是一所中型偏小的大学预备学校，建校于 1929 年。1999 年暑假完成校舍翻新，重建及加建了几座学生新宿舍。奥姆学校开设有多项带挑战性的大学预科课程项目，并尽力使学生在安全、舒适的环境中学习。每班学生人数不超过 10 人。

课程设置：AP 课程：英语，西班牙语，美国历史，欧洲历史，英国话剧。

运动队：足球队，球队，英式足球队，排球队，游泳队，爬山队，网球队，马术及田径。

社　团：艺术社，滑雪社，历史社，山脉自行车社，骑马社，舞蹈社，农业活动社。

大学去向：达特茅斯学院，加州大学洛杉矶分校，宾州州立大学，亚利桑那大学。

4. Southwestern Academy（西南书院）*

网　址：www.southwesternacademy.edu
所在州：亚利桑那州（Arizona）
地　址：Beaver Creek Campus Southwestern Academy 8800 East Ranch Campus Road. Rimrock, Arizona 86335
招生范围：大陆初中三年级至高中三年级；台湾国中三年级至高三；九至十二年级，相当于香港 Form 3 至 Form 6
学生人数：120 人（男生 67 人，女生 53 人）
教　师：17 人（博士 2 人，硕士 5 人）
入学要求：学校成绩单，考试成绩，面谈（或电话交谈）
2018 学费：US$48,850（外国学生寄宿部）
学校简介：该校是一小型寄宿学校，建校于 1924 年。学校开设全年授课课程，各学学科设计完成采用加州圣玛莉诺书院的课程标准。学生与教师的比例只有 4：1，亦即一个教师教四名学生，是超小班教学，更能发挥个别教学的优点，使学生受到充分的关注。
课程设置：AP 课程：代数 1，2，几何，美国文化，艺术史，生命科学，区域研究。
运动队：篮球队，足球队，排球队，垒球队网球队。
社　团：西南国际俱乐部，西南艺术社，西南音乐社，环境社。
大学去向：纽约大学，加州大学，波士顿大学，华盛顿大学，宾夕法尼亚大学，普渡大学。

5. Verde Valley School（翠谷学校）*

网　　址：www.vvsaz.org
所在州：亚利桑那州（Arizona）
地　　址：3511 Verde Valley School Road Sedona, AZ86351

招生范围：大陆初中三年级至高中三年级，台湾国中三年级至高三，九至十二年级，相当于香港 Form 3 至 Form 6

学生人数：298 人

教　　师：42 人（博士 2 人，硕士 17 人）

入学要求：托福成绩，学校成绩单，学生写作范文，原校校长及辅导员报告书，三封教师推荐信，家庭背景了解

2018 学费：US$47,400（外国学生寄宿部）

学校简介：这是一所小型私立学校，建校于 1949 年。学校的课程设置很注重不同学科的融会贯通。学校要求教师采用跨学科教学，使学生在学习某一学科时能同时应用其它学科的知识。

课程设置：AP 课程：无

运动队：篮球队，爬山队，高尔夫球队，英式足球队，网球队，舞蹈队。

社　　团：山地自行车俱乐部，体育课，瑜伽。

大学去向：斯坦福大学，达特茅斯特学院，芝加哥大学，威廉玛丽学院，加州大学伯克利分校。

6. Subiaco Academy（苏比亚科书院）

网　　址：www.subiacoacdemy.us

所在州：阿肯色州（Arkansas）

地　　址：405 North Subiaco Avenue Subiaco, Arkansas 62765-9798

招生范围：大陆初中三年级至高中三年级，台湾国中三年级至高三，九至十二年级，相当于香港 Form 3 至 Form 6

学生人数：189 人

教　　师：37 人（博士 1 人，硕士 21 人）

入学要求：SSAT，TOFEL，SLEP 成绩，学校成绩单，两封教师推荐信，身体报告，面谈

2018 学费：US$35,200（外国学生寄宿部）

学校简介：这是一所中偏小型的天主教男校，招生九年级至十二年级的学生，建校 1887 年。学校设置全年教授课程，除基础课程之外还有包括艺术、音乐、戏剧和其它体育课在内的辅助课程。

课程设置：AP 课程：美国历史，视觉艺术，美国政府与政治，统计，英语文学与写作，英语语言与写作，经济，计算机科学，化学，微积分 AB，生物。

运动队：棒球，篮球，野营，橄榄球，足球，高尔夫，网球，田径。

社　　团：艺术俱乐部，蓝调，唱诗班，电影俱乐部，戏剧小组，爵士乐合奏，模特队，学生会，科学小组。

大学去向：乔治华盛顿大学，赖斯大学，俄亥俄州立大学，伊利诺伊大学香槟分校，南加州大学，加州大学圣地亚哥分校，西点军校，维克森林大学，普渡大学，匹兹堡大学。

7. Army and Navy Academy（加州陆海军学院）*

网　　址： www.armyandnavyacademy.org
所在州： 加利福尼亚州（California）
地　　址： 2605 Carlsbad Blvd.Carlsbad,CA92008
招生范围： 九年级开始
学生人数： 310人
教　　师： 30人
入学要求： ISEE（高中入学考试），SSAT成绩，外国学生需考托福，学校成绩单，面谈。
2018学费： US$38,625（外国学生寄宿部）
学校简介： 该校是招清一色男生的学校，建校于1910年，由上将戴维斯创办。该校注重培养学生在学习、体能、领导才能等多方面的综合能力，所以课程设置也以如何达到个人成就、建立个人荣誉感及其它社会活动为宗旨。
课程设置： AP课程：艺术，生物，微积分，BC微积分，化学，英语，法语，物理，心理学，西班牙语，美国历史，数学，英文，物理，化学，历史等，选修课非常丰富，电讯，交通，工业，农业，水利，建筑，驾驶，商业，时装，食品，环境，经济，法律，文秘，外语，家政，航运，维修等
运动队： 英国足球，篮球，游泳，摔跤，长跑
社　　团： 乐队，表演艺术
大学去向： 加利福尼亚州立大学，内华达大学，马里兰学院

8. The Athenian School（雅典学校）*

网　　址：www.athenian.org
所在州：加利福尼亚州（California）
地　　址：2100 Mt.Diablo Scenic Blvd Danville,CA94506-2002
招生范围：大陆初中三年级至高中三年级；台湾国中三年级至高三；九至十二年级，相当于香港 Form 3 至 Form 6；
学生人数：300 人
教　　师：59 人(2/3 的教师拥有硕士、博士学位，许多毕业于各大名校。)
入学要求：ISEE 和 SSAT 成绩学校成绩单，教师推荐信，面谈。
2018 学费：US$61,800（外国学生寄宿部）
学校简介：雅典学校是加州旧金山湾区唯一提供寄宿的大学预科混合学校，建校于 1965 年。学校采取小班教学，每班人数不超过 15 人。因此，除了标准的各科课程设置外，还有 11 门大学先修课程，各科设有荣誉课程及设有各种课外活动项目，包括小区服务，里民议事会，国际交换生项目，雅典野外活动经验。雅典学校强调学习、礼仪、尊重及荣誉。
课程设置：AP 课程：英语语言文学，世界史，欧洲史，西班牙语，法语，摄影艺术，统计学，微积分 AB/BC
运动队：网球，羽毛球，篮球，垒球，排球，棒球，越野，足球，游泳，田径，摔跤。
社　　团：飞机制造兴趣社团，合唱团，亚洲学生俱乐部，卡泼卫勒舞，击剑队。
大学去向：耶鲁大学，约翰霍普金斯大学，麻省理工学院，加州伯克利分校。

9. Cate School（凯帝学校）☆

网　　址： www.cate.org
所在州： 加利福尼亚州（California）
地　　址： P.O.Box 50051960 Cate Mesa Road Carpinteria, CA93013
招生范围： 九至十二年级
学生人数： 265人（220人住宿）
教　　师： 50人（博士5人，硕士19人）
入学要求： SSAT成绩，学校成绩单，教师推荐信，面谈，个人简介。
2018学费： US$58,050（外国学生寄宿部）
学校简介： 这是一所中型寄宿学校，建校于1910年。90%的该校教师与学生一齐住校。学生在修完每科的基础课程之后，便可修读大学先修课程。自1990年以来，该校的毕业生在全国寄宿学校中，一直保持最高比例的「国家成绩优胜奖」得主(National Merit Finalists)，是全美模范学校之一。
课程设置： AP课程：艺术历史，生物，微积分AB，/BC，化学，计算机，英语，英国文学，环境科技，法语，法国文学，宏观经济学，物理学B/C，西班牙语，西班牙文学，统计，录音艺术，美国政府与政策，美国历史。
运动队： 橄榄球，水球，篮球，足球，棒球，高尔夫球，长曲棍球，田径，垒球，游泳，冲浪，攀岩。
社　　团： 圣经学习，黑人学生联盟，环保俱乐部，爵士乐队，模拟审判，国际俱乐部，皮划艇俱乐部，汉语俱乐部，室内合唱队。
大学去向： 哈佛大学，耶鲁大学，史丹佛大学，哥伦比亚大学，伯克利加大，麻省理工学校，宾州大学，布朗大学。

10. Dunn School（岱恩学校）

网　　址：www.dunnschool.org
所在州：加利福尼亚州（California）
地　　址：P.O.Box 98 2555 HWY 154 Los Olivos, CA93441
招生范围：日间部六至十二年级，寄宿部九至十二年级
学生人数：252人
教　　师：35人
入学要求：SSAT成绩，学校成绩单，教师推荐信，面谈
2018学费：US$58,000（外国学生寄宿部）
学校简介：该校建于1957年。课程设置带有挑战性。大学先修课程有8科之多。学校采取小班教学，老师都住校。所有从该校毕业的学生都能进入他们所挑选的理想学校。这应归功于该校所设置的学习技巧计划，参加这项计划是提前申请大学所必需的，同时户外教育课程、各项体育运动以及完善的顾问服务都功不可没。
课程设置：AP课程：英语，英国文学，化学，生物，环境科学，统计，西班牙语，世界历史，美国历史，美国政府，艺术。
运动队：篮球队，足球队，爬山队，冲浪队，自行车队，排球队，游泳队，田径队。
社　　团：乒乓球俱乐部，投资俱乐部，网球俱乐部，阅读俱乐部，辩论社，编织社，烹饪社。
大学去向：宾夕法尼亚大学，波士顿大学，加州州立大学，纽约大学，乔治华盛顿大学。

11. Flintridge Sacred Heart Academy (燧石岭圣心书院) *

网　　址：www.fsha.org
所在州：加利福尼亚州（California）
地　　址：440 St.Katherine Drive La Canada Flintridge.91011-4113
招生范围：九至十二年级
学生人数：385人
教　师：38人(博士1人，硕士25人)
入学要求：SSAT或STS或托福成绩，学校成绩单，教师推荐信，面谈。
2018学费：US$52,500（外国学生寄宿部）
学校简介：燧石岭圣心书院是女子学校，全国模范学校之一，由多美民珈修女创建于1931年。其办学宗旨是：着重道德教育、严谨的治学态度、学业与社会实践并重、领导才能、学业与社会服务。课程设置很具有挑战性，有10个大学先修课，各科设有荣誉课程。学生在正常课程以外，还要求参加领导才能培养计划、社会服务、运动、视觉艺术及表演艺术训练。
课程设置：AP课程：音乐理论，美国政府，历史艺术，艺术，艺术绘画，统计学，文学，语言。
运动队：篮球队，越野赛，高尔夫球队，英式足球队，垒球队，游泳队，网球队，排球队。
社　团：艺术社，动物社，阅读社，商业俱乐部，辩论社，多国文化社，科学环境社。
大学去向：纽约大学，波士顿大学，波士顿学院，达特茅斯学院，密歇根大学，印第安纳大学。

12. Beasant Hill School of Happy Valley (快活谷学校) *

网　址：www.beasanthill.org

所在州：加利福尼亚州 (California)

地　址：P.O. Box 850 Ojai, CA93024-0850

招生范围：九至十二年级

学生人数：90 人（男生 50 人，女生 40 人）（住宿部 64 人，日间部 26 人）学生与教师比例：5:1。

入学要求：SSAT 或托福成绩，学校成绩单，教师推荐信，面谈。

2018 学费：US$49,950（寄宿部）；US$56,750（外国学生）

学校简介：快活谷学校建于 1956 年，在洛杉矶（罗省）市北面九十多英里处。学生可以充分享受占地 450 英亩的乡村景致。快活谷学校招收九至十二年级的学生，是一个教育性的小区，该小区营造出的学习气氛能帮助学生发展他们的潜能和创造性。大学预科课程设置以道德教育、责任感及有效的学科准备为基础。除基本课程外，还设有大学先修课。学校非常重视户外教育。此外，学校还将美术课纳入完整的课程设置中，使其成为必修的一部分。这些课程包括诗歌、音乐、绘画、雕塑、建筑等等。学校的运动队如足球队、篮球队、棒球队、排球队等经常参加体育联盟的比赛。其它户外活动还有野营、环境学习、滑雪、攀岩等。学校非常欢迎外国留学生，能营造族裔和谐及包容的气氛。学校还为有需要的学生开设英语作为第二语言课程（ESL）。

课程设置：AP 课程：微积分 AB，英语，音乐理论，西班牙语，物理理论 B

大学去向：普林斯顿学院，加州大学，匹泽学院，科罗拉多大学，常青州立大学，圣巴巴拉大学。

13. The Harker School(哈克学校) *

网　　址：www.harker.org
所在州：加利福尼亚州（California）
地　　址：500 Saratoga Avenue San Jose, CA95129
招生范围：六至八年级
学生人数：1,762人
教　　师：386人(62%以上为硕士)
入学要求：参加入学考试，学校成绩单，教师推荐信。
2018学费：US$45,877（外国学生寄宿部）
学校简介：该校建于1893年，已有一百多年排名保持前列的传统。一周住校五天，适合于有亲人在附近居住的学生。课程设置以升大学预备为导向，但着重于培养学生的学科基础，训练学习方法，建立自信心。学校由家长与住校教师一齐营造以孩子的健康与安全为首要任务的温暖、有家庭气氛的学习环境。有严格的学习要求，同时也安排大量的课外活动，使孩子能均衡发展。
课程设置：AP课程：计算机科技，物理C，生物，化学，艺术历史。
运动队：越野田径，游泳，潜水，曲棍球，拉拉队，摔角，足球，排球，棒球，高尔夫，网球，垒球。
社　　团：艺术俱乐部，拼图游戏社，国语社，创作写作社，戏剧社，阅读社。
大学去向：耶鲁大学，斯坦福大学，哈佛大学，普林斯顿大学，芝加哥大学。

14. Idyllwild Arts Academy（牧诗文科书院）*

网　址： www.idyllwildarts.org

所在州： 加利福尼亚州（California）

地　址： P.O. Box 38
52500 Temecula Road
Idyllwild, CA92549

招生范围： 九至十二年级

学生人数： 265 人

教　师： 53 人（硕士 16 人，博士 3 人）

入学要求： SSAT 成绩，学校成绩单，教师推荐信，面谈

2018 学费： US$61,600（外国学生寄宿部）

学校简介： 牧诗文科书院建于 1986 年，提供正规的升大学预备课程。课程设置包括所有升大学所需要的基本课程，有 4 个大学自修课程，各科有荣誉班级，也提供专业的文科培训课程。学生如选择专修音乐、戏剧、舞蹈、视觉艺术及创作写作，则需要有艺术代表作选或试演为入学要求。本校的管弦乐团一直享有世界上最好的青少年管弦乐团的美誉。学校新建的图书馆和高科技媒体中心已经在 2001 年落成。学校还特别开设英语为第二语言课程（ESL），帮助英语水平不够的学生，并为重新申请大学的学生开设大学预科课程，还设有暑期学校。

课程设置： AP 课程：美国历史，生物，化学，经济，英国文学和构成，法语，拉丁语，物理，心理学

社　团： 音乐社，舞蹈社，创作社，电影社，视觉艺术社，时尚设计社

大学去向： 杜克大学，哈佛大学，曼赫顿音乐学校，茱丽亚音乐学院，纽约大学，巴黎艺术学院，加州艺术学院，旧金山大学

15. Midland School(中原学校)

网　　址：www.midland-school.org
所在州：加利福尼亚州（California）
地　　址：P.O. Box 8 Los Olivos,CA93441
招生范围：九至十二年级
学生人数：95人
教　　师：22人(博士4人，硕士1人)
入学要求：SSAT或托福成绩，学校成绩单，教师推荐信，面谈。
2018学费：US$49,200（外国学生寄宿部）
学校简介：该校是一所小型的私立寄宿学校，建校于1932年。学校秉持着「需要而不是想要」的格言，着重培养学生坚强、活泼、理智、无暇的特质。专业课的编排非常严谨。课程中包括12个大学先修学分及荣誉班级。教学方式符合现实生活的要求，可激励学生上进。从学校毕业的学生都能体会到刻苦努力的工作和学习能提高生活质量。
课程设置：AP课程：微积分AB，文学，西班牙语，拉丁文化，统计学。
运动队：英式足球，越野运动，排球，兜网球，篮球。
社　　团：骑马社，农作社，电影社，职业发展社，领导才能社，户外活动社。
大学去向：科罗拉多学院，康乃尔大学，明德学院，密尔斯女子大学，曼荷莲女子学院，欧柏林学院，东北大学，西方学院，佩珀代因大学，普林斯顿大学，斯坦福大学，斯沃斯穆尔学院，加利福尼亚大学伯克利分校，加利福尼亚大学洛杉矶分校，芝加哥大学，韦尔斯利大学，威廉姆斯学院。

16. Monte Vista Christian School (蒙达韦斯达基督学校) *

网　址：www.mvcs.org

所在州：加利福尼亚州（California）

地　址：Two School Way Watsonville, CA95076

招生范围：九至十二年级

学生人数：739 人，住宿部 89 人，日间部 650 人

教　师：62 人（58%以上硕士）

入学要求：SSAT、SLEP 或托福成绩；学校成绩单；教师推荐信；面谈

2018 学费：US$45,900（外国学生寄宿部）

学校简介：该校是一所男女混合，分寄宿部及日间部的学校，建于 1926 年。课程设置以升大学为导向，有 7 个大学先修学分及荣誉班级。课程设计着重鼓励学生发展独立思考能力、解决问题及判断性思考的技巧。

课程设置：AP 课程：微积分 AB，欧洲历史，心理学，西班牙语言与文化，统计学，宏观经济学，微观经济学，乐理，艺术工作坊，美国政府与政治，英语，美国历史，法国语言和文化，日本文化，物理 C。

运动队：篮球，拉拉队，田径队，英式足球队，游泳队，越野赛队，排球队，网球队。

社　团：戏剧社，诗歌班，商业俱乐部，数学社，乒乓球社，新闻社，外国文学社。

大学去向：哈佛大学，麻省理工大学，斯坦福大学，达特茅斯学院，华盛顿大学，布朗大学，加州大学伯克利分校，南加州大学，密歇根大学，纽约大学，波士顿学院。

17. Oak Grove School (橡木园学校) *

网　　址： www.oakgroveschool.com

所在州： 加利福尼亚州（California）

地　　址： 220 West Lomita Avenue Ojai, CA93023

招生范围： 九至十二年级

学生人数： 209 人

入学要求： ISEE、SSAT 成绩，学校成绩单，英语及数学教师推荐信，短文一篇，面谈。

2018 学费： US$44,656（外国学生寄宿部）

学校简介： 橡木园学校建于 1975 年，招生从学前班到高中十二年级的学生。学校以升大学为课程设置导向，有 5 个大学先修课程及荣誉班级。同时培养学生的世界观及对所处环境的敏感度，鼓励学生去探索个人想法的特质，认真垂询，提出探索性问题，同时要求高度参与。

课程设置： AP 课程：微积分，物理 B，英语，西班牙语，美国历史。

运动队： 网球队，英式足球队，排球队，马术队。

社　　团： 世界音乐社，艺术社，农作社，摇滚社，国际旅游社，环境社，爵士社。

大学去向： 布朗大学，哥伦比亚大学，波士顿学院，哈佛大学，宾夕法尼亚大学，纽约州立大学石溪分校，斯坦福大学，史密斯学院，乔治华盛顿大学，纽约大学。

18. Ojai Valley School（奥塞谷学校）*

网　　址： www.ovs.org
所在州： 加利福尼亚州 (California)
地　　址： 723 El Paseo Road Ojai, CA93023
招生范围： 三至十二年级
学生人数： 288 人

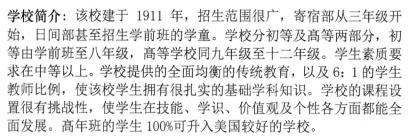

入学要求： SSAT 成绩，学校成绩单，教师推荐信，面谈。
2018 学费： US$56,500（寄宿部 1998-99）
学校简介： 该校建于 1911 年，招生范围很广，寄宿部从三年级开始，日间部甚至招生学前班的学童。学校分初等及高等两部分，初等由学前班至八年级，高等学校同九年级至十二年级。学生素质要求在中等以上。学校提供的全面均衡的传统教育，以及 6∶1 的学生教师比例，使该校学生拥有很扎实的基础学科知识。学校的课程设置很有挑战性，使学生在技能、学识、价值观及个性各方面都能全面发展。高年班的学生 100%可升入美国较好的学校。
课程设置： AP 课程：生物学，环境科学，心理学，统计学，英语，微积分，化学，英国文学，西班牙语与文化，艺术工作坊，世界历史。
运动队： 垒球队，越野赛，足球队，网球队，排球队，篮球队，高尔夫球队，英式足球队，田径队
社　　团： 计算机社，记者社，表演社，冲浪社，创作社，摄影社，瑜伽社。
大学去向： 波士顿大学，波士顿学院，哈佛大学，旧金山大学，史密斯学院，纽约州立大学，乔治华盛顿大学。

19. San Domenico School (圣多敏尼歌女子学校) *

网　　址：www.sandomenico.org
所在州：加利福尼亚州（California）
地　　址：1500 Butterfield Road San Anselmo, CA94960
招生范围：九至十二年级，
学生人数：183 人（女生 183 人）
入学要求：SSAT 成绩，学校成绩单，教师推荐信，面谈。
2018 学费：US$58,350（外国学生寄宿部）

学校简介：圣多敏尼歌女子学校是一所着重招收有音乐专长学生的大学预备学校。建校于 1850 年，有一个半世纪的历史。学校致力于鼓励学生发展她们的自我辨别能力，培养自尊和自信心，对学生今后的发展有极大帮助。采取小班教学，严格要求学生积极参与各科的学习。学校还开设多种荣誉课程和大学先修课程，同时还有特别的学术项目。

课程设置：AP 课程：西班牙语眼和文化，环境科学，化学，生物学，中文与文化，英语与写作，乐理，物理 C，统计学，艺术工作坊，美国历史，微积分 AB，BC，心理学。

运动队：篮球队，高尔夫球队，游泳队，排球队，英式足球队，羽毛球队，越野赛。

社　　团：多国文化俱乐部，年刊，学生会，动漫社，机器人社，现实主义社，歌手社，模特社。

大学去向：波士顿大学，加州大学，丹佛大学，哈佛大学，斯坦福大学，西雅图大学，纽约州立大学，波兰大学，曼哈顿学院，纽约大学，圣地亚哥大学，华盛顿大学。

20. Santa Catalina School（圣塔卡特琳娜女校）

网　　址：www.santacatalina.org
所 在 州：加利福尼亚州(California)
地　　址：1500 Mark Thomas Drive Monterey, CA93940-5291
招生范围：九至十二年级
学生人数：259人（女生259人）
入学要求：SSAT成绩，学校成绩单，教师推荐信，面谈。
2018学费：US$52,000（外国学生寄宿部）

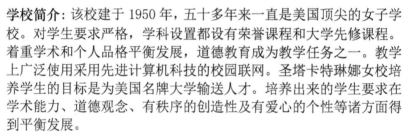

学校简介：该校建于1950年，五十多年来一直是美国顶尖的女子学校。对学生要求严格，学科设置都设有荣誉课程和大学先修课程。着重学术和个人品格平衡发展，道德教育成为教学任务之一。教学上广泛使用采用先进计算机科技的校园联网。圣塔卡特琳娜女校培养学生的目标是为美国名牌大学输送人才。培养出来的学生要求在学术能力、道德观念、有秩序的创造性及有爱心的个性等诸方面得到平衡发展。

课程设置：AP课程：艺术史，生物学，微积分AB，BC，英语与写作，英国文学，环境科学，欧洲历史，法国语言，拉丁语，宏观经济，微观经济，物理C，西班牙语，西班牙文化，统计学，艺术工作坊，美国历史。

运动队：篮球队，越野赛，跳水队，高尔夫球队，游泳队，英式足球队，田径队，水球队，排球队，网球队，垒球队，曲棍球队，马术队。

社　团：模特社，芭蕾社，法语社，杂志社，爵士舞社，英国文学社，剑术社。

大学去向：阿拉巴马大学，波士顿学院，波士顿大学，布朗大学，曼哈顿学院，迈阿密大学，密西西比大学，纽约大学。

21. Southwestern Academy (西南书院) *

网　址：www.southwesternacademy.edu
所在州：加利福尼亚州（California）
地　址：2800 Monterey Road Marino，CA91108
招生范围：六至十二年级
学生人数：144 人
教　师：24 人
入学要求：学校成绩单，教师推荐信，面谈。
2018 学费：US$48,850（外国学生寄宿部）

学校简介：该校建于 1924 年。学校的学生的教师比例是 6:1，小班教学，每班学生不超过 12 人。教师用不同的教学方式来帮助学生在各门学科都有所成就。学校所设立的成就分组计划，就是要为学生创造一个因材施教但非竞争性学科的学习环境，使学生更加学有所成。学校有各科运动队及其它户外活动队。校园环境安全极有吸引力，学生不必住在远离都市的地区。学校有一半学生来自于其它国家，所以设有英语为第二语言课程（ESL），以强化学生的语言能力，为其能进入美国大学作准备。同时开设大学预科班及暑期班。该校本是西班牙殖民地，后由林肯总统归化为美国领土，所以校园中有林肯大厅作为学校的地标建筑。

课程设置：AP 课程：微积分 AB，BC，英语于写作，物理，美国历史，世界历史。

运动队：篮球队，排球队，英式足球队，高尔夫球队，滑雪队。

社　团：戏剧社，唱诗班，学生会，网球社，咨询社，国际象棋社，国际俱乐部，骑马社。

大学去向：加州大学洛杉矶分校，密歇根大学，华盛顿大学，宾州州立大学，乔治华盛顿大学，纽约州立大学石溪分校，美国大学，纽约州立大学伯明翰分校，堪萨斯大学。

22. Stevenson School（史蒂文森学校）

网　址：www.stevensonshool.org
所在州：加利福尼亚州(California)
地　址：3152 Forest Lake Road Pebble Beach, CA93953-3200
招生范围：九至十二年级
学生人数：520人（男生292人，女生228人）
入学要求：SSAT或PSAT成绩；面谈
2018学费：US$64,900（外国学生寄宿部）

学校简介：该校的课程设置是以培养学生进入顶尖大学为宗旨的，学生必须有良好的学习动机。每科都设有荣誉班，有16门不同科目的大学先修课。2000年有10%的毕业生进入常春藤盟校，11%进入美东地区名校，34%进入加州大学名校及西岸名校。教学中使用手提电脑并可与宿舍的联网结合。

课程设置：AP课程：艺术史，生物学，微积分AB、BC，环境科学，欧洲历史，法国语言和文化，拉丁语，宏观经济学，微观经济学，西班牙语和文化，世界历史，滑雪，英国文学与作文，日语和日本文化，乐理，物理C，艺术工作坊，美国历史，中文与文化。

运动队：篮球队，越野赛，跳水队，高尔夫球队，足球队，游泳队，水球队，田径队，排球队，垒球队。

社　团：羽毛球俱乐部，舞蹈队，爵士社，模特社，电影社，国际象棋社，学生会，年刊社。

大学去向：斯坦福大学，宾夕法尼亚大学，杜克大学，达特茅斯学院，西北大学，乔治城大学，卡耐基梅隆大学，南加州大学，纽约大学，罗切斯特大学，华盛顿大学，乔治华盛顿大学，科罗拉多大学。

23. The Thacher School(撒切尔学校)☆

网　　址：www.thacher.org
所 在 州：加利福尼亚州(California)
地　　址：5025 Thacher Road Ojai,CA93023
招生范围：九至十二年级
学生人数：240人
教　　师：55人(硕士27人,博士2人)

入学要求：学校成绩单,教师推荐信,SSAT(80 Percentile or Higher)或托福成绩,面谈
2018学费：US$57,200（外国学生寄宿部）
学校简介：该校建于1889年,已有120年历史,学校招收高智商及各方面出色的学生,着重学生的学业体能、人格的全面发展,要求学生自觉、有自信、具挑战性和关心他人。培养宗旨以毕业后进入顶尖大学及具有领导才能为目的,所以学校的学科成绩要求很严格,同时也鼓励学生参与户外运动。学校开设有16门大学先修课程。
课程设置：AP课程：艺术史,生物学,微积分AB,计算机科学A,计算机科学AB,环境科学,欧洲历史,人类地理学,乐理,物理B,艺术工作坊,美国历史,美国政府与政治,统计学,化学,心理学,西班牙语言和文化。
运动队：篮球队,越野赛队,马术队,网球队,足球队,水球队,田径队,排球队,垒球队,芭蕾舞队。
社　　团：法语社,拉丁文化社,国际象棋社,基督教社,枪击社,电影社,西班牙语社,电台广播社。
大学去向：普林斯顿大学,加州理工大学,斯坦福大学,哥伦比亚大学,芝加哥大学,杜克大学,达特茅斯学院,西北大学,约翰霍普金斯大学,布朗大学,南加州大学,密歇根大学,纽约大学,乔治华盛顿大学,波士顿大学。

24. Villanova Preparatory School（维兰诺凡学校）*

网　　址：www.villanovaprep.org
所在州：加利福尼亚州（California）
地　　址：12096 Ventura Avenue Ojai, CA93023
招生范围：九至十二年级
学生人数：250人
教　　师：35人（硕士 82%）
入学要求：学校成绩单，教师推荐信，高中入学考试(HSPT)，面谈。
2018 学费：US$58,000（外国学生寄宿部）
学校简介：该校建于 1924 年，已有 75 年历史，是罗马天主教学校。根据近年来快速的科技发展和社会变革，学校在传统课程编排上加入很多新的内容，使学生能够为将来掌握必要的生活技能，同时也能跟上快速发展的科学技术进程。学校设立的运动项目设法使男女同学都有平等的参与机会，其它的课外活动项目也是为了使学生得到更加全面的发展。
课程设置：AP 课程：生物学，微积分 AB，BC，拉丁语，环境科学，物理 B，美国历史，世界历史，美国政府与政治，统计学，化学，心理学，英国语言和文化，英国文学。
运动队：篮球队，越野赛，网球队，足球队，水球队，田径队，排球队，垒球队，高尔夫球队，冲浪队。
社　团：拉丁文化社，国际象棋社，电影社，年刊，艺术社，数学辅导社，创作社。
大学去向：南加州大学，纽约大学，华盛顿大学。

25. The Webb School (伟博学校)

网　　址：www.webb.org

所在州：加利福尼亚州(California)

地　　址：1175 West Baseline Road Claremont, CA91711

招生范围：九至十二年级

学生人数：408人

教　　师：60人(博士2人，硕士32人)

入学要求：学校成绩单，教师推荐信，SSAT、SLEP或托福成绩，面谈，居住在加州的联络人。

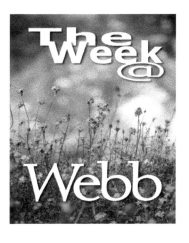

2018学费：US$60,845（寄宿部2002-3）

学校简介：该校是加州伟博男校与费雯伟博女子学校合并而成，伟博男校建于1922年，伟博女子学校则建于1981年。该校从九至十年级实行男女分班授课，十一年级后合班。而日常管理、体育课、运动队、学生指导和住宿仍沿用原先的男女分校制。课程设置上较为严谨和超前，开设有18门大学先修课。

课程设置：AP课程：生物学，微积分AB，BC，环境科学，法国语言和文化，西班牙语言和文化，西班牙文学和文化，统计学，世界历史，化学，英国语言与写作，英国文学，物理C，物理1，美国历史。

运动队：羽毛球队，篮球队，跳水队，高尔夫球队，垒球队，网球队，排球队，越野队，足球队，游泳队，田径队，水球队，英式足球队。

社　　团：国际象棋社，舞蹈社，计算机设，健身社，农业社，模特社，广播社，学生会。

大学去向：哈佛大学，普林斯顿大学，加州理工大学，宾夕法尼亚大学，哥伦比亚大学，杜克大学，西北大学，卡耐基梅隆大学，南加州大学，纽约大学，波士顿学院，波士顿大学，科罗拉多大学，韦斯利女子学院，鲍登学院，卡尔顿学院。

26. Woodside Priory School（木边修道学校）

网　　址：www.prioryca.org
所在州： 加利福尼亚州 (California)

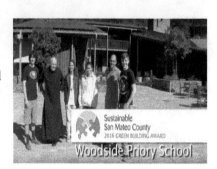

地　　址：302 Portola Road Portola Valley, CA94028-7897
招生范围：九至十二年级
学生人数：350 人
教　　师：63 人
入学要求：学校成绩单，面谈，SSAT 成绩或托福成绩。
2018 学费：US$63,500（外国学生寄宿部）
学校简介：木边修道学校是一所教会学校，建校于 1957 年，以严格要求学生著称。学校相信好的教育必须包括以下几个要素：(1)个人价值的发现与在生活中的实现；(2)对社会的贡献；(3)确定生活的方向；(4)对前途有远大的抱负。 强调秩序与自律，相互尊重，积极参与小区服务的个人全面发展。
课程设置：AP 课程：艺术史，微积分 AB\BC，环境科学，法国语言和文化，宏观经济学，微观经济学，西班牙语言和文化，西班牙文学和文化，统计学，化学，计算机科学 A，英国文学与作文，人类地理学，日本语言和文化，心理学，美国政府与政治，计算机科学 AB，艺术工作坊。
运动队：垒球队，越野队，英式足球队，田径队，游泳队，水球队，高尔夫球队，篮球队，足球队，棒球队，网球队，排球队。
社　　团：舞蹈队，爵士乐队，马术社，合唱队，电影社，动漫社，滑雪社，杂志社。
大学去向：普林斯特大学，耶鲁大学，斯坦福大学，宾夕法尼亚大学，杜克大学，达特茅斯学院，西北大学，华盛顿大学，约翰霍普金斯大学，布朗大学，卡耐基梅隆大学，乔治城大学，密歇根大学，波士顿大学，科罗拉多大学，丹佛大学。

27. Colorado Rocky Mountain School (科罗拉多落基山学校) *

网　　址：www.crms.org

所在州：科罗拉多州（Colorado）

地址：500 Holden way, Carbondale, CO 81623

招生范围：九至十二年级

学生人数：163 人

教　师：33 人（博士 4 人，硕士 10 人）

入学要求：完成学生问卷，短文一篇，学校成绩单，教师推荐信，面谈，SSAT 考试成绩或 PSAT、PACT、SAT、ACT 考试成绩（如没考不建议考）。

2018 学费：US$56,500（外国学生寄宿部）

学校简介：该校建校于 1953 年，以环境生物科学著称。除开设基本的升大学必修课程外，每个新生都必须参加 10 天的野外考察，教导学生建立自信心，培养团体工作能力及学习大自然的环境科学知识。近期还新开辟了一个抗旱植物园地及实验室。在必修课中，地域政治研究和地质学是较具特色的课程。

课程设置：AP 课程：环境科学，微积分 AB，BC，英国文学与作文，美国历史。

运动队：爬山队，花样滑雪队，网球队，越野队，英式足球队，滑板队，室内足球队。

社　团：花园社，年刊，学生会，辅导社，高尔夫球社，电影社，爵士社。

大学去向：耶鲁大学，波士顿大学，布朗大学，杜克大学，乔治华盛顿大学，纽约大学，旧金山大学，华盛顿大学。

28. Colorado Timberline Academy（科罗拉多林边书院）

网　　址： www.ctaedu.org
所在州： 科罗拉多州（Colorado）
地　　址： 454 Academy Drive.Durango, CO81301
招生范围： 九至十二年级
学生人数： 46人
教　　师： 11人（硕士60%）
入学要求： 学校成绩单，教师推荐信，面谈。
2018学费： US$32,000（外国学生寄宿部）
学校简介： 以学校有足够的师资为学生进行个别教学，这适合需要加强注意力的学生。学校也采用小班教学，每班人数不超过7人。在以考大学为主的基础课程外，还开设有很多种户外教育课程，使学生能在户外活动所带来的宽松的环境下完成紧张的学业，也使学生发挥本质潜能。
课程设置： AP课程：环境科学，统计学。
运动队： 滑雪，雪地滑板，攀岩队，单人划船，足球队，篮球队。
社　　团： 陶瓷工艺社，摄影社，泥土雕塑社，设计社，吉他社，戏剧社，即兴创作社，油画社。
大学去向： 圣弗朗西斯科州立大学，丹佛大学，加利福尼亚州立大学，科罗拉多学院，圣约翰学院，福特路易斯学院。

29. Fountain Valley School Colorado（科罗拉多喷泉学校）*

网　　址：www.fvs.edu
所在州：科罗拉多州（Colorado）
地　　址：6155 Fountain Valley School Road Colorado Springs,CO 80911

招生范围：九至十二年级
学生人数：240 人
教　　师：42 人（博士 1 人，硕士 26 人）
入学要求：SSAT 成绩，学校成绩单，教师推荐信，面谈
2018 学费：US$58,900（外国学生寄宿部）
学校简介：该校是建于 1928 年的中型的大学预备学校，课程设置以升大学为导向，严格的学业标准及社会服务相结合，各学科都设有荣誉班及大学先修课程。该校同时很注重户外教育及通过参与体育项目培养学生的意志力和领导组织才能。
课程设置：AP 课程：生物学，微积分 AB，BC，环境科学，法国语言和文化，西班牙语言和文化，西班牙文学，统计学，世界历史，计算机科学 A，化学，英国文学，英语与写作，宏观经济学，微观经济学，艺术工作坊，美国政府与政治，中文与文化，物理 C
运动队：篮球队，越野队，跳水队，高尔夫球队，游泳队，田径队，滑板队，排球队，网球队，攀岩队，英式足球队，山地自行车队，马术队
社　　团：化学社，基督教社，电影社，数学社，广播社，音乐社，乒乓球社，新闻社，法语社
大学去向：耶鲁大学，麻省理工大学，斯坦福大学，宾夕法尼亚大学，哥伦比亚大学，芝加哥大学，杜克大学，达特茅斯学院，西北大学，华盛顿大学，约翰霍普金斯大学，卡耐基梅隆大学，南加州大学，纽约大学，波士顿学院，科罗拉多大学，美国大学，丹佛大学

30. The Lowell Whiteman School(罗威佛文学校)

网　　址：www.steamboatmountainschool.org
所在州：科罗拉多州（Colorado）
地　　址：42605 RCR 36 Steamboat Spring, CO80487
招生范围：九至十二年级
学生人数：98人
教　　师：22人(硕士8人)
入学要求：SSAT成绩，学校成绩单，教师推荐信，面谈。
2018学费：US$46,000（外国学生寄宿部）
学校简介：这是一所小规模的私立学校，建校于1957年，招收不同层次的学生。该校课程以升大学为导向,99%毕业生能顺利进入大学。该校培养有体育专长的学生，以滑雪和滑板项目著名，使其引以为傲的是 1998 年冬季奥林匹克运动会有六位奖牌得主出自该校。学校的课外活动项目包括在落基山脉和西南沙漠地带的野营、山脉自行车和攀岩活动，学校还定期组织到国外旅游。
课程设置：AP课程：微积分AB，BC，环境科学，法国语言和文化，西班牙语和文化，西班牙文学，英国文学，英国语言和作文。
运动队：滑冰队，滑板队，篮球队，足球队，排球队。
社　　团：艺术社，烹饪社，戏剧社，钓鱼社，音乐社，摄影社，学生会。
大学去向：波士顿大学，华盛顿大学，南加州大学，丹佛大学。

31. Avon Old Farms School (艾凡学校)

网　　址：www.avonoldfarms.com

所 在 州：康乃狄克州（Connecticut）

地址：500 Old Farms Road, Avon, CT0600

招生范围：九至十二年级

学生人数：408 人（男生 383 人）

教　　师：57 人（硕士 24 人）

入学要求：SSAT 成绩，学校成绩中等以上，三封推荐信，面谈

2018 学费：US$58,900（外国学生寄宿部）

学校简介：这是一所很传统的寄宿男校，建校于 1927 年。课程设置以升大学为导向，开有 10 门大学先修课。在校学生须参加由教师督导的每周四晚的晚间辅导课。学校的一学年分三个学期，每年约三期的六次成绩单寄给家长。学校着重招收有学习潜质又有参与课外活动热情的学生，体育专长、社会服务、热情是入学的附加条件，所以该校的美术和运动项目也较为出色。

课程设置：AP 课程：生物学，微积分 AB，BC，统计学，世界历史，化学，英国语言和文化，英国文学，环境科学，拉丁语，宏观经济，微观经济，艺术工作坊，美国政府和政治，欧洲历史，法国语言和文化，物理 B, C，西班牙语和文化，西班牙文学。

运动队：滑冰队，高尔夫球队，英式足球队，游泳队，田径队，曲棍球队，网球队。

社　　团：创作社，历史社，电影社，新闻社，摇滚乐队，学生会，模特社，霹雳舞社。

大学去向：哈佛大学，耶鲁大学，约翰霍普金斯大学，波士顿学院，纽约大学，杜克大学，达特茅斯学院，康奈尔大学，迈阿密大学，塔夫斯大学。

32. Canterbury School（坎特伯利学校）*

网　　址：www.cbury.org/page
所 在 州：康乃狄克州（Connecticut）
地　　址：101 Aspetuck. Ave
招生范围：九至十二年级
学生人数：320 人
教　　师：51 人（硕士 34 人，博士 2 人）

入学要求：SSAT 成绩，学校成绩单，教师推荐信，面谈。

2018 学费：US$58,600（外国学生寄宿部）

学校简介：这是一所独立的天主教学校，建校于 1915 年。课程设置以升大学为导向，小班教学。开设有 17 门大学先修课和 14 门荣誉课程。学校设计了新的跨科系学习计划，可以促进学科间的融会贯通，使知识更全面。艺术课、音乐课和戏剧课都尽量与相关学科结合。

课程设置：AP 课程：生物学，微积分 AB，化学，英语和作文，英国文学，欧洲历史，法国语言和文化，宏观经济学，乐理，物理 1，2，西班牙语言和文化，统计学，艺术工作坊，美国历史，世界历史。

运动队：篮球队，跳水队，足球队，马术队，排球队，水球队，田径队，游泳队，垒球队，曲棍球队。

社　　团：辩论社，攀岩社，财务社，数学社，环境社，心理学社，烘培社，学生周。

大学去向：哈佛大学，普林斯顿大学，耶鲁大学，宾夕法尼亚大学，杜克大学，达特茅斯学院，华盛顿大学，康奈尔大学，南加州大学，密歇根大学，纽约大学，波士顿学院，宾州州立大学，迈阿密大学，波士顿大学。

33. Cheshire Academy（撤沙书院）*

网　　址：www.cheshireacademy.org
所在州：康乃狄克州（Connecticut）
地　　址：10 Main Street Cheshire, CT06410-2496
招生范围：八至十二年级
学生人数：400人
教　　师：57人（硕士24人，博士2人）
入学要求：SSAT或托福成绩，学校成绩单，教师推荐信。
2018学费：US$57,120（外国学生寄宿部）
学校简介：这是一所建校于1794年，校龄和美国国岁几乎相等（在美国宪法实施五年后建校）的中等规模大学预备学校。学校的课程设置目的是培养学生的学术能力、社会适应力、文化交流及道德信念，为升大学作准备。在传统的大学预备课程之外，还开设有强化的美术课、12个大学先修学分及荣誉班级。
课程设置：AP课程：生物学，欧洲历史，乐理，统计学，心理学，西班牙文学和文化，微积分AB，化学，计算机科学A，英国语言和作文，美国历史。
运动队：棒球队，篮球队，越野队，高尔夫球队，足球队，曲棍球队，网球队，游泳队，田径队，排球队，英式足球队，剑术队，摔跤队。
社　　团：戏剧社，爵士社，数学社，滑冰社，年刊，工艺社，杂志社，计算机社，国际象棋社，学生会。
大学去向：达特茅斯学院，华盛顿大学，约翰霍普金斯大学，康奈尔大学，布朗大学，加州大学伯克利分校，卡耐基梅隆大学，乔治城大学，南加州大学，密歇根大学，纽约大学。

34. Choate Rosemary Hall（齐奥特·罗斯玛莉学校）☆★

网　　址：www.choate.edu

所 在 州：康乃狄克州（Connecticut）

地　　址：333 Christian Street Wallingford, CT06492

招生范围：九至十二年级

学生人数：865 人

教　　师：148 人（博士 9 人，硕士 99 人）

入学要求：九年级要考 SSAT 或 ISEE，十一年级要考 SSAT 或 PSAT，十二年级或大学预科要考 SAT 或 ACT，托福。

2018 学费：US$56,600（外国学生寄宿部）

学校简介：这是一所专门招生高智商、高情商，有天赋并有志向学生的私立寄宿学校，该校建于 1890 年。要求严格，课程设置严谨，由有经验及爱心的教师授课。课程门类达 250 门之多，教学方式不断更新，学校为培养学生的合作精神及领导才能，要求学生参加团队互助计划、小区服务及其它课外活动。七期海外学习项目使学生更具有国际竞争性。

课程设置：AP 课程：生物学，艺术性，微积分 AB，BC，计算机科学 A，AB，环境科学，欧洲历史，法国语言和文化，拉丁语，拉丁文学，宏观经济学，微观经济学，乐理，物理 B，心理学，西班牙语，西班牙文学，统计学，世界历史，化学，中文与文化，物理 C，美国政府和政治，美国历史。

运动队：棒球队，篮球队，越野赛，跳水队，足球队，网球队，水球队，高尔夫球队，垒球队，游泳队，田径队，排球队。

社　　团：国际象棋社，中文社，亚洲学生联盟，舞蹈队，经济学社，时尚社，法语社，日语社，数学社，模特社，音乐社，乒乓球社，年刊。

大学去向：哈佛大学，普林斯顿大学，耶鲁大学，麻省理工大学，斯坦福大学，宾夕法尼亚大学，哥伦比亚大学，芝加哥大学，杜克大学，达特茅斯学院，西北大学，华盛顿大学，约翰霍普金斯大学，康奈尔大学，布朗大学，南加州大学，纽约大学，波士顿大学。

35. Eagle Hill School（鹰岭学校）

网　　址：www.eaglehillschool.org
所在州：康乃狄克州（Connecticut）
地　　址：45 Glenville Road Greenwich, CT06831
招生范围：一至十年级
学生人数：210人（男生135人，女生75人）
教　　师：72人（硕士30人）
入学要求：WISC III考试成绩，学校成绩单，教师推荐信，面谈。
2018学费：US$89,690（外国学生寄宿部）
学校简介：这是一所建校于1975年，由鹰岭非营利基金会资助，专门招收聪明但没有学习障碍学生的特别学校。学生从6岁至16岁，经过考核诊断再对其进行分类，对不同类别的学生因材施教。学生可选择住宿、非住宿及半住宿几种方式就读。学校会针对每个学生的特点设计不同的课程，并有个别授课和强化课程。
课程设置：AP课程：生物学，微积分AB，化学，环境科学，欧洲历史，物理学，心理学，美国政府，美国历史，世界历史。
运动队：英式足球队，越野队，篮球队，滑冰队，棒球队，曲棍球及网球队。
社　　团：卡通社，戏剧社，计算机社，国际象棋社，唱诗班，烹饪社，瑜伽社，健身社
大学去向：乔治学院，霍夫斯特拉大学，芝加哥大学，哥伦比亚大学芝加哥分校，林恩大学。

36. The Ethel Walker School（埃塞尔沃可学校） *

网　址： www.ethelwailerschool.org
所在州： 康乃狄克州（Connecticut）
地　址： 230 Bushy Hill Road Simsbury, CT06070
招生范围： 九至十二年级
学生人数： 260 人
教　师： 40 人（硕士 24 人，博士 6 人）
入学要求： SSAT 成绩，托福成绩，学校成绩单，教师推荐信，面谈。
2018 学费： US$63,600（外国学生寄宿部）
学校简介： 这是一所建于 1911 年的女子学校。课程设置以升大学为导向，重视科学技术并鼓励学生参与实践。每门科目都开设大学先修课（AP）以鼓励学生发挥自己的最高学术潜能，教师很注重鼓励学生多参考课本以外的学术著作并进行独立研讨。高年级学生必须参与校外完成的毕业设计。医药项目在康州大学的健康中心完成，酒店管理则需前往加州旧金山完成，其它多数在本州岛的学术机构完成。
课程设置： AP 课程：生物学，欧洲历史，物理 B，心理学，西班牙语言和文化，西班牙文学，统计学，环境科学，拉丁文学，拉丁语，微积分 AB，化学，中文与文化，计算机科学 A，英国文学与作文，法国语言和文化，人类地理学，宏观经济学，微观经济学，艺术工作坊，美国历史。
运动队： 篮球队，马术队，英式足球队，网球队，滑雪队，垒球队，游泳队，排球队，曲棍球队
社　团： 合唱队，亚洲俱乐部，环境社，国际俱乐部，国际特赦组织。
大学去向： 宾夕法尼亚大学，华盛顿大学，布朗大学，南加州大学，密歇根大学，北卡罗来纳大学，布兰代斯大学，华盛顿大学，特拉华大学，韦斯利女子学院，福尔曼大学。

37. The Forman School（科文学校）*

网　　址：www.formanschool.org
所在州：康乃狄克州（Connecticut）
地　　址：12 Norfolk Road Litchfield, CT06759
招生范围：九至十二年级
学生人数：194 人
教　　师：43 人(硕士 10 人)
入学要求：WISC 试成绩，学校成绩单，教师推荐信，面谈。
2018 学费：US$73,730（外国学生寄宿部）
学校简介：这是一所中等规模的寄宿学校，建校于 1930 年。学校是以升大学为导向，同时给学生不同的学习机会以达到学业上最大的成就。课程设置也强调个人发展及合作能力的培养。除基本课程外，还包括 3 个大学先修学分（AP），拥有荣誉班级。该校最突出的项目包括教职员工定期在学习方法研究中心、堪萨斯大学、全面思维研究所、卡系罗讷大学进修培训。学生有机会根据自己的长处在学业、运动、艺术方面得到发展。
课程设置：AP 课程：微积分 AB，BC，美国历史。
运动队：棒球队，滑冰队，篮球队，越野队，足球队，高尔夫球队，曲棍球队，滑雪队，英式足球队，攀岩队，排球队，马术队。
社　　团：模特社，爵士乐队，学生会，年刊，电影艺术社，导游社，摇滚乐队。
大学去向：美国大学，佛罗里达大学，巴德学院布莱恩特大学，查尔斯顿学院，杜尔大学，圣若瑟学院。

38. The Glenholme School（格兰荷姆学校）

网　　址：www.theglenholmeschool.org
所在州：康乃狄克州（Connecticut）
地　　址：81 Sabbaday Lane Washington, CT 06793
招生范围：五至十二年级
学生人数：105 人
教　　师：34 人（博士 4 人，硕士 14 人）
入学要求：SSAT 成绩，面谈。
2018 学费：US$133,225（外国学生寄宿部）
学校简介：这是一所规模很小的特殊教育学校，建校于 1836 年。每年只有 100 名左右年龄 5～16 岁的学生，专门招生有情绪问题、行为问题及学习方法问题的学生，包括患有注意力缺失症和多动症的学生。课程设置以个别教学和小班教学为导向。学生除上文化课外，还必须接受行为纠正、治疗、社会技巧训练和社会环境治疗。校园生活中有多种课程是着重于教导学生建立自信心、培养他们的社会生活能力和技巧、教育他们如何与别人沟通交流、怎样处理人际关系及掌握竞争技巧。小区服务及马术项目的设置也旨在把社会生活技能溶进对学生的整体教育中。
运动队：篮球队，越野队，英式足球队，垒球队，网球队。
社　　团：男子歌唱队，视频教学社，芭蕾舞社，吉他社，摄影社，新闻社健身社，戏剧社，发声练习社。
大学去向：阿灵顿大学，美国大学，曼哈顿学院，科罗拉多大学，哈特福塔大学，实验学校，米切尔学院。

39. The Gunnery School（甘诺利学校）*

网　　址：www.gunnery.org
所在州：康乃狄克州（Connecticut）
地　　址：99 Green Hill Washington, CT06793
招生范围：九至十二年级
学生人数：295人
教　　师：34人（博士4人，硕士14人）
入学要求：SSAT成绩，学校成绩单，教师推荐信，面谈。
2018学费：US$59,850（外国学生寄宿部）

学校简介：这是一所建校于1850年以升大学为导向的私立寄宿学校，150多年来，该校秉持着相同的办学目标，着重培养学生的学识、个性和道德观，对升大学的基本课程要求非常严格。大多数科目都设有大学先修课和荣誉课程。从九年级到大学预科班（十三年级）都是小班教学，教师都很有教学技巧及经验，学校也拥有技术先进的教学设施。

课程设置：AP课程：艺术史，生物学，计算机科学A，欧洲历史，法国语言和文化，宏观经济学，微观经济学，西班牙语言和文化，英国语言和作文，英国文学，物理C，美国历史，世界历史，化学，艺术工作坊，乐理，统计学。

运动队：滑雪队，越野队，篮球队，高尔夫球队，足球队，曲棍球队，网球队，垒球队，英式足球队，滑板队。

社　团：舞蹈社，滑冰社，学生报社，年刊，广播社，模特社，爵士乐队，戏剧社，数学社，环境社，辩论社。

大学去向：斯坦福大学，宾夕法尼亚大学，华盛顿大学，康奈尔大学，埃莫瑞大学，加州大学，卡耐基梅隆大学，南加州大学，波士顿学院，罗切斯特大学，华盛顿大学，迈阿密大学，乔治华盛顿大学，波士顿大学，密歇根州立大学，美国大学，丹佛大学，阿拉巴马大学。

40. The Hotchkiss School（海契克斯学校）☆★

网　　址：www.hotchkiss.org
所在州：康乃狄克州（Connecticut）
地　　址：11 Interlaken Road, Lakeville, CT06039
招生范围：九至十二年级
学生人数：598人
教　　师：97人(博士5人，硕士69人)
入学要求：SAT，PSAT，ISEE或托福成绩，学校成绩单，教师推荐信。
2018学费：US$56,650（外国学生寄宿部）

学校简介：建于1884年。办学宗旨是培养学生热爱学习、为人负责的能力及个人能力的全面发展，所以强调严格的学科要求与突出的课外活动相结合，以促使学生能力达到平衡发展。以小班教学为主，课程的设置以升大学为基础，还开设有14个先修大学学分课程及荣誉课。图书馆藏书达七万多册。还有艺术中心、冰球场、泳池、高尔夫球场、室内及室外网球场、两个戏院。最近还加建了计算机中心、学生活动中心、艺术画廊、圆桌型课室（便于课堂讨论）及新装潢的科学楼。

课程设置：AP课程：生物学，微积分AB，BC，欧洲历史，法国语言和文化，宏观经济学，微观经济学，西班牙语言和文化，西班牙文学，英国文学，物理C，B，美国历史，化学，统计学，中文与文化，美国政府与政治，环境科学，德国语言和文化，拉丁语。

运动队：滑雪队，越野队，篮球队，高尔夫球队，足球队，曲棍球队，网球队，垒球队，英式足球队，滑板队。

社　　团：烹饪社，拉丁社，投资社，西班牙语社，广播社，编织社，德语社。

大学去向：哈佛大学，耶鲁大学，麻省理工大学，斯坦福大学，宾夕法尼亚大学，哥伦比亚大学，芝加哥大学，杜克大学，达特茅斯大学，华盛顿大学，康奈尔大学，卡耐基梅隆大学，南加州大学，纽约大学，波士顿学院，迈阿密大学，乔治华盛顿大学，波士顿大学。

41. Indian Mountain School（印第安山学校）*

网　　址：www.indianmountain.org
所在州：康乃狄克州（Connecticut）
地　　址：211 Indian Mountain Road Lakeville, CT06039
招生范围：六至九年级
学生人数：259 人
教　　师：57 人
入学要求：SSAT 或托福成绩，教师推荐信，学校成绩单，面谈。
2018 学费：US$59,610（外国学生寄宿部）
学校简介：这是一所初高中合并的中学，类似国内的中学，建校于 1922 年。寄宿部从六年级开始招生。课程设置带有连贯性，包含范围广，严谨的课程编排旨在帮助学生强化学习技术，使学生能面对愈来愈高的挑战。学校也很注重道德教育。学校规模偏小，学生在学校能得到教师的充分关照。为帮助学生建立自尊心，学校专门设立冒险教育课程，包括野营以及校内的各种攀爬运动。
运动队：棒球队，越野队，篮球队，足球队，滑板队，垒球地，游泳队，排球队，高尔夫球队，英式足球队，曲棍球队，网球队。
社　　团：电影社，音乐社，艺术社，领导能力培养社，冒险经历社。
大学去向：霍奇基思大学，格罗敦大学，伯克郡大学，卢米斯大学，圣保罗大学，肯特大学。

42. Kent School（坎特学校）*

网　　址：www.kent-school.edu
所 在 州：康乃狄克州（Connecticut）
地　　址：P.O.Box 2006 Kent, CT06757
招生范围：日间部九至十二年级
学生人数：570人
教　　师：69人（博士6人，硕士47人）
入学要求：SSAT或托福成绩，教师推荐信，学校成绩单，面谈。
2018学费：US$58,450（外国学生寄宿部）
学校简介：这是一所教会学校，建校于1906年。着重于培养学生在各方面都有较高成就。课程设置考虑学生的知识、道德价值和体魄的发展。除基础课外，还有19个大学先修课及荣誉班。总体来说，学校对学科、体育、宗教和日常生活的安排都很严谨。学生的毕业去向是美国的顶尖大学。
课程设置：AP课程：艺术史，生物学，微积分AB，BC，欧洲历史，法国语言和文化，宏观经济学，微观经济学，西班牙语言和文化，西班牙文学，英国文学，物理C，美国历史，化学，统计学，美国政府与政治，环境科学，拉丁语，计算机科学A，心理学，艺术工作坊。
运动队：滑冰队，棒球队，篮球队，越野队，马术队，足球队，登山队，垒球队，游泳队，跳水队，高尔夫球队，曲棍球队，英式足球队，网球队。
社　　团：艺术社，国际象棋社，辩论社，法语社，德语社，意大利社，舞蹈社，动物权利社，模特社，数学组，照片摄影社，西班牙语社，乒乓球社。
大学去向：哈佛大学，普林斯顿大学，耶鲁大学，麻省理工大学，斯坦福大学，宾夕法尼亚大学，哥伦比亚大学，芝加哥大学，达特茅斯大学，华盛顿大学，康奈尔大学，布朗大学，卡耐基梅隆大学，南加州大学，纽约大学，波士顿学院，波士顿大学，科罗拉多大学，美国大学。

43. The Loomis Chaffee School（卢米斯学校）

网　　址：www.loomischaffee.org
所 在 州 ： 康 乃 狄 克 州 （Connecticut）
地　　址：4 Batchelder Road Windsor, CT06095
招生范围：九至十二年级
学生人数：675 人

教　　师：128 人（博士 6 人，硕士 63 人）
入学要求：ISEE、SSAT 或托福成绩，教师推荐信，成绩单，面谈。
2018 学费：US$59,640（外国学生寄宿部）
学校简介：该校建校于 1874 年，原是一所家族学校，1914 年开放招收非卢米斯家族成员，以后逐步扩展成为今天的中偏大型的大学预备学校。卢米斯学校很重视学生精神、思想和身体的全面发展，而且尊重学生本身的文化和社会背景。课程设计一方面着重为高等教育作准备，开设 12 个大学先修学分，有荣誉班；另一方面也注重培养学生今后在社会上的学习技巧与判断思考能力。学校还教育学生要为正在兴起的全球文明作贡献。
课程设置：AP 课程：微积分 AB，BC，法国语言和文化，宏观经济学，西班牙语言和文化，英国文学，物理 B，美国历史，化学，统计学，美国政府与政治，环境科学，拉丁语，计算机科学 A，AB，乐理，艺术史。
运动队：滑冰队，棒球队，篮球队，越野队，跳水队，足球队，高尔夫球队，英式足球
社　　团：中文社，法语社，电影社，舞蹈社，数学组，魔法社，德语社，基督教社，国际象棋社，达尔文社，学生会，BBQ 社，书籍社，辩论社。
大学去向：普林斯顿大学，耶鲁大学，麻省理工大学，斯坦福大学，宾夕法尼亚大学，哥伦比亚大学，芝加哥大学，杜克大学，达特茅斯大学，西北大学，华盛顿大学，康奈尔大学，布朗大学，卡耐基梅隆大学，南加州大学，纽约大学，威廉和玛丽学院，波士顿学院，迈阿密大学，乔治华盛顿大学，波士顿大学，美国大学。

44. Marianapolis Preparatory School (玛莉安那波利斯学校) *

网　址：www.marianapolis.org
所在州：康乃狄克州(Connecticut)
地　址：26 Chare Road, Thompson，CT06277
招生范围：九至十二年级
学生人数：400 人
教　师：50 人(硕士 9 人，博士 2 人)
入学要求：SSAT、STS 或托福成绩，教师推荐信，学校成绩单，面谈。
2018 学费：US$57,200 （外国学生寄宿部）
学校简介：该校是一所罗马天主教学校，建校于 1926 年，由玛莉安神父主持。校规保守严格，要求学生在校期间维持学科高分，同时德、智、体全面发展。课程设置以升大学为导向，开设有 3 个大学先修学分，有荣誉班；同时培养青年学子的领导才能和奉献精神。学科严谨及小班教学使学生易于发挥他们最大的学术潜能，学校的教学环境也有利于学生形成相互关心、相互照顾和相互尊重的作风。
课程设置：AP 课程：生物学，微积分 AB，BC，欧洲历史，西班牙语言和文化，西班牙文学，英国文学，物理 B，美国历史，化学，统计学，英国语言和作文。
运动队：棒球队，篮球队，越野队，英式足球，网球队，垒球队，田径队，排球队，曲棍球队，高尔夫球队。
社　团：模特社，数学组，戏剧社，学生会，写作社，艺术社，护理社，年刊，领导能力社。
大学去向：波士顿学院，波士顿大学，布朗大学，乔治城大学，纽约大学，加州大学。

45. Marvelwood School(奇异木学校)*

网　　址：www.marvelwood.org

所在州：康乃狄克州(Connecticut)

地　　址：P.O. Box 3001 476 Skiff Mountain Road Kent, CT06757

招生范围：九至十二年级

学生人数：154人

教　　师：38人(硕士16人)

入学要求：学校成绩单,教师推荐信,面谈。

2018学费：US$58,200(寄宿部2002-3)

学校简介：该校是一所规模不大的寄宿学校,建校于1956年。课程设置以升大学为导向,强调个人特点和动手实践的教育理论。学校提供针对个别学生需要的指导。学校还开设有英语为第二语言课程(ESL)、大学预科班、暑期班及特殊教育班,还有为外国学生专设的托福补习班。

课程设置：AP课程：欧洲历史,统计学,生物学,微积分AB、BC,化学,宏观经济学,微观经济学,物理B,美国政府与政治,美国历史。

运动队：滑冰队,篮球队,越野队,曲棍球队,攀登队,英式足球队,网球队,排球队,棒球队,花漾滑冰社,垒球队,山地自行车队。

社　　团：年刊,学生会,摄影社,文学杂志社,音乐社,合唱队。

大学去向：波士顿大学,林恩大学,宾州州立大学,印第安周大学,纽约州立大学,纽约大学。

46. Miss Porter's School（波特斯女校）☆

网　　址：www.missporters.org
所在州：康乃狄克州（Connecticut）
地　　址：60 Main Street Farmington, CT06032
招生范围：九至十二年级
学生人数：320 人
教　　师：49 人（硕士 40 人，博士 2 人）
入学要求：SSAT 成绩，托福成绩，教师推荐信，学校成绩单，面谈。
2018 学费：US$58,970（外国学生寄宿部）
学校简介：该校声誉很高，是专门培养学生进入美国名校的女子寄宿学校，建设校于 1843 年。课程设置严谨且要求严格，大学先修课程有 22 科之多。「勇于创造项目」的课程更是造就了很多小说家、科学家和表演艺术家。每年一月还给学生机会参加实习项目，学生还可以参加为期一个学期或一年的海外交流项目和选修自习课程的培训，学校的外语课开设中文课，学生也需要参加小区活动和包括体育运动在内的其它课外活动。
课程设置：AP 课程：艺术史，生物学，微积分 AB, BC，计算机科学 A，环境科学，欧洲历史，法国语言和文化，拉丁语，拉丁文学，乐理，物理 B，心理学，西班牙语言和文化，西班牙文学，统计学，化学，中文与文化，艺术工作坊，美国历史。
运动队：滑冰队，越野队，曲棍球队，垒球队，游泳队，田径队，排球队，羽毛球队，马术队，高尔夫球队，英式足球队，网球队。
社　　团：基督教社，法语社，艺术鉴赏社，辩论队，科学社，模特社，文化社，茶文化社，导游社，学生会，寿司社。
大学去向：哈佛大学，麻省理工大学，宾夕法尼亚大学，芝加哥大学，达特茅斯大学，西北大学，约翰霍普金斯大学，康奈尔大学，卡耐基梅隆大学，乔治城大学，纽约大学，波士顿学院，波士顿大学，美国大学。

47. Phillips Academy（菲利普斯学院）☆★

网　　址：www.andover.edu
所在州：马萨诸塞州（Commonwealth of Massachusetts）
地　　址：180 Main St, Andover, MA 01810
招生范围：九至十二年级
学生人数：320人
教　　师：49人（硕士40人，博士2人）
入学要求：SSAT成绩，托福成绩，教师推荐信，学校成绩单，面谈。
2018学费：US$52,100（外国学生寄宿部）
学校简介：学校在1778年由小塞缪尔·菲利普斯建立，是美国最早建立且现今还在运营的私立寄宿高中。学校除了向学生提供普通教育所必须的基础课程的学习以外，为迎合不同学生的不同兴趣，还开设有丰富的选修课程。学生可以在任何一个部门科系学到各种跳级的和高级的课程。而且班级人数相对较少，每一个学生都有机会获得老师的直接指导和帮助。
课程设置：AP课程：生物，微积分，化学，计算机科学，环境科学，物理，统计学，宏观经济学，微观经济学，法语，德语，拉丁语，西班牙语，法国文学，拉丁文学，西班牙文学，欧洲历史，欧洲历史，视觉艺术，乐理等。
运动队：足球队，摔跤队，橄榄球队，游泳队和长跑队。
社　　团：动物保护协会，亚洲俱乐部，国际象棋俱乐部，天文学会，小区服务，计算机俱乐部，辩论俱乐部，环保协会，外语俱乐部，美食俱乐部，国际俱乐部，投资俱乐部，犹太学生组织，文学杂志社，数学俱乐部，模拟审判团，模拟联合国大会，学校报社。
大学去向：美国大学，波士顿大学，布朗大学，哥伦比亚大学，康奈尔大学，乔治华盛顿大学，哈佛大学，麻省理工学院，纽约大学，University of 宾夕法尼亚大学，普林斯顿大学，耶鲁大学，芝加哥大学。

48. The Oxford Academy (牛津书院) *

网　址：www.oxfordacademy.net
所在州：康乃狄克州（Connecticut）
地　址：1393 Boston Post Road Westbrook, CT06498-0685
招生范围：九至十二年级
学生人数：48人
教　师：18人（博士1人，硕士7人）
入学要求：教师推荐信，学校成绩单，面谈。
2018学费：US$58,600（外国学生寄宿部）

学校简介：这是一所小型的建校于1906年男校，有近一百年历史。学校主要招收14至20岁、有聪明才智但未能充分发挥潜力，有必要加速进步的学生，或者是想尽快提高英语能力的外国学生，他们可以参加学校开设的英语为第二语言的强化课程（ESL）。学校采取一个教师对一个学生的单独教学方法，也称牛津方法，开创者魏德伯格深知有很多有天分的学生不适合在大课堂学习，于是创办该所以单独教学为主的学校。在课堂中还采用古希腊哲学家苏格拉底的问答式教学方法，这样既可以帮助学生克服挫折感，建立自信心和自尊心，也可以加速学业进步。

课程设置：AP课程：微积分。

运动队：英式足球队，橄榄球队，篮球队，滑冰队，田径队，越野队。

社　团：写作社，国际象棋社，环保社，读书社，音乐社，投资社，学生会，户外活动组，摄影社。

大学去向：亚利桑那州立大学，波士顿学院，波士顿大学，加州州立大学奇科分校，加州州立大学富尔顿分校，加州州立大学长滩分校，加州州立大学洛杉矶分校，加州州立大学圣伯纳迪诺分校，加州州立大学圣地亚哥分校，加州理工大学波莫纳分校，加州设计学院，康奈尔大学，纽约城市大学，佐治亚理工学院，加州大学戴维斯分校，加州大学欧文分校，加州大学默塞德分校，加州大学河滨分校，加州大学圣地亚哥分校，佛罗里达大学，印第安纳波利斯大学。

49. The Rectory School（教区学校）*

网　　址：www.rectoryschool.org
所在州：康乃狄克州（Connecticut）
地　　址：528 Pomfret Stre Pomfret, CT06258-0068 P.O. Box 6
招生范围：五至九年级
学生人数：190人
教　　师：57人（硕士22人，博士1人）
入学要求：教师推荐信，学校成绩单，面谈。
2018学费：US$62,000（外国学生寄宿部）
学校简介：顾名思义，这是一所教会学校，建校于1920年，已有75年办学历史。办学宗旨是要提高学生的学习兴趣及对学习的热爱，要求严格但课程设置灵活。学校采用小班教学，每班学生人数最多不超过12人，而且制定学生个别教学计划，每天还有课业辅导。教师会根据学生的需要进行补课或加强练习，这是该校很突出的特点。学校根据学生的能力和特点给学生安排艺术课、运动课、运动队的强化训练。表演艺术中心在2001年开放、科学楼、图书馆和宿舍也都在近期内加建。
课程设置：AP课程：生物学，统计学，微积分AB，微积分BC，英语文化，英语写作。
运动队：篮球队，足球队，冰球队，英式足球队，网球队，越野队，棒球队，高尔夫球队，曲棍球队，垒球队，田径队，马术队。
社　　团：制作卡片社，登山社，合唱团，保龄球社，钢琴社，铜管乐队，滑冰社，舞蹈社，电影社，游戏社。
大学去向：埃文老农场学校，班克罗夫特学校，马布莱尔学院，布鲁斯特学院，坎特伯雷学院，柴郡学院，基督学校，克兰布鲁克学院，福尔曼学校，希伯伦学校，肯特山学校，劳伦斯学院，梅塞斯堡学院，米尔布鲁克学校，诺斯菲尔德山学校，索尔兹伯里学校，圣安得烈学校，圣乔治斯学校，圣杰姆斯学校，圣约翰学校，纽约州立石溪分校，佛蒙特州学院，威斯敏斯特学校，威利斯顿北安普顿。

50. Rumsey Hall School（林西名人学校）*

网　址：www.rumseyhaii.org
所在州：康乃狄克州（Connecticut）
地　址：201 Romford Road
　Washington Depot, CT06794
招生范围：六至九年级
学生人数：322人
教　师：47人（硕士16人）
入学要求：英文教师推荐信，学校成绩单，标准考试成绩（非必需），面谈。

2018学费：US$57,890（外国学生寄宿部 2002-3）

学校简介：这是一所初高中合校的中等学校，建校于1900年。当年创校者莉莉亚·林西·三福相信：孩子需要良好的学习环境和强调努力，才能达到最大限度的成就。学校的办学宗旨是造就整体全面发展的学生（Whole-Child approach to teaching）。教师与学生很接近，以营造一种强烈的家庭式氛围，让学生在亲切自然的环境中学习，使学生的潜力发挥到最大，使他们在掌握学科知识的同时，建立起自尊心和自信心。学校设施齐备，新建的艺术中心、科学中心和计算器中心，大大加强了学科的教学效果。学校开设英语为第二语方课（ESL）、特殊教育班和暑期班。

AP课程设置：英语和文化，英国文学，法语和文化，拉丁文化，西班牙语和文化。

运动队：垒球和棒球队，冰球队，篮球和排球队，摔跤和足球队，曲棍球队，越野队。

社　团：历史社，拉丁社，西班牙语社，法语社，音乐社，绘画社。

大学去向：塔夫脱学校，布莱尔学院，劳伦斯维尔学校，圣乔治学院，迪尔菲尔德学院，韦斯托弗学校，米德尔塞克斯学校，肯特学院，密尔顿学院，撒切尔学校，坎特伯雷学院，圣保罗学校，菲利普斯埃克塞特学院，格罗顿学校。

51. Saint Thomas More School（圣汤玛士摩尔学校）*

网　　址：www.stmct.org

所在州：康乃狄克州（Connecticut）

地　　址：45 Cottage Road Oakdale,CT06370

招生范围：八至十二年级

学生人数：200人(男生200人)

教　　师：26人(硕士9人)

入学要求：教师推荐信;学校成绩单;面谈

2018学费：US$59,900（外国学生寄宿部）

学校简介：这是一所招收八年级到大学预科学生的天主教寄宿男校，建校于1962年。入学门坎并不高，尽管学生入学时成绩不理想，但通过学校严格的教育，都变成有信心并学习成果丰硕的学生。学校以升大学为课程设置的导向，采用小班教学，每班学生人数12人。全部教职员工都住校。师生关系融洽，教师对学生可进行个别辅导和正面鼓励，除日间上课外，晚自修课也有老师指导。学校开设英语为第二语言课程（ESL），大学预科班和暑期班。

课程设置：AP课程：宏观经济学，微观经济学。

运动队：高尔夫球队，曲棍球队，田径队，越野队，棒球队，英式足球队，篮球队，冰球队，冲浪队，网球队，足球队。

社　　团：国际象棋俱乐部，创意写作社，西班牙语俱乐部，滑冰俱乐部，烹饪俱乐部。

大学去向：波士顿大学，密歇根州立大学，纽约大学，俄亥俄州立大学，宾州州立大学，纽约州立大学石溪分校，加州大学伯克利分校，华盛顿大学。

52. Salisbury School（索尔兹伯利学校）

网　　址：www.salisburyschool.org
所在州：康乃狄克州（Connecticut）
地　　址：251 Canaan Road Salisbury, CT06068
招生范围：九至十二年级
学生人数：250 人
教　　师：68 人（硕士 19 人，博士 3 人）
入学要求：SSAT 成绩，学校成绩单，教师推荐信，面谈。
2018 学费：US$59,600（外国学生寄宿部）
学校简介：建校于 1901 年，中上规模，要求严格的以升大学为导向的教会高中男校。学校注重强调宗教信心、服务精神、尊重别人及师生间的良好互动。培养学生的目标是为学生作准备以达到严格的大学课程要求，在学术上及精神上为今后的生活作好准备。学校教职员 265 人，教学班学生人数只有 9 人，绝对的小班教学。除学校行政管理外，还设有教区委员会、学生代表以加强监督管理等。学校重要设施包括新建的文学楼、数学科学楼、小教堂、艺术工作室、太阳能车实验室、摄影室、计算器中心、罗德阅读中心、馆藏二万五千多册的图书馆，国际互联网。学校每年提供 130 万美元的奖学金，帮助有经济困难的学生。学校开设大学预科班及暑期班。课外活动可参加小区服务，辩论队，中心社团，演戏及合唱团。
课程设置：AP 课程：宏观经济学，微观经济学，法语和文化，生物学，美国历史，拉丁语，英国文学，微积分 AB，微积分 BC，英国文学，拉丁语，物理 B，化学，统计学。
运动队：足球队，冲浪队，高尔夫球队，篮球队，越野队，马术队，攀岩队，越野队，滑冰队，棒球队，自行车队，冰球队，花样滑冰队，网球队，曲棍球队。
社　　团：吉他社，科学俱乐部，学生活动中心，钓鱼社，戏剧社，电影制作社，食品社，乐队，数学组，爵士乐队，基督社，宿管部。
大学去向：哈佛大学，波士顿学院，波士顿大学，达特貌似学院，杜克大学，爱茉莉大学，佛罗里达州立大学，乔治华盛顿大学，印第安大学，老佛爷学院，曼哈顿学院，迈阿密大学，纽约大学，普林斯顿大学，普渡大学，皇后大学，纽约州立石溪分校。

53. South Kent School（南坎特学校）*

网　　址：www.southkentschool.org
所在州：康乃狄克州（Connecticut）
地　　址：40 Bull's Bridge Road, South Kent，CT06785
招生范围：九至十二年级
学生人数：180 人(男生 180 人)
教　　师：28 人(硕士 30%)
入学要求：SSAT 成绩，教师推荐信，学校成绩单，面谈。
2018 学费：US$55,700（外国学生寄宿部）
学校简介：建校于 1923 年。办学宗旨是为大学培养学业上过硬、有自学能力、信赖自己、目标明确、生活简单的人才。课程设置很强调基础学科的课目内容和学习技巧，通过各科在不同年级的系统化一起来。开设有 8 门大学先修课（AP）及各科设有荣誉课程（Honor）。课程内容和学习方法都受到重视。学生与教师的比例是 5：1，学生可得到足够的指导和辅导。学校要求每个学生都发挥自己的长处参加领导才能培训项目。学校的体育运动队很具有竞争力。有长达几英里的越野跑道、越野自行车道、两个滑冰场和其它运动设施。
学校另外还开设英语为第二语言课程（ESL）、大学预科班和特殊教育班等。
课程设置：AP 课程：微积分 AB，宏观经济学，英语和文化，比较政府与政治，心理学，统计学，美国历史。
运动队：篮球队，冰球队，越野队，英式足球队，曲棍球队，网球队，棒球队。
社　　团：山地自行车社，滑冰社，健身社，多媒体社。
大学去向：波士顿学院，布朗大学，达特貌似学院，爱茉莉大学，麻省理工学院，宾州州立大学，圣约翰大学，芝加哥大学，康州大学，迈阿密大学，华盛顿大学，耶鲁大学。

54. Suffield Academy (撒菲尔德书院) *

网　　址：www.suffieldacademy.org
所在州：康乃狄克州（Connecticut）
地　　址：185 N. Main Street Suffield CT06078
招生范围：九至十二年级
学生人数：410人
教　　师：126人(硕士39人，博士1人)
入学要求：先面试再填申请表，要求有三封教师推荐信，成绩单，最近要通过考试。
2018学费：US$59,500（外国学生寄宿部）

学校简介：学校建于1833年。课程设置目的是培养学生的学术挑战能力。在升大学要求的基础课程以外，每个学生都要选修领导才能培训课。除基础课程外，每门课程都有荣誉课和大学先修课。计算机科学是该校必修课程中的重要部分，也要求学生选项修宗教课。艺术和体育课包括视觉和表演艺术及各种球类、田径类和游泳、滑雪等课程。很多运动队、音乐艺术社团、学生团体等丰富了学生的课外活动。重要设施包括新建的占地40英亩的领导才能户外培训中心，每个学生都有手提电脑并在校区连线，计算机成为重要的教学工具。学校另外还开设英语为第二语言课程（ESL）、大学预科班和暑期班等。

课程设置：AP课程：物理C，西班牙文学，美国历史，美国政府与政治，西班牙语和文化，法语和文化，英国文学，化学，微积分BC，生物学，宏观经济学，统计学，微积分AB，西班牙文学。

运动队：越野队，滑板队，垒球队，水球队，游泳队，足球队，跳水队，篮球队，滑冰队，棒球队，攀岩队，高尔夫球队，曲棍球队，英式足球队，网球队，排球队。

社　　团：模特社，国际学生组织，年刊，写作社，国际象棋俱乐部，基督社。

大学去向：波士顿大学，布朗大学，哥伦比亚大学，乔治华盛顿大学，乔治城大学，华盛顿轩辕，佛罗里达大学，埃默里大学，迈阿密大学，密西西比大学，俄亥俄州立大学。

55. The Taft School（塔虎特学校） ☆

网　　址：www.taftschool.org
所在州：康乃狄克州（Connecticut）
地　　址：110 Woodbury Road Watertown，CT06795
招生范围：九至十二年级
学生人数：596 人
教　　师：141 人（硕士 80 人，博士 4 人）
入学要求：SSAT 成绩，SAT 成绩，PSAT 成绩或托福成绩，教师推荐信，学校成绩单，面谈。
2018 学费：US$56,550（外国学生寄宿部）
学校简介：这是一所私立教会高中，由美国塔虎特总统的兄弟创建于 1890 年，以学生成绩过硬和老师学生互动密切而出名。建校宗旨是培养学生在各方面的个人责任和学术成就的道德伦理。学校的重要设施包括藏书 54,000 多册的图书馆，科学数学中心，语音中心，两个剧院，国际互联网，18 洞的高尔夫球场、两个冰球场、16 个网球场、9 个小拍橡皮球场、全天候的田径场（室内外）及 11 个游戏场。
课程设置：AP 课程：拉丁语，英国文学，乐理，世界历史，艺术工作坊，比较政府与政治，微积分 AB，微积分 BC，欧洲历史，化学，环境科学，艺术史，计算机科学 A，物理 B，心理学，西班牙语和文化，生物学，美国历史，中文与文化，美国政府与政治，物理 C，统计学，法语和文化，英语和文化。
运动队：田径队，网球队，曲棍球队，排球队，马术队，越野队，篮球队，滑冰队，棒球队，垒球队，英式足球队，足球队。
社　　团：舞蹈队，法语社，经济俱乐部，国际象棋俱乐部，艺术社，爵士乐队，日语社，模特社，西班牙语社，学生会，年刊，数学组，基督社，瑜伽社。
大学去向：哈佛大学，普林斯顿大学，耶鲁大学，斯坦福大学，宾夕法尼亚大学，哥伦比亚大学，杜克大学，达特茅斯学院，约翰霍普金斯大学，布朗大学，圣母大学，乔治城大学，范特比尔大学，密歇根大学，佛吉尼亚大学，南加州大学，纽约大学。

56. Westover School（威斯特沃佛学校）*

网　　址：www.westoverschool.org
所在州：康乃狄克州（Connecticut）
地　　址：1237 Whittemore Road, Middlebury, CT06762
招生范围：九至十二年级
学生人数：205 人
教　　师：40 人
入学要求：SSAT 成绩，托福成绩，学校成绩单，教师推荐信，面谈
2018 学费：US$57,100（外国学生寄宿部）

学校简介：这是一年顶尖的女子私立学校。学校要求严格，并鼓励、推动学生积极参与各项学术、社会及体育活动。该校毕业的女生都有很高的成就，这得益于该校所开设的多项选修课和 17 门大学先修课（AP）、表演艺术课和课外活动。该校与任斯列理工学院、曼哈顿音乐学院、康州舞蹈学院有合作培训项目。一个世纪以来，培养了不少艺术人才及其它行业的人才。有各种表演艺术团组、骑术团体和各种运动队。学校的校园建筑精美，曾获得九十项以上的建筑奖。学生每天都有体育课，以培养他们的运动精神和团队精神。学生来自于美国各州及 15 个其它国家，其中亚洲学生占一半比例。特别课程包括英语为第二语言课程（ESL）。

课程设置：AP 课程：微积分 AB，微积分 BC，中文与文化，心理学，二维设计，绘画，宏观经济学，微观经济学，乐理，西班牙语和文化，欧洲历史，生物学，美国历史，比较政府与政治，美国政府与政治，英国文学，艺术史，计算机科学 A，统计学，化学，环境科学，法语和文化，生物学，英语和文化，拉丁语，世界历史，物理。

运动队：篮球队，越野队，曲棍球队，网球队，英式足球队，垒球队，排球队。

社　团：拉丁俱乐部，年刊，戏剧社，法语社，艺术社，环保社，西班牙语社，模特社，摄影社，学生会，杂志社，圣经辅导社。

大学去向：耶鲁大学，宾夕法尼亚大学，康奈尔大学，乔治城大学，约翰霍普金斯大学，埃莫瑞大学，佛吉尼亚大学，维克森林大学，波士顿学院，纽约大学，威廉和玛丽学院，罗切斯特大学，北卡罗来纳大学，塔夫茨大学，加州大学圣地亚哥分校，伊利诺大学。

57. Westminster School（西敏斯特学校）

网　　址：www.westminster-school.org

所在州：康乃狄克州（Connecticut）

地　　址：P.O.Box 337 995 Hopmeadow Street CT06070-0337 Simsbu

招生范围：九至十二年级

学生人数：393 人

教　　师：61 人（硕士 35 人，博士 7 人）

入学要求：SSAT 成绩或托福成绩，学校成绩单，教师推荐信，面谈。

2018 学费：US$59,900（外国学生寄宿部）

学校简介：这是一所由九年级到大学预科的私立教会高中，建校于 1888 年。学校要求学生全面平衡发展，在完成紧凑严格的 80 门升大学基本课程和 17 门大学先修课程（AP）之余，还要参与体育、艺术及其它活动。每年该校的运动队参加的比赛超过五百多场次。学校安排的日常时间表很紧凑，学生上课前有早自习课，以学习小组为单位。课外活动除艺术及体育外，还有学生自己主持的教堂及各种领导才能培训营和团队活动。学生的伙食采用家庭式用餐方式，学生要参与餐点的准备。学生常利用下午课余时间参与小区服务。学校另外开设有大学预科班。

课程设置：AP 课程：微观经济学，物理 C，心理学，宏观经济学，西班牙文学，西班牙语和文化，乐理，欧洲历史，计算机科学 A，环境科学，比较政府与政治，美国历史，绘画，英国文学，拉丁语，微积分 AB/BC，化学，英语和文化，化学，生物学，法语和文化，艺术史，统计

运动队：高尔夫球队，游泳队，垒球队，曲棍球队，篮球队，网球队，跳水队，足球队，冰球队，英式足球队，棒球队，越野队，田径队。

社　　团：舞蹈队，爵士乐队，艺术社，模特社，戏剧社，学生会，文学杂志社，烹饪社

大学去向：哈佛大学，宾夕法尼亚大学，普林斯顿大学，哥伦比亚大学，布朗大学，达特茅斯雪缘，埃莫瑞大学，纽约大学，波士顿学院，维克森林大学，伊利诺大学，塔夫茨大学，佛吉尼亚大学，理海大学，乔治华盛顿大学，丹佛大学，鲍登学院，卫斯理学院。

58.The Woodhall School（木厅学校）伍德霍尔学校 *

网　　址：woodhallschool.org
所在州：康乃狄克州（Connecticut）
地　　址：58 Harrison Lane P.O. BOX 550 Bethleham, CT06751
招生范围：九至十二年级
学生人数：42 人
教　　师：17 人(硕士 25%)
入学要求：教师推荐信，学校成绩单，面谈。
2018 学费：US$69,500（外国学生寄宿部）
学校简介：这是一所私立高中男校，建校于 1982 年，是为那些在传统教育中适应不良的男生所设。办学宗旨在于培养学生的学术能力、沟通技巧、自我表达技能和责任感。他们认为教导学生将学习技能和自我表达技能相结合，能够使学生更有信心去学习。学校因应每人不同的需要而开设个别课程，这个称为木厅计划的课程设计，使失去学习动机及自信心、学习技巧不良、有家庭问题或身体残疾的学生受益良多。

课程设置：AP 课程：生物学，欧洲历史，微积分 AB，微积分 BC。

运动队：篮球队，越野赛跑队，足球队，自由滑雪队，冰上曲棍球队，山地自行车队，户外活动越野滑雪队，山下滑雪队，自行车队，拳击队，保龄球队，高尔夫队，武术队，游泳队，皮划艇队。

社　　团：艺术社团，无伴奏音乐社团，国际象棋社团，天文学社团，辩论社团，文学欣赏团

大学去向：阿德菲大学，阿卡迪亚大学，贝瑞大学，克拉克大学，南卡罗来纳大学，科罗拉多州矿业大学，库里学院，多米尼加加利福尼亚大学，卓克索大学，伊隆大学，乔治华盛顿大学，杰克森维尔大学，约翰逊·威尔士大学，门罗大学，北卡罗来纳州立大学，瑞吉斯大学，伦斯勒理工学院，罗彻斯特理工学院，诺基山大学，斯克兰顿大学，史蒂文斯理工学院，雪城大学，康涅狄格大学，丹佛大学，雷德兰大学，罗切斯特大学，圣地亚哥大学，奥查克斯大学，佛蒙特大学。

59. St. Albans School (圣奥本斯学校)

网　址：www.stalbansschool.org
所在州：首都（Washington D.C.）
地　址：Mount St.Alban Washington, DC20016
学生人数：575人（男生575人）
教　师：65人（硕士32人，博士4人）
入学要求：SSAT成绩，学校成绩单，教师推荐信，面谈。
2018学费：US$62,228（外国学生寄宿部）

学校简介：该校建于1909年，是新教教公基金会所属的、以日间部为主的男校。办学宗旨是培养学生德、智、体全面发展。收少数寄宿生，教师质量出色。课程设置严谨，对各门大学预备课程都有较高的要求，并有13门大学先修课（AP），各科设有荣誉课程。学生来源主要是美国的基督徒，宗教课程是必修课，因为信仰和道德责任是该校的重要教育方针之一。此外，学生的兴趣、热情和对社会活动的积极参与也是学校的教育目标。该校在毕业生进入常春藤名校排名中名列第十三。学校在1986年新建了现代式的宿舍。

课程设置：AP课程：电脑科学，中文和文化，法语和文化，日语和文化，拉丁语和文化，西班牙语和文化，西班牙文学，欧洲历史，人类地理学，微积分AB，微积分BC，统计学，生物学，化学，物理1，物理2，物理C，环境科学

运动队：足球队，网球队，羽毛球队，高尔夫球队，游泳队，越野队。

社　团：戏剧社，舞蹈队，摇滚乐队，爵士乐队，摄影队，合唱队，创意设计社。

大学去向：哥伦比亚大学，达特茅斯大学，普林斯顿大学，宾夕法尼亚大学，杜克大学，斯坦福大学，马里兰大学，埃默里大学，波士顿学院，波士顿大学，布朗大学，卡内基梅隆大学，威廉和玛丽学院，科罗拉多学院，乔治城大学。

60. St. Andrew's School （圣安德鲁斯学校）

网　址：www.standrews-de.org
所在州：德拉瓦州（Delaware）
地　址：350 Noxontown Road Middletown, DE19709
招生范围：九至十二年级
学生人数：299人
教　师：59人（博士3人，硕士37人）

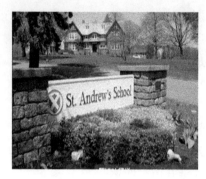

入学要求：SSAT成绩，教师推荐信，学校成绩单，面谈。
2018学费：US$57,000（外国学生寄宿部）
学校简介：一所中小型的寄宿学校，建校于1929年。学生素质较高，教师大多毕业于美国名校，且种族背景较广泛，符合学校希望学生能受益于教师多元化种族、文化、经济背景的办学宗旨。学校要求教师有活力、热情，有创造性，并深切关怀每一个学生的成长和进步。该校学生和教师共同住校，以达到相互信赖、相互影响，营造高期望的学习环境。学生可以有信心面对严格的各门学科的挑战，同时热情参与各类体育、艺术和其它课外活动。1999年后，连续三年毕业生进入哈佛大学超过15人，进入其它常春藤明校的毕业生比率高达50%。该校40%的学生得到学校提供的经济资助，使他们能完成本校的高质量教学要求。
运动队：篮球队，游泳队，排球队，英式足球队，越野队，曲棍球队，网球队，棒球队，曲棍球队，马术队。
社　团：桥牌社，电脑社，冲浪俱乐部，学生报社，爵士乐队，钓鱼社，法语社，科学研究社，西班牙语俱乐部，山地自行车俱乐部，独立电影社，环保社。
大学去向：和佛大学，耶鲁大学，斯坦福大学，麻省理工大学，加州理工大学，哥伦比亚大学，杜克大学，达特茅斯学院，花生大学，宾夕法尼亚大学，芝加哥大学，华盛顿大学，布朗大学，约翰霍普金斯大学，乔治城大学，佛吉尼亚大学，康奈尔大学。

61. Admiral Farragut Academy（佛拉格特海军书院）

网　　址：www.farragut.org
所在州：佛罗里达州（Florida）
地　　址：501 Park St.N Petersburg, FL33710
招生范围：8-12年级
学生人数：310人
教　　师：28人（博士1人，硕士18人）
入学要求：SLEP及托福成绩，学校成绩单，数学及英文教师推荐信，面谈。
2018学费：US$49,900（外国学生寄宿部）

学校简介：这是一所具有传统的军事学校结构但强调学业成绩和课外活动成就的中等学校。建校于1933年，招收六至十二年级的学生。与一般认为军事学校只是有书本的严厉军营不同，该校毕业生中有25%获得以学科和大学入学试为基础的美国预备军官奖学金。2000年毕业班中（仅45人）就获得90万美元其它院校的奖学金，38%的学生可以进入他们的第一志愿学校。课外活动包括各项体育运动，潜水，飞行，短途旅行等。学校重要设施包括每个宿舍有独立的浴室、多媒体中心、400个座位的戏院、航海船队、馆藏13,000册的图书馆、3,500平方英尺的摔角场、周末活动中心。

课程设置：AP课程：微观经济学，美国历史，生物学，微积分AB，微积分BC，统计学，英国文学，英语和文化，化学，物理B。

运动队：网球队，排球队，曲棍球队，冲浪队，羽毛球队，越野队，篮球队，跳水队，足球队，游泳队，田径队，高尔夫球队，自行车队，英式足球队。

社　团：艺术社，国际象棋俱乐部，健身社，辩论社，吉他社，心理学社，吉他社。

大学去向：哈佛大学，波士顿大学，波士顿学院，加州大学，埃默里大学，佛罗里达大学，科罗拉多大学，迈阿密大学，乔治城大学，乔治顿大学，密西西比大学，华盛顿大学，俄亥俄大学，普渡大学，宾州州立大学，圣约翰大学，纽约州立石溪分校。

62. The Bolles School（波列斯学校）*

网　址：www.bolles.org
所在州：佛罗里达州（Florida）
地　址：7400 San Jose Blvd Jacksonville,FL32217
招生范围：PK 至十二年级，大学预科七至十二年级，大学预科
学生人数：1,700 人
教　师：164 人(博士 11 人，硕士 79 人)
入学要求：SSAT 及托福成绩，学校成绩单，教师推荐信，面谈。
2018 学费：US$50,940（外国学生寄宿部）

学校简介：最初以圣荷西校区作为军事学校建于 1933 年，1961 年改为普通男校，1971 年改  为男女合校，之后不断扩大。至今已有五座校园，拥有近 2,000 个学生，招生范围从小学至高中甚至大学预科。该校的课程设置以升大学为导向，课程编排具有挑战性，其中包括 20 门大学先修课、表演艺术课和技术课程。学生的大学安置项目在全国受到认可，该项目根据学生的不同特点、能力选择大学。学生毕业后 100%进入大学就读。该校学生的大学先修课考试成绩一直是全国前 10 名内。学校还开设英语为第二语言课程（ESL）、大学预科课程，日间部还开设学前班。

AP 课程设置：美国政府与政治，美国历史，微积分 AB\BC，法语和文化，计算机科学 A，化学，英语和文化，英国文学，生物学，统计学，物理 B，拉丁语，欧洲历史，绘画，二维设计，三维设计，比较政府与政治，西班牙文学，艺术史，西班牙语和文化。

运动队：网球\排球队，曲棍球队，足球队，越野队，篮球队，跳水队，游泳队，田径队

社　团：冰球俱乐部，冲浪俱乐部，健身俱乐部。

大学去向：哈佛大学，约翰霍普金斯大学，莱斯大学，杜克大学，耶鲁大学，布朗大学，哥伦比亚大学，宾夕法尼亚大学，华盛顿大学，西北大学，斯坦福大学，达特茅斯大学，乔治城大学，波士顿大学，康奈尔大学，卡耐基梅隆大学，纽约大学。

63. Montverde Academy (蒙特佛德书院) *

网　　址：www.montverde.org
所 在 州：佛罗里达州 (Florida)
地　　址：17235 7th St, Montverde, FL34756
招生范围：七至十二年级
学生人数：998 人
教　　师：50 人(硕士 11 人)

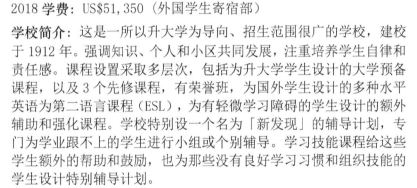

入学要求：学校成绩单，教师推荐信，面谈。

2018 学费：US$51,350（外国学生寄宿部）

学校简介：这是一所以升大学为导向、招生范围很广的学校，建校于 1912 年。强调知识、个人和小区共同发展，注重培养学生自律和责任感。课程设置采取多层次，包括为升大学学生设计的大学预备课程，以及 3 个先修课程，有荣誉班，为国外学生设计的多种水平英语为第二语言课程（ESL），为有轻微学习障碍的学生设计的额外辅助和强化课程。学校特别设一个名为「新发现」的辅导计划，专门为学业跟不上的学生进行小组或个别辅导。学习技能课程给这些学生额外的帮助和鼓励，也为那些没有良好学习习惯和组织技能的学生设计特别辅导计划。

课程设置：AP 课程：乐理，西班牙语和文化，化学，中文与文化，生物学，人类地理学，微积分 AB，微积分 BC，宏观经济学，世界历史，比较政府与政治，英国文学，英语和文化，中文与文化，统计学，计算机科学 A，欧洲历史，物理 B，绘画，微观经济学，二维设计，三维设计，美国历史，美国政府与政治，艺术史，物理 C。

运动队：越野队，排球队，网球队，游泳队，马术队，棒球队，英式足球队，田径队，篮球队，高尔夫球队，垒球队，越野队。

社　　团：学生会，年刊，摄影社，模特社，数学社，科学社，电脑社，中文社，报社，戏剧社，国际象棋俱乐部，搏斗社。

大学去向：哈佛大学，波士顿学院，康奈尔大学，达特茅斯学院，杜克大学，乔治城大学，济州大学，佛罗立大学，麻省理工大学。

64. Pine Crest School（松峰学校）*

网　　址：www.pinecrest.edu
所在州：佛罗里达州(Florida)
地　　址：1501 NE 62nd Street Fort Lauderdale, FL33334
招生范围：一至十二年级
学生人数：920人
教　　师：140人（硕士90人，博士6人）
入学要求：学校成绩单，教师推荐信，面谈。
2018学费：US$31,030（外国学生寄宿部）

学校简介：这是一所规模较大的学科与课外活动都享有声誉的学校，建校于1934年。学校设有19个大学先修课（AP）及荣誉班，供学生选修。因为地理的关系，该校还专门开设了海洋生物这门课，给学生很多实地考察的机会。重要设施有新建的占地24,000平方呎的科学中心，已经开放的图书馆也都连上了光纤有线系统。该校有二十多种运动可供学生自由参加。近三分之一的学生毕业后进常春藤大学，另三分之一进入私立名校。

课程设置：AP课程：英语，英国文学，英语和文学，创意写作，戏剧，电脑科学，阿拉伯语，微积分AB，统计学，微积分BC，工程设计，物理B，化学，生物学，环境科学，物理C，心理学，科学研究，人类地理学，美国历史，艺术史，美国政府与政策，微观经济学，宏观经济学，欧洲历史，世界历史，中文，法语。

运动队：篮球队，游泳队，网球队，田径队，排球队，举重队，跳水队，冲浪队，越野队，高尔夫球队，曲棍球队，垒球队。

社　　团：视觉艺术社，表演艺术社，摄影社，合唱团，乐队，爵士社，模特社，法语社，学生会，管弦乐团，戏剧社，辩论队。

大学去向：哈佛大学，哥伦比亚大学，麻省理工大学，耶鲁大学，达特茅斯大学，普林斯顿大学，杜克大学，埃默里大学，布朗大学，波士顿大学，纽约大学，宾州州立大学，佛罗里达大学，乔治城大学，乔治华盛顿大学，美国大学，波士顿学院，威廉和玛丽学院。

65. Saint Andrew's School（圣安德鲁斯学校）* ☆

网　　址：www.sanitandrews.net
所在州：佛罗里达州（Florida）
地　　址：3900 Jog Road Boca Raton, Fl33434
招生范围：九至十二年级
学生人数：579 人
教　　师：120 人（硕士 42 人，博士 2 人）
入学要求：SSAT 或 ISEE 成绩单；学校成绩单；教师推荐信；面试。
2018 学费：US$55,700（外国学生寄宿部）

学校简介：这是著名私校圣安德鲁斯在佛州的分校,建校于 1962 年。重要设施视觉艺术中心和学生公用楼。是一所以升大学为导向，要求严格的学校。课程设置严谨，要求高，除基本科目外，还设置有各年级的各科目的荣誉班和 20 门大学先修课。学校重视德智体全面发展。要求参加不同的体育运动队，艺术项目和其它课外活动队，它的游泳队，长跑队，网球队，高尔夫球队，篮球队和长曲棍球队均有获得了嘉奖。学校另外还开设英语为第二语言课程（ESL）和暑期学校。

课程设置：AP 课程：西班牙文学，西班牙语文化，美国历史，物理 C，化学，统计学，艺术史，生物学，微积分 AB，微积分 BC，拉丁语，英国文学，英语和文化，乐理，拉丁语，人类地理学，法语和文化，环境科学，美国政府与政治，美国历史，欧洲历史，计算机科学 A，宏观经济学，微观经济学。

运动队：水球队，曲棍球队，排球队，游泳队，田径队，保龄球队，棒球队，网球队，足球队，垒球队，越野队，篮球队，跳水队，高尔夫球队，英式足球队。

社　团：基督社，西班牙语社，法语社，文学杂志社，英语辅导社，音乐社，游戏俱乐部

大学去向：哈佛大学，耶鲁大学，哥伦比亚大学，普林斯顿大学，宾夕法尼亚大学，杜克大学，达特茅斯学院，约翰霍普金斯大学，康奈尔大学，布朗大学，莱斯大学，西北大学，埃莫瑞大学，圣母大学，华盛顿大学，纽约大学，波士顿学院，威廉和玛丽学院。

66. The Vanguard School（永嘉学校）

网　址：www.vanguardschool.org

所在州：佛罗里达州（Florida）

地　址：22000 North US highway 27 Lake Wales, FL33853-7818

招生范围：五至十二年级

学生人数：133 人

教　师：32 人（硕士 14 人，博士 2 人）

入学要求：18 岁以下；WISC-III 的成绩；学校成绩单；三年以内的心理测试结果；教师推荐信；面试。

2018 学费：US$47,200（外国学生寄宿部）

学校简介：这是一所特殊教育专门学校。招生对象为有学习障碍、阅读困难和注意力缺失（注意力不能集中）的 10 至 18 岁学生。学校的个别教学和矫正课程，是针对每一个学生的情况来制定的，阅读、数学和语言的治疗课则是采用小组指导，一对一或小组教学，学生与教师比例为 3∶1，采用鼓励和奖励的方法来帮助学生在学业、社交和个人能力诸方面得到发展。校际运动队能帮助培养学生的领导能力。

课程设置：AP 课程：物理 B，英语和文化，英国文学，环境科学，法语和文化，人类地理学，心理学，西班牙语和文化，世界历史。

运动队：游泳队，足球队，高尔夫球队，网球队，健身队，摔跤队，皮划艇队，马术队，曲棍球队，自行车队，登山队，垒球队。

社　团：国际象棋俱乐部，学生会，化学社，戏剧俱乐部，环境俱乐部，数学组。

大学去向：普林斯顿大学，斯坦福大学，芝加哥大学，杜克大学，布朗大学，范德堡大学，加州大学伯克利分校，南加州大学，佛吉尼亚大学，纽约大学，杜兰大学，贝勒大学。

67. Brandon Hall School（布兰顿学校） *

网　　址：www.brandonhall.org
所在州：乔治亚州（Georgia）
地　　址：1701 Brandon Hall Drive Atlanta, GA30350
招生范围：四至十二年级，大学预科 七至十二年级，大学预科
学生人数：200人

教　　师：57人（硕士15人，博士2人）
入学要求：学校成绩单，教师推荐信，入学标准考试成绩，面试。
2018学费：US$65,725（外国学生寄宿部）
学校简介：这是在乔治亚州第一所获选为全美优秀学校的特殊教育学校，建校于1959年，已有近半个世纪的历史。招收对象为在普通学校成绩低下、学习方式有异、缺乏正确学习技巧和缺少学习动力的学生。小班教学和一对一个别指导为课程设置的导向。学生与教师比例为3：1，教学上刻意培养学生的信心，学校有句名言是「我可以做」，「做不到」不能成为失败的借口。该校毕业学生100%进入大学。学校所开设的大学预科班适合于那些还没作好心理准备进入大学的学生。学校有九支很具有竞争能力的校际运动队及其它校内运动队。学校另外还开设英语为第二语言课程（ESL）、大学预科班、特殊教育班和暑期班。学校对有经济困难的学生提供经济资助。
课程设置：AP课程：微积分AB，微积分BC，美国历史，美国政府与政治，统计学，生物学，比较政府与政治，西班牙语和文化，物理B，物理C，宏观经济学，微观经济学，英国文学，化学。
运动队：田径队，网球队，棒球队，高尔夫球队，篮球队，英式足球队，越野队。
社　　团：国际象棋俱乐部，艺术社，书籍社，科学研究社，文学杂志社，电影历史社。
大学去向：宾夕法尼亚大学，雪城大学，乔治华盛顿大学，莫斯大学，华盛顿州立大学，林恩大学，普渡大学，南卡罗来纳大学。

68. Darlington School（达灵顿学校）*

网　　址：www.darlingtonschool.org

所在州：乔治亚州（Georgia）

地　　址：1014 Cave Spring Road，Rome，GA30161-4700

招生范围：九至十二年级

学生人数：456 人

教　　师：85 人（硕士 43 人，博士 10%）

入学要求：SSAT 成绩，成绩单，两份推荐表（英语、数学），面谈。

2018 学费：US$57,050（外国学生寄宿部）

学校简介：建校于 1905 年的中等规模的大学预备学校。学校开设各科升大学预备课程和大学先修课（AP）。英语学习系统和群体之首计划是学校的重要教育计划，学生通过对该计划的积极参与可提高学习成绩及在学校生活的能力。学校学生与教师比例是 5：1，每班平均人数 13 人。另外，还开设英语为第二语言课程（ESL）、大学预科班、暑期班。课外活动项目除体育外，还可参与印刷、网页出版、音乐及戏剧组，小区服务，户外活动项目。所有课室及宿舍都有互联网设备。

课程设置：AP 课程：英国文学，比较政府与政治，微积分 AB，微积分 BC，乐理，生物学，世界历史，英语和文化，西班牙语和文化，欧洲历史，环境科学，物理 B，心理学，西班牙文学，统计学，英国文学，物理 C，二维设计，三维设计，绘画，美国政府与政治，美国历史。

运动队：越野队，网球队，田径队，游泳队，英式足球队，跳水队，篮球队，曲棍球队，排球队，棒球队，足球队，垒球队，高尔夫球队。

社　　团：合唱团，健身社，爵士社，数学组，西班牙语俱乐部，国际象棋俱乐部，信息技术部

大学去向：宾夕法尼亚大学，哥伦比亚大学，杜克大学，华盛顿大学，约翰霍普金斯大学，埃莫瑞大学，莱斯大学，加州大学博客利分校，佛吉尼亚大学，南加州大学，密歇根大学，布兰代斯大学，纽约大学，乔治理工学院，罗切斯特大学，威斯康星大学，迈阿密大学，乔治华盛顿大学，波士顿大学，匹兹堡大学，特拉华大学。

69. Rabun Gap-Nacoochee School（拉宾峡学校）*

网　　址：www.rabungap.org
所在州：乔治亚州（Georgia）
地　　址：339 Nacoochee Drive Rabun Gap, GA30568-9850
招生范围：六至十二年级
学生人数：400人
教　　师：50人（硕士14人，博士1人）
入学要求：IJER，SSAT成绩，面谈。
2018学费：US$53,000（外国学生寄宿部）

学校简介：这是一所升大学预备中学，建校于1903年，是教会学校，属基督教长老会。寄宿部从六年级开始招生，日间部从七年级开始招生。每班学生人数16人以下。除基本课程以外，还开设荣誉课程和大学先修课（AP）。学校向学生提供个别升大学指导及入学考试复习课程。课外活动内容主要是艺术、体育、户外探险和马术课程。学生来自于美国15个州和14个其它国家。开设有英语为第二语言课程（ESL）。

课程设置：AP课程：欧洲历史，美国文学，美国历史，美国政府与政治，绘画，生物学，物理B，英语和文化，宏观经济学，微积分AB，微积分BC，微观经济学，英国文学，环境科学，法语和文化，化学。

运动队：篮球队，田径队，网球队，排球队，棒球队，高尔夫球队，越野队，英式足球队，游泳队，足球队，垒球队。

社　团：模特社，学生会，戏剧社，年刊，爵士社，法语社，环保社，舞蹈社，文学杂志社，数学组，摄影社，音乐社，宿管部，辅导社。

大学去向：哈佛大学，普林斯顿大学，耶鲁大学，宾夕法尼亚大学，芝加哥大学，布朗大学，西北大学，约翰霍普金斯大学，埃莫瑞大学，莱斯大学，加州大学伯克利分校，卡耐基梅隆大学，南加州大学，密歇根大学，北卡罗来纳大学，维克森林大学，布兰代斯大学，纽约大学，伊利诺大学，威廉和玛丽学院，波士顿学院。

70. Riversidw Military Acadmey（河边军事书院）

网　址：www.cadet.com
所在州：乔治亚州（Georgia）
地　址：2001 Riverside Drive Gainesville, GA30501
招生范围：八至十二年级
学生人数：550人
教　师：46人（硕士29人，博士学监）
入学要求：SSAT，面谈
2018学费：US$41,585（外国学生住宿部）

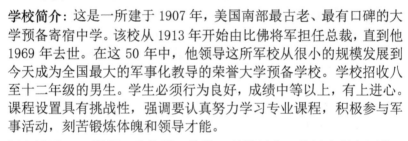

学校简介：这是一所建于1907年，美国南部最古老、最有口碑的大学预备寄宿中学。该校从1913年开始由比佛将军担任总裁，直到他1969年去世。在这50年中，他领导这所军校从很小的规模发展到今天成为全国最大的军事化教导的荣誉大学预备学校。学校招收八至十二年级的男生。学生必须行为良好，成绩中等以上，有上进心。课程设置具有挑战性，强调要认真努力学习专业课程，积极参与军事活动，刻苦锻炼体魄和领导才能。

课程设置：AP课程：生物学，化学，世界历史，英语文学与写作，统计学，微积分学(AB)，物理，美国历史。

运动队：足球队，游泳队，网球队，越野队，篮球队，棒球队，英式足球队，田径队。

社　团：电影社，戏剧社，环保社，生物社，计算机社团，舞蹈队，音乐社，天文学社。

大学去向：波士顿大学，爱荷华州立大学，纽约大学，宾夕法尼亚州立大学，美国普渡大学，伦斯勒理工学院，东南大学(莱克兰)，美国军事学院，华盛顿大学，柏克莱加利福尼亚大学。

71. Tallulah Falls School（托鲁拉瀑布学校）

网　　址：www.tallulahfalls.org
所在州：乔治亚州（Georgia）
地　　址：P.O. Box 10 201 Campus Drive Tallulah Falls, GA30573
招生范围：七至十二年级
学生人数：425人
教　　师：28人（不含其它教学辅助员）
入学要求：学校成绩单，教师推荐信，面谈。

2018 学费：US$39,500（外国学生住宿部）
学校简介：学校建于 1909 年，已有百年历史。是经过美国南院校协会和乔治亚州质量鉴定委员会认可的高质量中学。（这是高中所能得到的最高评定）。该校从六年级开始招生，招收六年级到十二年级的学生。学校的办学宗旨是强调学生的全面发展，对学生纪律要求严格，但仍以大学预备为基础。课程设置带有挑战性，采用小班教学，且带有灵活性。该校限制招生，招生人数不超过 150 人，以确保质量。1989 年该校学生参加全国太空总署举办的科学竞赛并胜出得奖，获得美国总统的贺信。太空总署以该校参赛队队名为一颗人造卫星命名，成为该校的荣誉。该校的运动队是乔治亚高中协会成员。运动项目包括棒球、篮球、网球、高尔夫球、田径和长跑。
AP 课程设置：化学，世界历史，微积分 AB/BC，美国历史，英语和文化，生物学。
运动队：棒球队，游泳队，排球队，篮球队，越野队，高尔夫球队，田径队，英式足球队，网球队。
社　　团：戏剧社，马术社，艺术社，合唱团，辅导社，舞蹈队。
大学去向：杜克大学，乔治亚理工，达特茅斯，范德比尔特大学，加州大学，乔治亚大学，弗吉尼亚大学。

72. Hawaii Preparatory Academy（夏威夷预备学校）*

网　址：www.hpa.edu
所在州：夏威夷州（Hawaii）
地　址：65-1692 Kohala Mountain Road Kamuela, HI96743-8476
招生范围：九至十二年级
学生人数：600人
教　师：47人(硕士3/4)
入学要求：SSAT 或 ISEE 成绩，学校成绩单，短文一篇，面谈。

2018学费：US$59,900（外国学生寄宿部）
学校简介：这是一所较大型的寄宿学校，建校于1949年，包含有小学部、初中部和高中部。该校课程设置以大学预备为导向，培养的学生学习能力可达到平均水平以上到顶尖。学校因地利之便，在升大学基础课以外，还增开海洋生物学、火山学和考古学，这些课程给学生提供实地经验和使用最新技术的机会。计算机网络通联校园的每一部分。校际运动队和校内运动队都十分活跃。学校另外还开设英语为第二语言课程（ESL）和暑期学校。

课程设置：AP 课程：微积分 AB，微积分 BC，世界历史，心理学，统计学，英国文学，法语和文化，日语和文化，艺术史，生物学，物理 B，物理 C，英语和文化，化学，美国历史，西班牙语和文化，绘画。

运动队：游泳队，网球队，排球队，垒球队，足球队，篮球队，水球队，越野队，棒球队，田径队，高尔夫球队，英式足球队，马术队。

社　团：篮球社，舞蹈队，环保社，摄影俱乐部，瑜伽社，文学杂志社，夏威夷俱乐部。

大学去向：哈佛大学，普林斯顿大学，芝加哥大学，杜克大学，达特茅斯学院，约翰普林斯顿大学，康奈尔大学，埃莫瑞大学，莱斯大学，加州大学博客利分校，佛吉尼亚大学，密歇根大学，纽约大学，波士顿学院，里海大学，伊利诺大学，宾州州立大学，科罗拉多大学，巴德纳学院。

73. Brehm Preparatory School（布莱姆预备学校）

网　　址：www.brehm.org
所在州：伊利诺伊州（Illinois）
地　　址：950 South Brehm Lane Carbondale, IL62901
招生范围：六至十二年级
学生人数：102人
教　　师：25人（硕士7人）
入学要求：成绩单，原有的特殊教育计划（没有可免），以前测试的复印件，现有测试（学习能力测试）
2018学费：US$75,300（外国学生寄宿部）

学校简介：这是一所特殊教育的专门寄宿学校，建校于1982年，曾获得国家教育部「蓝带奖」荣誉。专门招收被诊断为有学习障碍、多动症（注意力缺失症）从十一岁到二十一岁的学生。学校注重学生的学业、社会交际能力的培养，也专注于学生情绪上的需求。课程设置是

以升大学为导向，强调教导学生成为有自学能力和自我判断技巧的人，充分发掘学生的潜力，为升大学或走向社会作准备。
校园周围众多的湖泊、国家公园给学生提供很多户外学习和活动的机会，附近的大学设备也开放给该校学生。开设大学预科班。

运动队：篮球队，棒球队，英式足球队。
社　　团：艺术部，游泳社，保龄球社，高尔夫球社，自行车社，排球社，爱护动物社。
大学去向：约翰逻根学院，新英格兰学院，南伊利诺伊大学艾德华兹维尔分校。

74. Lake Forest Academy（湖林书院） *

网　　址：www.lfanest.org
所在州：伊利诺伊州(Illinois)
地　　址：1500 West Kennedy Road, Lake Forest, IL 60045
招生范围：九至十二年级
学生人数：434 人
教　　师：60 人(硕士 21 人，博士 3 人)
入学要求：SSAT 成绩，面谈。

学校简介:这是一所已有一个半多世纪的历史非常悠久的寄宿高中。该校从 1857 年建校以来，一直享有很好的口碑。以拥有严格但亲切的学习环境著称，小班教学，每班 12 人，师生之间有良好密切的交流。培训宗旨为知识、文化和个人技巧并进。从大学先修课考试成绩来看，该校教学成果骄人。学校开设有 17 门大学先修课（AP），且各科设有荣誉课程。学校另外还开设英语为第二语言课程（ESL）、暑期班等。

课程设置：AP 课程：西班牙文学，统计学，计算机科学 A，生物学，世界历史，英国文学，欧洲历史，艺术史，环境科学，中文与文化，英语和文化，物理 B，计算机科学 AB，法语和文化，拉丁文学，美国历史，物理 C，化学，宏观经济学，微积分 AB，微积分 BC，微观经济学，乐理，拉丁语，西班牙语和文化。

运动队：高尔夫球队，田径队，棒球队，越野队，足球队，冰球队，排球队，冲浪队，网球队，游泳队，篮球队，英式足球队。

社　团：摄影社，水球社，年刊，修图社，投资社，国际象棋俱乐部，辩论社，烹饪社，桥牌社，中文社，历史社，日语社，文学杂志社，舞蹈队，电影社，图书管理社，曲棍球社。

大学去向：哈佛大学，耶鲁大学，斯坦福大学，宾夕法尼亚大学，杜克大学，芝加哥大学，达特茅斯学院，约翰霍普金斯大学，康奈尔大学，布朗大学，卡耐基梅隆大学，乔治城大学，加州大学洛杉矶分校，莱斯大学，密歇根大学，纽约大学，威廉和玛丽学院，伊利诺大学，威斯康星大学，佛吉尼亚大学。

75. Marmion Academy（玛米安书院）

网　址：www.marmion.org

所在州：伊利诺伊州（Illinois）

地　址：1000 Butterfield Road Aurora, IL60504

招生范围：九至十二年级

学生人数：460人（男生460人）

教　师：45人（硕士29人，博士6人）

入学要求：学校成绩单，三封教师推荐信，面谈，英语水平测试或入学考试。

2018学费：US$12,150（外国学生寄宿部）

学校简介：这是一间有八十多年历史的罗马天主教教会私立男校，建校于1933年。课程设置以培养学生的领导才能和价值观为导向，是一所以文科为主的大学预备学院。要求学生学业与道德并重发展，所以该校有较强的以学科为基础的领导才能培训课程，同时设有5门大学先修课（AP），且各科设有荣誉班级。学生可选择参加青年军事项目（JROTC）、领导才干培训或小区服务作为课外活动。青年军事训练项目注重培养学生的历史知识、领导才能、口语表达能力等。他们要参加军训、例行检查和列队游行等，通过训练，不断增加学生的责任感和领导才能。完成训练后，不一定要进入军事大学。

AP课程设置：英语，美国历史，微积分，统计学，世界语言，音乐理论，生物学，化学，物理。

运动队：摔跤队，排球队，足球队，篮球队，棒球队，棒球队，橄榄球队。

社　团：国际象棋俱乐部，戏剧社，艺术俱乐部，辩论社，钓鱼社，法语社，吉他社，拉丁社，意大利社，数学组，摄影社，科学社，学生会，西班牙语社，年刊，技术社。

大学去向：哈佛大学，达特茅斯大学，麻省理工大学，杜克大学，佛罗里达州立大学，乔治城大学，波士顿大学，波士顿学院，科罗拉多州立大学，印第安大学，迈阿密大学，纽约大学，宾州州立大学，普渡大学，芝加哥大学，芝加哥艺术学院。

76. Woodlands Academy of the Sacred Heart (林地圣心书院) *

网　址：www.woodlands.lfc.edu
所在州：伊利诺伊州（Illinois）
地　址：760 East Westleigh Road Lake Forest, IL60045
招生范围：九至十二年级
学生人数：20 人（女生 200 人）
教　师：10%是博士
入学要求：学校成绩单，教师推荐信，面谈，入学考试。
2018 **学费**：US$49,900（外国学生住宿部）

学校简介：这是一所建校于 1858 年的天主教会私立女校，以升大学为导向。课程设置除大学预备课以外，还开设大学先修课（AP）、美术课、科学课和学习与服务项目。该校学生有 100%的升大率，全  美高中最高荣誉"学术优胜奖得主，是全国平均得奖率的 9 倍以上。美术与合唱团也常得奖。该校的科学项目的辩论队获得特级嘉奖。2000 年毕业班中，有两位全国学术优胜奖最后比赛胜出的得主。90% 的学生参加大学先修课考试得到 3、4、5 分的好成绩，17%的毕业生获得伊利诺伊州学者奖，11%的学生获得大学先修课学者奖。学校另外还开设英语为第二语言课程（ESL）和暑期学校。圣心盟校在全世界有 200 家之多，所以常有海外交换项目。

AP 课程设置：物理 B，统计学，拉丁语，生物学，西班牙语和文化，微积分 AB，法语和文化。

运动队：篮球队，英式足球队，排球队，曲棍球队，高尔夫球队，垒球队，网球队。

社　团：水球社，年刊，辩论社，烹饪社，历史社，日语社，文学杂志社，电影社，图书管理社，学生会，环保社。

大学去向：美国大学，巴德学院，加州大学伯克利分校，卡尔顿学院，科罗拉多大学，威斯康星大学，特拉华大学，埃默里大学，乔治华盛顿大学，乔治城大学。

77. The Culver Academies（冠佛书院） *

网　　址：www.culver.org
所在州：印地安纳州（Indiana）
地　　址：1300 Academy Road, Culver, IN46511-1291
招生范围：九至十二年级
学生人数：810 人
教　　师：博士 8 人，其中 1 人是福布莱特学者
入学要求：学校成绩单，教师推荐信，面谈，SSAT 或其它考试成绩。
2018 学费：US$46,500（外国学生寄宿部）
学校简介：这是一所建校于 1894 年较大型的私立寄宿学校。特色是同一所校园里分两年学校，一所是冠佛军事学校，以招收男生为主；另一所是冠佛女校。两校共同使用校内的课室及一切设备。学校秉持「一生的目标就是要尽自己所能，做最好的人。」的准则来教育学生，使其在道德、精神及体能上全面发展为较高成就的人。学生毕业时，99%的会得到至少两家以上的学校取录，在考取的大学中，名校的比例也相当大。男女校均采用全日时间表，从早到晚都严格执行时间安排。
AP 课程设置：德语和文化，化学，比较政府与政治，微积分 AB/BC，宏观经济学，统计学，微观经济学，物理 B，欧洲历史，乐理，法语和文化，拉丁语，美国政府与政治，中文和文化，世界历史，环境科学，计算机科学 AB，物理 C，英国文学，英语和文化，美国历史，环境科学，西班牙语和文化。
运动队：棒球队，冰球队，排球队，网球队，田径队，游泳队，曲棍球队，跳水队，篮球队，高尔夫球队，水球队，垒球队，冲浪队，马术队，越野队，英式足球队。
社　　团：电脑社，模特社，学生会，演讲社，乒乓球俱乐部，法语社，中文社，化学社，圣经辅导社，羽毛球俱乐部，数学组，艺术社，历史社，射击社。
大学去向：哈佛大学，普林斯顿大学，耶鲁大学，麻省理工大学，斯坦福大学，宾夕法尼亚大学，加州理工大学，哥伦比亚大学，芝加哥大学，杜克大学，达特茅斯学院，约翰霍普金斯大学，康奈尔大学，布朗大学，埃莫瑞大学，莱斯大学，西北大学，波士顿学院。

78.Howe Military School（豪威军事学校）

网　址：www.howemilitary.org
所在州：印第安纳州（Indiana）
地　址：P.O.Box 240 5755 N at State Road 9 Howe, IN46746-0240
学生人数：204 人
教　师：32 人(硕士 19 人，博士 1 人)
入学要求：学校成绩单，教师推荐信，入学考试，面谈。
2018 学费：US$38,380（外国学生寄宿部）

学校简介：这是一所男女合校的军事学校，建校于 1884 年，招收五至十二年级的学生。学校的课程设置以升大学为导向，并注重强调学业，个性，组织综合发展的教育宗旨。接受基础课的学生与教师比例为 8：1。97% 毕业生可进入理想大学。该

校在军校中名列前茅，并因青年军事训练制度获选为密执安州、印地安纳州、伊利诺伊州和俄亥俄州四州中的杰出荣誉学校。很多军事大学到该校挑选毕业生。学校采用新技术作为教学工作，校园实行计算机联网，每个高中生都可有个人的多媒体计算机。学校运动队训练项目有足球、棒球、游泳和漂流。学校向有经济困难的学生提供经济资助。

课程设置：AP 课程：微积分 AB，英语和文化，微积分 BC，生物学。
运动队：网球队，田径队，足球队，棒球队，英式足球队，排球队，篮球队，高尔夫球队。
社　团：演讲社，年刊，学生会，辩论社，历史社，戏剧社，马术社，合唱团。
大学去向：密歇根州立大学，俄亥俄州立大学，普渡大学，圣玛丽大学，美国空军学院，美国商船学院，美国军事学院。

79. La Lumiere School（拉卢米尔学校）*

网　　址：www.lalumiere.org
所 在 州：印地安纳州（Indiana）
地　　址：P.O. Box 5005 6801 N.Wilhelm Road La Porte, IN46352-5005
招生范围：九至十二年级
学生人数：232人
教　　师：33人（硕士50%，博士1人）
入学要求：学校成绩单，教师推荐信，面谈，标准考试成绩。
2018学费：US$56,175（外国学生住宿部）
学校简介：这是一所建于1963年的天主教私立寄宿学校，办学宗旨是使每个学生在个性、学术和信心等方面共同成长，课程设置以升大学为导向。毕业生进入大学比率达100%。该校的科学奥林匹克队已连续7年在州际竞赛中荣获前10名。学校学生来自于8个国家，使该校学生有机会接触其它文化,校方称许这是教育上的一项贡献。学校另外还开设英语为第二语言课程（ESL）、大学预科班、特殊教育班等。
课程设置：AP课程：心理学，微积分AB，微积分BC，物理1，物理2，美国政府与政治，统计学，环境科学，美国历史，计算机科学A，西班牙语和文化，法语和文化，比较政府与政治，英国文学，宏观经济学，微观经济学。
运动队：网球队，棒球队，高尔夫球队，垒球队，田径队，篮球队，橄榄球队，足球和排球队
社　　团：年刊，摄影社，社区服务社，舞蹈队，艺术俱乐部，户外探险社，电影社，环保团体，戏剧社，多元文化社，数学竞赛社，音乐工作室，报社。
大学去向：宾夕法尼亚大学，波士顿学院，密歇根大学，伊利诺大学，斯坦福大学，埃默里大学，西北大学，乔治城大学，乔治华盛顿大学，印第安州立大学，罗斯福大学，普渡大学，迈阿密大学，爱荷华大学，威斯康星大学。

80. Scattergood Friends School（播爱学校）*

网　　址：www.scattergood.org
所在州：爱荷华州（Iowa）
地　　址：1951 Delta Avenue
West Branch, IA52358
招生范围：九至十二年级
学生人数：54 人
教　　师：25～35 个全职教职工，10 个半职教职工
入学要求：教师推荐信，学校成绩单，托福成绩或学校的分班考试，面谈。
2018 学费：US$32,900（外国学生寄宿部）

学校简介：这是一所奎格派(Quaker)教会（基督教的一个教派）属下的小型私立学校，建校于 1890 年。全校 60 个学生由 25 个教职工照顾，学生在学习上的个别需要很容易得到满足。办学宗旨为：培养学生认识自我价值，树立世界观、道德观，不断学习，获得生活能力。课程设计使学生能掌握各学科的知识和达到一定的职业成就。学校还让每个学生都有手提电脑，以此作为学习用具。学校提供强化的艺术课程、旅行和互助工作项目来丰富学生的课外活动。学校虽小，但运动项目却不弱，足球队可以打入州际比赛。

课程设置：AP 课程：美国历史，心理学，宏观经济学，化学，英语和文化，微积分 AB，生物学，美国政府与政治，微观经济学，英国文学，物理 B，统计学，西班牙语和文化

运动队：英式足球队，篮球队，橄榄球队

社　　团：社区服务社，年刊，学生会，保龄球社，跑步社，舞蹈队，绘画社，健身社，食品保护社，登山社，摄影社，木艺制作社，书籍阅读社

大学去向：哈佛大学，斯坦福大学，哥伦比亚大学，芝加哥大学，康奈尔大学，霍华德大学，杜兰大学，科罗拉多州立大学，威斯康辛大学，欧柏林学院，圣安德鲁斯大学，爱荷华大学，俄亥俄大学，明尼苏达大学，皮则学院，史密斯学院，里德学院，西雅图艺术学院。

81. Maur Hill Prep School（茅坡大学预备学校）*

网　　址：www.mh-ma.com

所在州：堪萨斯州（Kansas）

地　　址：1000 Green Street Atchison, KS66002

招生范围：九至十二年级

学生人数：200人（男生200人）

教　　师：22人（博士1人，硕士50%）

入学要求：学校成绩单（平均分必须达到一定要求），国际学生要有托福成绩，学校行为记录（必须无犯罪、无处分、无毒品记录）。

2018学费：US$31,600（外国学生住宿部）

学校简介：这是一所天主教私立寄宿男校，建校于1919年。该校毕业生考进大学所获得的奖学金共100万美元。课程设置以考大学为宗旨，除基础课程外，每个学生都可能修35个学时的大学学分课程。该校的特别课程为患注意力缺失症的学生设置。注重教导学生学习策略和提供咨询，以使学生能完成要求严格的基础课程。

课程设置：AP课程：英语语言与写作，美国历史。

运动队：篮球队，棒球队，足球队，橄榄球队，高尔夫队，网球队，排球队，游泳队，田径队，摔跤队，远足队，拉拉队。

社　　团：艺术小组，唱诗班，戏剧社，数学组，摄影社，科学社，剪报社，辩论社，学生会。

大学去向：宾夕法尼亚大学，波士顿学院，密歇根州立大学，俄亥俄州立大学，罗切斯特理工大学，普渡大学，圣刘易斯大学，迈阿密大学，密歇根大学，德州大学奥斯丁分校。

82. Thomas More Pre-Marian（汤玛士摩尔圣母学堂）

网　址：www.tmp-m.org
所在州：堪萨斯州（Kansas）
地　址：1701 Hall Hays, KS67601
招生范围：九至十二年级
学生人数：241 人
教　师：33 人（硕士 76%）

入学要求：学校成绩单，教师推荐信，托福成绩，面谈。
2018 学费：US$26,500（国际学生住宿部）
学校简介：这是一所天主教私立寄宿学校，建校于 1908 年，办学已超过 90 年。课程设置以升大学为导向。主张道德指导、具挑战性的学科和课外活动相结合。重视训练学生的领导才能并尽基督徒的身份。学校有一句箴言是：「你给我四年，我将让你一辈子受益无穷。」住宿部每年只招收九十个学生，很容易照顾。课外活动项目包括运动、辩论、戏剧和音乐。学校特别设施包括学生有自己的宿舍，有自己的教堂，有活动中心。学校为国际学生和英语能力有限的学生开设英语为第二语言课程（ESL）。
课程设置：AP 课程：微积分 AB，微积分 BC，物理 B，生物学，英语，化学。
运动队：橄榄球队，田径队，排球队，摔跤队，篮球队，远足队，垒球队，田径队，游泳队，棒球队，足球队，高尔夫球队。
社　团：棋社，唱诗班，乐队，辩论社，学生会，科学小组，国际象棋俱乐部，多元文化小组，新闻社。
大学去向：芝加哥大学，雪城大学，宾夕法尼亚大学，加利福尼亚大学，俄亥俄州立大学，威斯康星大学。

83. Bridgton Academy（布里奇顿书院）

网　　址：www.bridgtonacademy.org

所在州：缅因州（Maine）

地　　址：11 Academy Lane, P.O.Box292 North Bridgton, Maine 04057

招生范围：日间部大学预科，寄宿部大学预科

学生人数：188人(男生188人)

教　　师：21人(硕士10人)

入学要求：学校成绩单，教师推荐信，SSAT或ACT成绩，面谈。

2018学费：US$49,500（外国学生寄宿部）

学校简介：这是一所专门的大学预科寄宿私校，建校于1808年。招收对象是完成高中学业准备进大学的学生。学校招生人数有限，是一家小型学校，而且更像大学而不像中学，学生在此只是过渡性学习。设置12科可以为大学接受的大学学分课程、学习技巧和大学学术性向考试SAT习等项目。学生可以在这一年中，提高自己的专业知识、学习技巧、自律和自信心。这些都是帮助学生在大学期间取得成功的重要因素。学生从该校毕业后有不少能进入常春藤盟校或其它顶尖的学校。学校还开设特殊教育课。

课程设置：AP课程：微积分AB，微积分BC，环境科学，英国文学，美国历史，化学，统计学，心理学，计算机科学A。

运动队：滑冰队，英式足球队，网球队，冰球队，棒球队，足球队，高尔夫球队，篮球队，曲棍球队。

社　　团：学生会，年刊，辅导社，学生报社，户外活动组。

大学去向：巴德学院，波士顿学院，贝克学院，艺术学院。

84. Fryeburg Academy （费拉堡书院） *

网　址：www.fryeburgacademy.org
所在州：缅因州（Maine）
地　址：174 Main Street Fryeburg, ME04037-1329
招生范围：九至十二年级
学生人数：578 人
教　师：49 人(硕士 27 人)
入学要求：学校成绩单，英语、学生辅导员推荐信各一封，面谈。

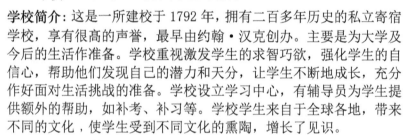

2018 学费：US$49,500（外国学生寄宿部）

学校简介：这是一所建校于 1792 年，拥有二百多年历史的私立寄宿学校，享有很高的声誉，最早由约翰·汉克创办。主要是为大学及今后的生活作准备。学校重视激发学生的求智巧欲，强化学生的自信心，帮助他们发现自己的潜力和天分，让学生不断地成长，充分作好面对生活挑战的准备。学校设立学习中心，有辅导员为学生提供额外的帮助，如补考、补习等。学校学生来自于全球各地，带来不同的文化，使学生受到不同文化的熏陶，增长了见识。

AP 课程设置：物理 B，英语和文化，英国文学，欧洲历史，美国历史，统计学，西班牙语和文化，法语和文化，环境科学，化学，生物学，物理 C，乐理，微积分 AB，BC。

运动队：滑冰队，足球队，网球队，冰球队，高尔夫球队，越野队，曲棍球队，英式足球队，田径队，垒球队，篮球队，棒球队，山地自行车队

社　团：艺术俱乐部，法语社，电影制作社，学生会，戏剧社，西班牙语俱乐部，学校音乐组，乒乓球俱乐部，爵士乐队，环保社，学生报社，辅导社，摄影社，宿管部，攀岩社。

大学去向：加州大学圣地亚哥分校，罗切斯特大学，华盛顿大学，宾州州立大学，俄亥俄州立大学，马里兰大学，特拉华大学，佛蒙特大学，克拉克大学，科罗拉多大学，密歇根州立大学。

85. Gould Academy（古德书院）*

网　　址：www.gouldacademy.org
所在州：缅因州(Maine)
地　　址：P.O. Box 860 Bethel，ME04217-0860
招生范围：九至十二年级
学生人数：240人
教　　师：50人

入学要求：SSAT成绩，托福成绩（外国学生），学校成绩单，教师推荐信，面谈
2018学费：US$57,500（外国学生寄宿部）
学校简介：这是一所传统的大学预备私立学校，建校于1836年，已有两个世纪的历史。学校规模不大，但给予学生极大的支持。学校授课以大学预备课程为主，也开设大学先修课及其它进修课。该校突出的项目包括国际旅行、户外教育和生命科学，使学生有机会将基本课知识与实践结合起来。学校开设15门以上的选修课，包括艺术、刀剑技术等。运动项目有滑雪、雪地滑板等。另外还开设英语为第二语言课程（ESL）、大学预科班和暑期班等。学校的校训是「忍耐与挑战，支持与要求，关心与期望相结合」。
课程设置：AP课程：物理B，美国历史，英语和文化，物理C，生物学，化学，比较政府与政治，统计学，微积分AB，美国政府与政治，英国文学
运动队：篮球队，网球队，垒球队，滑板队，山地自行车队，马术队，越野队，棒球队，滑冰队，高尔夫球队，英式足球队，花样滑冰队，曲棍球队
社　　团：戏剧社，农业社，攀岩社，户外活动组，年刊
大学去向：亚特兰大学院，波士顿学院，巴德学院，波士顿大学，布朗大学，加州大学洛杉矶分校，芝加哥大学，纽约大学，科罗拉多大学，达特茅斯学院，丹佛大学，埃默里大学，佛罗里达大学，乔治华盛顿大学。

86. Hebron Academy（赫布伦书院）*

网　　址：www.hebronacademy.org
所在州：缅因州(Maine)
地　　址：P.O. Box 309 Hebron. ME04238
招生范围：九至十二年级
学生人数：256人
教　师：54人
入学要求：学校成绩单，教师推荐信，面谈。

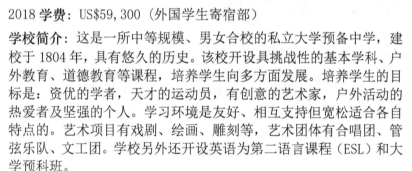

2018学费：US$59,300（外国学生寄宿部）

学校简介：这是一所中等规模、男女合校的私立大学预备中学，建校于1804年，具有悠久的历史。该校开设具挑战性的基本学科、户外教育、道德教育等课程，培养学生向多方面发展。培养学生的目标是：资优的学者，天才的运动员，有创意的艺术家，户外活动的热爱者及坚强的个人。学习环境是友好、相互支持但宽松适合各自特点的。艺术项目有戏剧、绘画、雕刻等，艺术团体有合唱团、管弦乐队、文工团。学校另外还开设英语为第二语言课程（ESL）和大学预科班。

课程设置：AP课程：生物学，微积分AB，微积分BC，物理B，化学，绘画，美国历史，艺术史，中文与文化，比较政府与政治，计算机科学A，英语和文化，环境科学，欧洲历史，法语和文化，德语和文化，人类地理学，日语和文化，拉丁语，宏观经济学，微观经济学，乐理，物理1，心理学，西班牙语和文化，统计学，二维设计，三维设计，美国政府与世界历史

运动队：足球队，高尔夫球队，垒球队，田径队，网球队，曲棍球队，越野队，棒球队，篮球队，山地自行车队

社　　团：心理社，电影社，学生会，爵士乐队，环保社，企业家项目，年刊

大学去向：加利福尼亚大学，俄亥俄州州，宾州州立大学，圣迈克尔学院，圣弗兰西斯沙维尔大学，理工学院，普瑞特艺术学院，普渡大学，罗格斯大学。

87. Hyde School（海德学校）

网　　址：www.hyde.edu/admissions/campus/bath-maine-campus
所在州：缅因州(Maine)
地　　址：616 High Street Bath, ME 04530
招生范围：九至十二年级
学生人数：150人
教　　师：49人(硕士10人)
入学要求：学校成绩单，教师推荐信，面谈
2018学费：US$53,500(外国学生寄宿部)

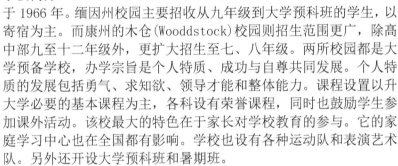

学校简介：这是有两个校园的学校，建校于1966年。缅因州校园主要招收从九年级到大学预科班的学生，以寄宿为主。而康州的木仓(Wooddstock)校园则招生范围更广，除高中部九至十二年级外，更扩大招生至七、八年级。两所校园都是大学预备学校，办学宗旨是个人特质、成功与自尊共同发展。个人特质的发展包括勇气、求知欲、领导才能和整体能力。课程设置以升大学必要的基本课程为主，各科设有荣誉课程，同时也鼓励学生参加课外活动。该校最大的特色在于家长对学校教育的参与。它的家庭学习中心也在全国都有影响。学校也设有各种运动队和表演艺术队。另外还开设大学预科班和暑期班。

课程设置：AP课程：微积分BC，美国历史，人类地理学，环境科学，统计学，物理B，英语和文化，

运动队：曲棍球队，田径队，网球队，英式足球队，越野队，篮球队，游泳队

社　　团：戏剧社，模特社，公共演讲社，划船社，食品社

大学去向：康奈尔大学，埃莫瑞大学，南加州大学，布兰戴斯大学，纽约大学，波士顿学院，里海大学，加州大学圣地亚哥分校，华盛顿大学，宾州州立大学，迈阿密大学，乔治华盛顿大学，雪城大学，科罗拉多大学，丹佛大学。

88. Kents Hill School（坎兹坡学校）*

网　址：www.kentshill.org

所在州：缅因州(Maine)

地　址：P.O. Box 257, 1614 Main Street, Kents Hill, Maine 04349

招生范围：九至十二年级

学生人数：250人

教　师：40人(硕士11人)

入学要求：SSAT成绩或托福成绩，学校成绩单，教师推荐信，面谈。

2018学费：US$58,500(外国学生寄宿部)

学校简介：这是一所大学预备私立寄宿高中，建校于1824年，已有一百七十多年历史。办学宗旨是培养学生的领导才能和坚忍不拔的毅力。它的特点是学科课程完整，小班教学，每班学生只有5~15人，圆桌型课室，学生与教师比例是6：1，师资充足。学生每两周要写一个学习报告和一个写作测验。学科课程包括升大学基础课、大学先修课（AP）。学校的周围环境提供了户外探索和户外教育的机会。学校专设了帮助学习方法异常的学生尽快融入主流学习的课程。特别课程还包括ESL。大学预科班课程及为注意力缺失和学习有障碍学生专设的特殊教育项目。

课程设置：AP课程：生物学，美国历史，统计学，西班牙语和文化，物理B，环境科学，英语和文化，微积分AB，英国文学，欧洲历史。

运动队：棒球队，英式足球队，山地自行车队，网球队，冰球队，越野队，滑冰队，马术队，高尔夫球队，滑板队，垒球队。

社　团：戏剧社，摇滚乐队，学生会，年刊，模特社，学生报社，环保社，爵士乐队，宿管部，辅导社，户外活动组，文学杂志社。

大学去向：美国大学，波士顿大学，布朗大学，卡耐基梅隆大学，克拉克大学，科尔学院，科尔盖特大学，普渡大学，史密斯学院，雪域大学，美国海军学院，伊利诺斯大学。

89. Maine Central Institute（缅因中部书院） *

网　址：www.mci-school.org

所在州：缅因州(Maine)

地　址：295 Main Street, Pittsfield, ME04967

招生范围：九至十二年级

学生人数：450人

教　师：44人(硕士10人)

入学要求：学校成绩单，教师推荐信。

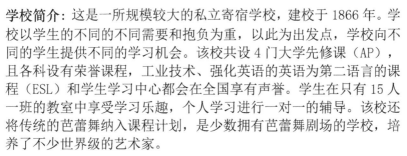

2018学费：US$42,750(外国学生寄宿部)

学校简介：这是一所规模较大的私立寄宿学校，建校于1866年。学校以学生的不同的不同需要和抱负为重，以此为出发点，学校向不同的学生提供不同的学习机会。该校共设4门大学先修课（AP），且各科设有荣誉课程，工业技术、强化英语的英语为第二语言的课程（ESL）和学生学习中心都会在全国享有声誉。学生在只有15人一班的教室中享受学习乐趣，个人学习进行一对一的辅导。该校还将传统的芭蕾舞纳入课程计划，是少数拥有芭蕾舞剧场的学校，培养了不少世界级的艺术家。

课程设置：AP课程：美国历史，艺术史，美国政府与政治，物理C，机械学，电学和磁学，微积分AB，微积分BC，生物学，化学，英国文学，环境科学。

运动队：高尔夫球队，网球队，英式足球队，篮球队，越野队，田径队，垒球队。

社　团：芭蕾舞社，艺术俱乐部，戏剧社，法语社，国际象棋俱乐部，爵士乐，创意写作社，环保社，魔术社。

大学去向：布兰戴斯大学，布朗大学，波士顿大学，康奈尔大学，迈阿密大学，华盛顿大学，佛蒙特大学，德州大学奥斯丁分校，匹兹堡大学，乔治城大学，和佛大学，缅因大学，爱荷华大学，伊利诺大学，罗切斯特理工大学，宾州州立大学，纽约大学。

90. Garrison Forest School（嘉理逊学校）

网　　址：www.gfs.org

所在州：马里兰州(Maryland)

地　　址：300 Garrison Forest Road Owings Mills，MD21117

招生范围：PS 至十二年级

学生人数：281 人（女生 281 人）

教　　师：102 人（硕士 41 人，博士 2 人）

入学要求：ISEE、SSAT、SLEP 或托福成绩，学校成绩单，教师推荐信，面谈。

2018 学费：US$58,700（外国学生寄宿部）

学校简介：这是一所私立女子寄宿学校，建校于 1910 年，从八年级开始招生。学校培养学生的宗旨是具有求知、自信、领导才能和服务人类的抱负。课程有强化的大学预备课、13 门大学先修课（AP），各科设有荣誉课程及范围很广的进修课。学校距离巴尔的摩和首都华盛顿不远，所以有更多接受美国主流文化和其它文化的机会。

课程设置：AP 课程：艺术史，西班牙语和稳，英国文学，拉丁语，美国历史，法语和文化心理学，化学，环境科学，微积分 AB，微积分 BC，生物学。

运动队：羽毛球队，篮球队，网球队，垒球队，水球队，曲棍球队，马术队，英式足球队，越野队，高尔夫球队。

社　　团：电影社，烹饪社，拉丁社，西班牙语社，学生报社，模特社。

大学去向：耶鲁大学，麻省理工大学，宾夕法尼亚大学，哥伦比亚大学，芝加哥大学，杜克大学，华盛顿大学，约翰霍普金斯大学，康奈尔大学，范德比尔特大学，卡耐基梅隆大学，乔治城大学，南加州大学，密歇根大学，布兰戴斯大学，纽约大学，威廉和玛丽学院，罗切斯特大学，威斯康辛大学，迈阿密大学。

91. Georgetown Preparatory School 乔治城大学预备学校

网　　址：www.gprep.org
所 在 州：马里兰州（Maryland）
地　　址：10900 Rockville Pike Bethesda, MD20852-3299
招生范围：九至十二年级
学生人数：490人（男生490人）

教　　师：53人（硕士40人和博士4人，占到85%）
入学要求：SSAT或托福成绩，学校成绩单，教师推荐信，面谈。
2018 学费：US$58,460（外国学生寄宿部）
学校简介：这是一所建校于1789年的私立寄宿男校，超过200年历史。该校以文科教学为主，有14个大学先修课（AP）及各科设有荣誉课程。学生毕业后可进入理想大学。学校的艺术及体育项目均在全国有知名度。每班学生人数为17人。重要设施包括一个500座位的戏院、科学实验室、国际互联网、高尔夫球场和室内游泳池。
课程设置：AP课程：计算机科学A，计算机科学AB，世界历史，英语和文化，英国文学，二维设计，三维设计，乐理，统计学，宏观经济学，微观经济学，法语和文化，欧洲历史，德语和文化，拉丁语，拉丁文学，生物学，物理B。
运动队：越野队，篮球队，冰球队，游泳队，田径队，足球队，网球队，曲棍球队，高尔夫球队，棒球队，英式足球队。
社　　团：摄影社，学生会，年刊，学生报社，辩论社，电脑社，国际象棋俱乐部，模特社，音乐社，戏剧社，滑冰社。
大学去向：斯坦福大学，宾夕法尼亚大学，芝加哥大学，杜克大学，达特茅斯学院，华盛顿大学，约翰霍普金斯大学，康奈尔大学，布朗大学，莱斯大学，乔治城大学，佛吉尼亚大学，南加州大学，密歇根大学，北卡罗来纳大学，威廉和玛丽学院，纽约大学，波士顿大学。

92. Oldfields School (老田学校)

网　　址：www.oldfieldsschool.com
所在州：马里兰州(Maryland)
地　　址：P.O.Box 697 1500 Glencoe Road Glencoe，MD21152
招生范围：八至十二年级
学生人数：180人(女生180人)
教　　师：58人(硕士19人，博士1人)
入学要求：ISEE、SSAT成绩，学校成绩单，教师推荐信，面谈。
2018学费：US$56,400(外国学生寄宿部)
学校简介：这是一所历史悠久、建校于1867年的大学预备私立女校，招收八年级至十二年级的学生。学生来自于29个州和8个其它国家，80%的学生寄宿。学校致力于营造良好气氛使学生学会自律自尊的价值观。家庭式的学习环境使学生易于建立自我价值观和家庭成员责任感。学校会为学生开设适合个人需要的个别课程，并开设大学预备课程和7门大学先修课。每年还安排学生到校外旅行。
课程设置：AP课程：生物学，微积分AB，BC，法国语言和文化，西班牙语，西班牙文学
运动队：羽毛球队，篮球队，足球队，曲棍球队，排球队，网球队，垒球队，田径队，越野赛，马术队。
社　　团：阅读社，艺术俱乐部，亚洲文化俱乐部，戏剧社，学生会，志愿者社团，模特社，环境科学社。
大学去向：宾夕法尼亚大学，纽约大学，华盛顿大学，布朗大学，迈阿密大学，艾德非大学，俄亥俄卫斯理大学，贝瑞大学，加州大学，伊利诺大学，布兰迪斯大学，亚利桑那州立大学。

93. Saint James School（圣占姆士学校） *

网　　址：www.stjames.edu

所在州：马里兰州(Maryland)

地　　址：17641 College Road, Hagerstown, MD21740

招生范围：七至十二年级

学生人数：210人

教　　师：29人（硕士18人，博士1人）

入学要求：PSAT、 SAT1，990分（大学入学学术性向考试水平）、SSA成绩，学校成绩单，教师推荐信，面谈。

2018学费：US$46,000（外国学生寄宿部）

学校简介：这是一所建于1842年的古老的私立寄宿学校，在60年代后成为著名的哈佛学者珈德纳理论的重要实践者。珈德纳理论把人的智能分为主言、音乐、逻辑、数学、空是、体能运动、个人内在和交际等七个区域，并认为旧有的教育只启动了语言和数量两个区域，新的教学应注重于学生智慧的全面发展，所以该校的办学宗旨是要学生得到全面发展。学生能够在学业、体育和个性发展上都有杰出的成绩。学校维持小规模招生是为了保持高标准教学。该校设有10门大学先修课，且各科设有荣誉课程。

AP课程设置：生物学，微积分AB, BC, 欧洲历史，法国语言和文化，西班牙语和文化，化学，拉丁语，乐理，物理C，美国历史，世界历史，英国语言和文化，艺术工作坊。

运动队：棒球队，篮球队，曲棍球队，足球队，网球和排球队，高尔夫球和越野队，垒球队。

社　团：合唱社，戏剧社，拉丁文化社，年刊，剑术社，历史社，冰球社。

大学去向：哥伦比亚大学，西北大学，华盛顿大学，约翰霍普金斯大学，康奈尔大学，埃莫瑞大学，卡耐基梅隆大学，南加州大学，纽约大学，波士顿学院。

94. St.Timothy's School（圣提摩西学校）*

网　　址：www.stt.org
所在州：马里兰州(Maryland)
地　　址：8400 Greenspring Avenue Stevenson, MD21153
招生范围：九至十二年级
学生人数：195 人（女生 195 人）
教　　师：25 人（硕士 16 人，博士 1 人）
入学要求：ISEE、SSAT 或托福成绩，学校成绩单，教师推荐信，面谈
2018 学费：US$53,900（外国学生寄宿部）
学校简介：这是一所小型的女子寄宿学校，建校于 1882 年，有一百多年历史，属当地教区的教会学校，招收有个人的高标准、成绩纪录优良及有领导才干潜力的学生。课程设置以升大学为导向，学校的基础课程包括大学预备课程、9 个大学先修课程和荣誉课程。学校坚持原创者卡特姐妹的办学宗旨，致力于为青少年学习创造严谨的教育环境，使其知识能力无限制延伸和扩张；同时培养学生的自信心和领导才能。学校配给每个学生一个学习顾问，随时检查她们的学业进展情况。学校同时开设有戏剧、艺术、音乐、立体艺术和全项目体育课。学校的重要设施包括一个有 22,000 册藏书的图书馆、马术中心和一个 350 个座位的戏院。计算机中心的国际互联网与每间宿舍和每座教学楼联网。学校来自于美国 17 个州及其它国家。
AP 课程设置：英语，中文，西班牙语，法语，拉丁文化，实验科学，统计学，艺术。
运动队：羽毛球队，篮球队，马术队，高尔夫球队，英式足球队，排球队，冰球队，曲棍球队，垒球队，网球队，游泳队
社　　团：艺术社，书籍阅读社，环保社，合唱团，年刊，健身社，国际俱乐部
大学去向：麻省理工学院，波士顿大学，纽约大学，俄亥俄州立大学，耶和华大学，特拉华大学，匹兹堡大学，东北大学，康涅狄格大学，杨百翰大学，南卫理工大学。

95. Sandy Spring Friends School（沙泉之友学校）*

网　址：www.ssfs.org
所在州：马里兰州(Maryland)
地　址：169223 Norwood Road Sandy Spring, MD20860
招生范围：九至十二年级
学生人数：530 人
教　师：40 人（硕士 24 人，博士 6 人）

入学要求：托福成绩单或英语考试程度成绩，学校成绩单，健康证明，面谈

2018 学费：59,500（外国学生寄宿部）

学校简介：该校建于 1961 年。招收九至十二年级的学生，国际学生必须在 18 岁以下。这是一所奎格教派的大学预备高中。学校的办学宗旨是培养学生的个人和社会责任感。课程设置以升大学为导向，包括有 50 门基础课程和艺术、体能课程。学校并且组织多项假期活动，包括去意大利、英国、处女岛和美国境内很我地方旅游，使学生学到更多的新知识。

AP 课程设置：微积分 AB，环境科学，乐理，西班牙语言和文化，统计学，化学，英国语言和作文，英国文学，法国语言和文化，物理 B，美国政府与政治，美国历史

运动队：棒球队，篮球队，曲棍球队，足球队，网球队，高尔夫球队，越野队，垒球队，排球队

社　团：学术辩论俱乐部，美国手语俱乐部，羽毛球俱乐部，黑人俱乐部，舞蹈俱乐部，攀岩俱乐部

大学去向：哈佛大学，波士顿大学，波士顿学院，哥伦比亚大学，杜克大学，纽约大学，纽约州立石溪分校，史密斯学院，芝加哥大学。

96. West Nottingham Academy （西诺丁汉书院） *

网　　址：www.wna.org

所在州：马里兰州(Maryland)

地　　址：1079 Firetower Road. Colora, MD21917-1599

招生范围：六至十二年级

学生人数：130 人

教　　师：28 人(硕士 12 人，博士 2 人)

入学要求：托福成绩，学校成绩单，教师推荐信，面谈。

2018 学费：US$57,800(外国学生寄宿部)

学校简介：该校建于 1744 年，具有悠久的历史，比美国历史还悠远。学校的办学宗旨是培养学生的小区感情和对个人、社会的综合责任感。该校二百五十多年来为大学和社会培养了不少优秀人才。学校在教授大学预备基础课的同时，还保留优良传统的学术项目、切斯比学习中心和英语为第二语言课程（ESL）来帮助有特别需要的学生。

课程设置：AP 课程：生物学，微积分 AB，欧洲历史，法国语言和文化，西班牙语和文化，世界历史，物理 B。

运动队：越野队，篮球队，足球队，排球队，滑冰队，曲棍球队。

社　　团：戏剧社，合唱社，音乐社，年刊，自行车队，登山队。

大学去向：哈佛大学，印第安州大学，波士顿大学，波士顿学院，迈阿密大学，宾州州立大学，乔治华盛顿大学，普杜大学。

97. The Bement School（贝曼特学校）*

网　　址：www.bement.org
所在州：麻萨诸塞州(Massachusetts)
地　　址：94 Old Main Street, P.O.BOX8 Deerfild, MA01342
招生范围：三至十二年级
学生人数：218人
教　　师：40人
入学要求：托福成绩，学校成绩单，六至九年级考生写作作文，韦斯利儿童智力测验成，教师推荐信，面谈。
2018学费：US$55,400（外国学生寄宿部）

学校简介：这是一所私立寄宿初中，建校于1940年。招收9～15岁的学生，开设由三年级至九年级的课程。日间课由幼儿园至九年级。师资充足，学生与教师比例是5∶1；采用小班教学，每班学生人数为12人。每间宿舍都有专设代父母打理学生的日常超居及辅导功课的宿舍督导教师，学校的教学活动得到地方大学的支持。课程设置丰富，能激发学生的学习兴趣和适应带挑战性的学科知识，各科设有荣誉课程。学校的美术项目享有声誉，运动项目也具有特色。高年级学生还有机会参加和法国的莱米德珠学校的文化交流项目。

运动队：越野队，篮球队，足球队，排球队，滑冰队，曲棍球队，滑板队，垒球队，游泳队
社　　团：国际象棋社，合唱社，杂志社，学校乐队
大学去向：布莱尔学院，迪尔菲尔德学院，菲利普斯埃克塞特学院，米尔顿学院，圣保罗学校，韦伯学校，艾玛乌伊拉德学校，卢米斯菲学校。

98. Berkshire School（伯克谢学校）*

网　　址：www.berkshireschool.org
所在州：麻萨诸塞州(Massachusetts)
地　　址：245 North Undermountain Road Sheffield, MA01257
招生范围：九至十二年级
学生人数：384 人
教　　师：58 人(硕士 38 人，博士 4 人)
入学要求：SSAT 成绩，托福成绩，学校成绩单，教师推荐信，面谈。
2018 学费：US$58,500（外国学生寄宿部）

学校简介：这是一所建校于 1907 年的大学预备私立高，办学目标是培养学生进入美国顶尖大学。该校课程设置严谨，除升大学的基础课程以外，还开设了 18 门大学先修课。学校采小班教学，每班学生不超过 10 人，师资优良。学校领导才能培训和个性发展项目注重于指导学生的个人成长和对社会的贡献，所以，领导才能培训成为该校学生课余的重要部分，该培训项目强调自律与团体合作精神。

课程设置：AP 课程：生物学，微积分 AB, BC, 环境科学，欧洲历史，法国语言和文化，西班牙语言和文化，艺术工作坊：二维设计、三维设计、绘画，化学，英国语言和作文，英国文学，统计学，美国历史，美国政府与政治，物理 C

运动队：滑冰队，攀岩队，越野队，垒球队，足球队，高尔夫球队，山地自行车队，足球队，田径队，马术队，网球队，曲棍球队

社　　团：国际象棋社，法语社，学生会，学生新闻报社，学生会，钓鱼社，戏剧社，护理社，心理学社，演讲社

大学去向：宾夕法尼亚大学，哥伦比亚大学，杜克大学，华盛顿大学，康奈尔大学，布朗大学，埃莫瑞大学，加州大学洛杉矶分校，弗吉尼亚大学，密歇根大学，威克森林大学，纽约大学，罗切斯特大学，伊利诺大学。

99. Brooks School（溪流学校）

网　　址：www.brooksschool.org
所在州：麻萨诸塞州(Massachusetts)
地　　址：1160 Great Pond Road North Andover, MA01845-1298
招生范围：九至十二年级
学生人数：380人
教　　师：77人（硕士37人，博士2人）

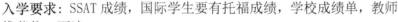

入学要求：SSAT成绩，国际学生要有托福成绩，学校成绩单，教师推荐信，面谈
2018学费：US$59,800（外国学生寄宿部）

学校简介：这是一所大学预备寄宿学校，建校于1926年，由格罗顿为纪念菲利普布鲁克而在其住宅附近创建。办学宗旨是于教导学生全面思考，智商，体育和德育全面发展。首任校长佛兰克是23岁的耶鲁大学毕业生。学校致力于寻求高学业水平、合理的期望、忍耐力和理解能力，所以该校注重招收具有强烈救济金学欲望、积极上进、愿意与老师合作的学生，师生密切合作有利于学生课内学业的完成及课外活动中的成长。校方注意营严格但以鼓励支持为主的家庭式学习环境。学校与苏格兰、匈牙利、南非和肯尼亚之间有相互交换项目，学校也注意招收多民族学生，非白人学生占17%，其中12%是来自于其它国家的小留学生。

课程设置：AP课程：艺术史，生物学，环境科学，西班牙文学，世界历史，微积分BC，化学，法语和文化，西班牙语和文化，美国政府与政治，美国历史，微积分AB，中文与文化，英国文学，拉丁语，物理C

运动队：垒球队，篮球队，越野队，冰球队，网球队，棒球队，高尔夫球队，足球队

社　　团：艺术俱乐部，舞蹈社，杂志社，爵士乐队，模特社，年刊，学生会，学生报社，合唱队，工程设，辅导社

大学去向：哈佛大学，杜克大学，布朗大学，埃莫瑞大学，纽约大学，威廉玛丽学院，波士顿学院，里海大学，加州大学圣地亚哥分校，波士顿大学，丹佛大学。

100. Buxton School（伯克斯顿学校）*

网　　址：www.buxtonschool.org
所在州：麻萨诸塞州(Massachusetts)
地　　址：P.O.Box 646 291 South Street Williamstown, MA01267
招生范围：九至十二年级
学生人数：90 人
教　师：18人(硕士4人，博士1人)
入学要求：无 SSAT 或托福要求，学校成绩单，两封推荐信（由最了解申请人的人推荐），英语能力考试成绩，面谈。
2018 学费：US$54,000(外国学生寄宿部)
学校简介：这是一所规模较小的私立寄宿中学，建校于1928年，校舍就是学校创办人家族遗留的不动立之一。学校非常注重学生的道德教育。课程设置完善，除大学预备基础课外，还包括艺术、舞蹈、戏剧、音乐等课程。学校师资充足，学生与教师比例为5：1，学生可得到足够的照顾和指导。师生关系融洽，有利于互相交流。学校还与克拉克艺术学院和威廉斯大学有密切关系，学生可以充分利用这两校的教学资源。学生经常参加学校安排的工作项目及学校每年安排到各大城市的学习旅行，以增加学生的挑战性和创造性。学校特别为外国学生开设英语为第二语言课程（ESL），帮助有需要的学生。学校的咨询文件使用包括中文在内的多种语言。
课程设置：AP 课程：生物学，微积分 AB，BC，物理 B。
运动队：篮球队，英式足球队，田径队。
社　团：骑车社，音乐社，舞蹈队，戏剧社，摄影社，滑板社，滑冰社，录音社
大学去向：哥伦比亚大学，印第安州大学，罗斯福大学，史密斯学院，威廉学院，布鲁克林学院。

101. The Cambridge School Weston（韦斯顿剑桥学校） *

网　　址：www.csw.org
所 在 州：麻萨诸塞州（Massachusetts）
地　　址：45 Georgian Road Weston，MA02493
招生范围：九至十二年级
学生人数：335 人
教　　师：40 人（硕士 27 人，博士 4 人）
入学要求：SSAT、ISEE 成绩单或托福成绩，学校成绩单，教师推荐信，面谈。
2018 学费：US$59,400（外国学生寄宿部）

学校简介：这是一所具有悠久历史的私立学校，建校于 1886 年美国南北战争之后。剑桥学校是大学预备学校，课程设置是具有挑战性。该校的独特「登月舱」计划可使学生在某段时间内集中精力深入学习二至三门课，从而能够对课程知识掌握得更多。在此计划中，学生每天有三门 90 分钟的强化课程。学校鼓励学生热爱学习，注重学生的个人成长及互动，不主张学生之间比较竞争。学校采小班教学，每班学生人数为 8～14 人。该校开设的课程多远 200 门，专业学科与艺术、舞蹈、戏剧、音乐、体育运动和校外活动相结合，实行跨学科教学，使知识能融会贯通。学校的毕业生都具有独立思想、创造性和小区服精神。

课程设置：AP 课程：微积分 AB，BC。
运动队：棒球队，篮球队，田径队，越野队，英式足球队，网球队。
社　　团：爵士社，高尔夫球社，摄影社，摇滚乐队，模特社，舞蹈队，心理学社，瑜伽社。
大学去向：哈佛大学，耶鲁大学，加州理工学院，宾夕法尼亚大学，哥伦比亚大学，芝加哥大学，西北大学，华盛顿大学，康奈尔大学，卡耐基梅隆大学，波士顿学院，伊利诺大学，波士顿大学。

102. Chapel Hill-Chauncy Hall School（教堂山学校）*

网　　址：www.chapelhill-chauncyhall.org

所在州：麻萨诸塞州(Massachusetts)

地　　址：785 Beaver Street Waltham, MA02452

招生范围：九至十二年级

学生人数：165 人

教　　师：37 人(硕士 19 人，博士 3 人)

入学要求：原学校成绩单，教师推荐信，面谈。

2018 学费：US$59,000(外国学生寄宿部)

学校简介：该校建校于 1828 年，招收各种类型的学生，无族裔、文化背景及学习能力的限制。学生来自于美国 7 个州和 13 个不同的国家。学校的师资充足，学生和教师比列是 5：1。每班学生人数为 8～14 人。该校设有学习中心，英语为第二语言项目。每个星期的学生顾问会谈、每周一次的学业进步纪录都有很好的成效和特色，给予学生很重要的支持，特别是有助于学习有障碍的学生，使其能尽快掌握主流课程的学习技巧。

课程设置：AP 课程：英国文学，艺术工作坊。

运动队：羽毛球队，棒球队，越野队，曲棍球队，英式足球队，高尔夫球队，攀岩队，排球队，垒球队。

社　　团：戏剧社，学生会，学生报社，年刊。

大学去向：迈阿密大学，印第安纳大学，密西根大学，波士顿大学，佛蒙特大学，强生威尔士大学，罗切斯特理工，克拉克大学，菲斯大学，圣约翰大学。

103. Concord Academy (康柯德书院)

网　　址：www.concordacademy.org
所在州：麻萨诸塞州(Massachusetts)
地　　址：166 Main Street Concord, MA01742
招生范围：九至十二年级
学生人数：378
教　　师：60人(硕士19人, 博士7人)
入学要求：SSAT 或托福成绩, SAT需大学入学学术性向考试水平, 原学校成绩单, 教师推荐信, 面谈。
2018学费：US$58,558(外国学生寄宿部)
学校简介：这是一所规模不大的大学预备私立寄宿学校, 建校于1922年。学校并没有一个特定的教学理论作为办学宗旨, 是吸取各名牌学校的经验, 采骊有效的教学方法和项目。该校学生在高素质教师的教导下, 逐步具备创造性、勇于探索和热情参与的特质。学校对学科的要求很严格, 除基本课程外, 还开设有14门大学先修课(AP)。学校既从大处着眼使全校学生都能全面发展, 又从细微处着手给予寄宿生充分的关心和照顾。
AP课程设置：生物学, 微积分AB, BC, 化学, 中文与文化, 计算机科学A, 英国语言和作文, 英国文学和作文, 法国语言和文化, 德国语言和文化, 宏观经济学, 微观经济学, 乐理, 物理B, 物理C, 心理学, 西班牙语言和文化, 统计学, 美国历史。
运动队：滑冰队, 棒球队, 越野队, 篮球队, 曲棍球队, 英式足球队, 网球队, 垒球队, 高尔夫球队, 排球队, 帆船队
社　　团：辩论队, 法语社, 投资设社, 德国社, 拉丁社, 亚洲学生联盟, 环境科学社, 电影社, 模特社, 电台社, 学生会
大学去向：哈佛大学, 普林斯顿大学, 耶鲁大学, 加州理工大学, 麻省理工学院, 斯坦福大学, 宾夕法尼亚大学, 哥伦比亚大学, 芝加哥大学, 杜克大学, 达特茅斯学院, 西北大学, 华盛顿大学, 约翰霍普金斯大学, 康奈尔大学, 布朗大学, 南加州大学。

104. Cushing Academy（吉顺书院）*

网　　址：www.cushing.org
所在州：麻萨诸塞州（Massachusetts）
地　　址：P.O. Box 8000 39 School Street Ashburnham, MA01430
招生范围：九至十二年级
学生人数：400人
教　　师：55人（硕士41人，博士3人）
入学要求：SSAT或托福成绩，成绩单，教师推荐信，面谈
2018学费：US$59,750（外国学生寄宿部）

学校简介：这是一所中等规模的大学预备中学，建校于1865年。该校的课程设置是以升大学为导向，共开设150门课程，包括每学科的先修课和荣誉课程。课程安排则以学生的需要为优先。在教授学科知识的同时，也教授学习的技巧。学校的师生比例是8∶1，有足够的机会实行师生互动。学校的重要设施包括艾美莉费雪兰道视觉艺术中心（里面空间宽敞，设备优良），一个得奖的图书馆，一座全年可使用的滑冰场，以及遍及校园的互联网计算机设备。课外活动队享有较高的声誉，训练项目包括滑雪、长曲棍球、银雕、计算机绘画与舞蹈等。

课程设置：AP课程：生物学，微积分AB，BC，拉丁语，拉丁文学，乐理，物理B，西班牙语言和文化，统计学，计算机科学A，欧洲历史，宏观经济学，微观经济学，物理C。

运动队：滑冰对，棒球队，越野队，足球队，滑板队，垒球队，田径队，排球队，英式足球队，网球队，曲棍球队，高尔夫球队，篮球队

社　团：舞蹈队，模特社，道德社，文学社，学生会，戏剧社，文学杂志社，年刊

大学去向：哥伦比亚大学，西北大学，华盛顿大学，约翰霍普金斯大学，康奈尔大学，埃莫瑞大学，莱斯大学，卡耐基梅隆大学，乔治城大学，南加州大学，密歇根大学，纽约大学，波士顿学院。

105. Dand Hall School（丹娜名人学校）

网　　址：www.danahall.org
所 在 州：麻萨诸塞州（Massachusetts）
地　　址：45 Dana Road Wellesley, MA02482-7043
招生范围：六至十二年级
学生人数：466人

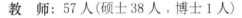

教　　师：57人（硕士38人，博士1人）
入学要求：SSAT、ISEE成绩，原学校成绩单，教师推荐信，面谈
2018学费：US$58,600（外国学生寄宿部）
学校简介：建于1881年，具有悠久历史的私立女校，专门为美国著名的韦斯利学院输送人才。世界上很多有名的女性都毕业于韦斯利学院，如美国前总统克林顿的夫人希拉里、宋美龄姐妹等，丹娜学校相当于韦斯利附属学校。学校与奥地利、法国、西班牙及科罗拉多都有交换项目。重要设施包括骑术训练学校、音乐学校、雪地棒球设施、雪斐莉38科学中心、丹娜名人图书馆及新建的拉森室内跑马场。
AP课程设置：欧洲历史，物理C，法语和文学，西班牙语和文学，西班牙文学，统计学，化学，计算机科学A，微积分AB，生物学，微积分BC，艺术史，英语和文学，英国文学，拉丁语
运动队：篮球队，越野队，马术队，冰球队，英式足球队，网球队，高尔夫球队，曲棍球队，垒球队，游泳队，排球队
社　　团：烹饪社，桥牌社，绿色环保社，舞蹈社，自行车社，学生会，攀岩社，瑜伽社
大学去向：哈佛大学，普林斯顿大学，耶鲁大学，斯坦福大学，宾夕法尼亚大学，哥伦比亚大学，杜克大学，达特茅斯学院，西北大学，华盛顿大学，约翰霍普金斯大学，康奈尔大学，布朗大学，艾莫瑞大学，范德比尔特大学，卡耐基梅隆大学，乔治城大学。

106. Deerfield Academy（鹿田书院）☆★

网　　址： www.deerfield.edu
所在州： 麻萨诸塞州(Massachusetts)
地　　址： P.O.Box87, Deerfield, MA01342
招生范围： 九至十二年级
学生人数： 636 人
教　　师： 103 人(硕士 65 人，博士 10 人)
入学要求： SSAT 成绩，SAT 需达到大学入学学术性向考试水平，教师推荐信，面谈。

2018 学费： US$56,770(外国学生寄宿部)

学校简介： 始建于 1797 年，已有二百多年历史，是七大名校之一。该校一直以来以其高标准和内聚力强而闻名。学校通过参加一个将高要求的基础学科与体育活动、论、小区服务相结合的项目进行自我挑战。学校课程设置中含有 19 门大学先修课及各门课的荣誉课程。学校还有很多与其它学校合办的学术交流项目，交流学校包括美国国内其它学校以及英国、法国、西班牙、瑞士和中国等国家的学校。三分之一的学生得到学校每年 380 万美元的经济资助，资助奖金根据学生的成绩、领导才能、不同的背景及为学校作贡献的意愿而作为决定。

课程设置： AP 课程：艺术史，生物学，微积分 AB, BC，环境科学，乐理，统计学，物理 B，物理 C，艺术工作坊，化学，计算机科学 A，美国历史

运动队： 滑冰队，越野队，棒球队，跳水队，英式足球队，网球队，排球队，高尔夫球队，垒球队，曲棍球队，游泳队水球队，田径队

社　　团： 芭蕾舞社，国际象棋社，电脑社，国语社，音乐社，环境行动组，数学组，学生会

大学去向： 哈佛大学，普林斯顿大学，耶鲁大学，麻省理工学院，斯坦福大学，宾夕法尼亚大学，哥伦比亚大学，芝加哥大学，杜克大学，达特茅斯学院，西北大学，华盛顿大学，康奈尔大学，布朗大学，范德比尔特大学，乔治城大学，北卡罗来纳大学。

107. Eaglebrook School（鹰溪学校） *

网　　址：www.eaglebrook.org
所在州：麻萨诸塞州(Massachusetts)
地　　址：271 Pine Nook Road, P.O.Box7
Deerfield, MA01342
招生范围：六至九年级
学生人数：254人
教　　师：65人(硕士22人)

入学要求：韦斯利儿童智力测验111(Wisc111)，成绩单，面谈
2018学费：US$64,900(外国学生寄宿部)

学校简介：这是一所私立男校，建于1922年。办学宗旨是探索、研究和成长。学生在此能得到教师热情的关心，教师事必躬亲照顾、有效指导及多标准要求。65位教师全部住校，使课堂教学及课外指时都更有效率。各科设有荣誉课程。学校的运动队训练的重点放在滑雪和冰球项目上，培养学生的个人能力及团体精神，也拥有现代化设备。该校学生来自30个州及18个国家。特别课程有英语为第二语言课程（ESL）。自1996年开办第一个寄宿的暑期学校以来，学校一直开设暑期班，招收11～13岁的学童。

运动队：垒球队，跳水队，攀岩队，花样滑冰队，冰球队，英式足球队，田径队，水球队，篮球队，越野队，足球队，高尔夫球队，曲棍球队，滑板队，网球队

社　　团：爵士乐队，文学杂志社，攀岩俱乐部，学生会

大学去向：贝勒学院，伯克希尔大学，布莱尔学院，布鲁克斯大学，劳伦斯学院，米德尔塞克斯大学，米尔布鲁克大学，米尔顿学院，菲利普斯安多佛学院，菲利普斯埃克塞特学院，塔夫脱大学，佛蒙特州学院。

108. Fay School（小仙子学校） *

网　址：www.fayschool.org
所在州：麻萨诸塞州(Massachusetts)
地　址：48 Main Street Southborough, MA01772
招生范围：七至九年级
学生人数：475 人
教　师：67 人(硕士 32 人，博士 1 人)
入学要求：韦斯利儿童智力测验 111(Wisc111)，面谈。

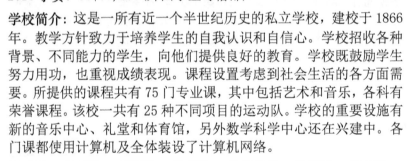

2018 学费：US$68,250(外国学生寄宿部)

学校简介：这是一所有近一个半世纪历史的私立学校，建校于 1866 年。教学方针致力于培养学生的自我认识和自信心。学校招收各种背景、不同能力的学生，向他们提供良好的教育。学校既鼓励学生努力用功，也重视成绩表现。课程设置考虑到社会生活的各方面需要。所提供的课程共有 75 门专业课，其中包括艺术和音乐，各科有荣誉课程。该校一共有 25 种不同项目的运动队。学校的重要设施有新的音乐中心、礼堂和体育馆，另外数学科学中心还在兴建中。各门课都使用计算机及全体装设了计算机网络。

运动队：垒球队，越野队，足球队，曲棍球队，棒球队，田径队，篮球队，冰球队，网球队，排球队，马术队。

社　团：辩论队，瑜伽社，舞蹈队，数学组，健身社，年刊，爵士乐队，合唱团，游泳社

大学去向：布鲁克斯大学，库欣学院，迪尔菲尔德学院，肯特学院，劳伦斯学院，米德尔塞克斯大学，米尔顿学院，圣保罗学院，索尔兹伯里学院。

109. The Fessenden School（菲森顿泉学校）*

网　　址：www.fessenden.org
所在州：麻萨诸塞州(Massachusetts)
地　　址：250 Waltham Streel West Newton，MA02465
招生范围：日间部 K 至九年级
学生人数：513 人(男生 513 人)
教　　师：91 人(硕士 40 人)
入学要求：SSAT、ISEE 成绩，原校成绩单，面谈
2018 学费：US$67,600(外国学生寄宿部)

学校简介：这是一所私立寄宿男校，建校于 1903 年。学校提供高素质教学，各科有荣誉课程，鼓励相互关心，树立模范，监督学柳毅（Supervised study），参与成人辅导和各种文化活动。每班学生人数为 11 人，学生与教师比例为 7：1。学科设置带挑战性。该校特别开设的道德发展课程教导学生诚实、热忱和尊敬他人。

学校有多种多样的运动队和周末活动项目。校园内突出的设置有计算机装备的教学楼，两个泳池、两个体育馆、9 个田径场、13 个网球场及 1 个室内冰球场。学校还特别开设英语为第二语言课程(ESL)和暑期学校。

运动队：棒球队，曲棍球队，足球队，冰球队，网球队，田径队，游泳队，篮球队

社　团：音乐社，戏剧社，视觉艺术社，合唱队，模特社

大学去向：布鲁克斯大学，菲利普斯埃克塞特学院，迪尔菲尔德学院，圣乔治学院，卢米斯学院，圣保罗学院，米德尔塞克斯学院，萨菲尔德学院，米尔顿学院。

110. Governor Dummer Academy（总督书院）

网　址：www.gda.org
所在州：麻萨诸塞州（Massachusetts）
地　址：1 Elm Street Byfield, MA01922
招生范围：九至十二年级
学生人数：398人
教　师：62人（硕士28人，博士2人）

入学要求：SSAT或托福成绩，原校成绩单，教师推荐信，面谈。

2018学费：US$57,500（外国学生寄宿部）

学校简介：学校建于1763年，有将近两个半世纪的历史。学校规模不大，但这么多年来一直走在美国教育不断创新的前列。学校的课程设置除大学预备课以外，还开设有14门大学先修课和各种荣誉课程。该校创立的精读项目是提高学生学习成绩的有效措施。学校的历史、校园环境、各项设施及地理位置都有助于学生对学业的专注；校方还非常重视教导学生掌握判断能力、创造能力、独立思考能力，以及将来参与社会竞争的各项才能和技巧。学校图书馆占地2万平方英尺，科学教学楼万平方英尺，设备相当先进、完整。

课程设置：AP课程：生物学，微积分AB，微积分BC，欧洲历史，法语，法国文学，德语，拉丁语，物理B，心理学，西班牙语，统计学。

运动队：棒球队，篮球队，越野队，足球队，高尔夫球队，曲棍球队，垒球队，网球队，田径队，排球队，冰球队。

社　团：历史俱乐部，辩论队，环保社，模特社，基督社，学生会，爵士乐队，年刊。

大学去向：达特茅斯学院，南加州大学，塔夫茨大学，乔治华盛顿大学，波士顿大学，丹佛大学，威廉姆斯学院，卫斯理女子学院，联合学院。

111. Groton School（格罗顿学校）☆

网　　址：www.groton.org
所在州：麻萨诸塞州（Massachusetts）
地　　址：282 Farmers Row P.O.BOX991 Groton，MA01450
招生范围：八至十二年级
学生人数：381人
教　　师：81人
入学要求：SSAT成绩，学校成绩单，教师推荐信，面谈。
2018学费：US$55,700（外国学生寄宿部）
学校简介：这是一所中等规模的大学预备中学，建校于1884。该校办学目标是：学科成绩优秀，知识，道德，艺术，纪律，小区服务和体育运动都达到一个高标准。传统上，该校课程设置范围很大，使学生知识的广度和深度能符合将来生活、工作的需要。该校以强调领导才能和个性的发展出名，它的教会项目、完美系统、古典语言、技术和教学课程广为人知。
课程设置：AP课程：生物学，微积分AB，微积分BC，计算机科学A，计算机科学AB，环境科学，法国语言和文化，拉丁语，乐理，物理B，西班牙语言和文化，西班牙文学，统计学，化学。
运动队：棒球队，篮球队，越野队，曲棍球队，网球队，游泳队，田径队，英式足球
社　　团：唱诗班，戏剧社，学生活动中心，环境科学社，辩论组，艺术俱乐部，书籍社，模特社。
大学去向：哈佛大学，普林斯顿大学，耶鲁大学，麻省理工学院，斯坦福大学，宾夕法尼亚大学，哥伦比亚大学，芝加哥大学，杜克大学，达特茅斯学院，西北大学，华盛顿大学，约翰霍普金斯大学，康奈尔大学，布朗大学，塔釜茨大学，密歇根大学。

112. Hillside School (岭边学校) *

网　址：www.hillsideschool.net
所在州：麻萨诸塞州(Massachusetts)
地　址：404 Robin Hill Street，Marlborough，MA01752
招生范围：五至九年级
学生人数：150 人(男生 150 人)
教　师：18人(硕士 4 人)
入学要求：学校成绩单，教师推荐信，面谈。

2018 学费：US$54,400(外国学生寄宿部)

学校简介：这是一所小规模的私立特殊教育学校，建校于1901年，招收五至九年级，10~15 岁的学生。学生在入学前会有学业上、行为上或社会家庭环境的困扰。办学将近一百年来，学校一直秉持着帮助学校在学科知识、社交技巧信心的建立和成熟度等方面共同发展的办学宗旨。学校的学科教育会根据学生的需要安排辅导课程来加强和补救学生掌握知识的能力。校方认为视觉艺术和体育运动课程是帮助学生成长的重要内容，所以该校开设有各种类型的运动课和视觉艺术课，设备齐全。除为患注意力缺失症和有学习障碍的学生开设特殊教育班外，还开设英语为第二语言课程(ESL)和暑期班。

运动队：篮球队，高尔夫球队，曲棍球队，网球队，滑板队，冲浪队，棒球队，越野队，冰球队，英式足球队，田径队。

社　团：乐队，戏剧社，环保社，攀岩舍，学生会，年刊

大学去向：布鲁克斯学院，圣乔治大学，圣马克大学，圣保罗学院，肯特学院。

113. Landmark School（地标学校）

网　址：www.landmarkschool.org

所在州：麻萨诸塞州(Massachusetts)

地　址：P.O. Box 227 429 HaleStreet Prides Crossing, MA01965-0227

招生范围：9-12 年级

学生人数：469 人

教　师：178 人(硕士 47 人）

入学要求：学校成绩单，教师推荐信，面谈，阅读测验结果

2018 学费：US$73,400(外国学生寄宿部）

学校简介：这是一所专业的特殊教育学校，建校于 1871 年。招生对象主要是有语言或学习障碍但心理健康聪慧的学生。学生来自于美国各州及世界各国。办学者认为阅读困难是学生在普通学校适应不良的主要原因，而不是受制于他们的阅读能力。学校采用个别教学，设立一对一的辅导体系。学校还强调语言技巧的发展必须放在高度系统性的学习和生活环境之中，因此，学校的课程设置虽以传统的大学预备课程为主，但亦加入大量的学习技巧和组织技巧训练。

课程设置：AP 课程：英语，微积分，计算机

运动队：网球队，曲棍球队，径队，棒球队，垒球队，冲浪队，篮球队，英式足球队

社　团：艺术社，戏剧社，高尔夫球社，烹饪社，表演社，攀岩社，摄影社，电影社

大学去向：哥伦比亚大学，斯坦福大学，达特茅斯学院，芝加哥大学，华盛顿大学，康奈尔大学，纽约大学，约翰霍普金斯大学，波士顿大学，佛吉尼亚大学，西北大学，迈阿密大学，亚利桑那大学。

114. Lawrence Academy（罗伦斯书院） *

网　　址：www.lacademy.edu
所在州：麻萨诸塞州(Massachusetts)
地　　址：26 Powerhouse Road, P.O. Box 992 Groton, MA01450
招生范围：九至十二年级
学生人数：401人
教　　师：62人(硕士34人，博士2人)
入学要求：学校成绩单，教师推荐信，面谈，托福或 SSAT 成绩。

2018 学费：US$59,750(外国学生寄宿部)
SAT 成绩：25%多于1,732分(大学入学学术性向考试水平)
学校简介：罗伦斯书院是一所非常古老的私校，建校于1793年，几乎与症状国历史等长，是全美历史最悠久的私校之一。采用以学生为中心的渐进式教学方法。课程设置严谨，有8门大学先修且各科有荣誉课程。在传统教学中加进专题讲座、专题研究计划和自学导新式教学法，以此提高学生学习专业课的技巧。冬季开设有一个很短的学期，专为密集式专题研究计划和外出旅行而设。
课程设置：AP 课程：计算机科学A，环境科学，英国语言和作文
运动队：滑冰队，棒球队，越野赛，高尔夫球队，曲棍球队，排球队，网球队，田径队，垒球队，滑板队，足球队，篮球队。
社　　团：法语社，学生会，绘画社，文化茶话会，音乐社。
大学去向：埃莫瑞大学，布兰代斯大学，伦斯勒理工学院，迈阿密大学，马里兰大学，波士顿大学，薛城大学，康涅狄格大学，特拉华大学，印第安纳大学，科罗拉多大学，美国大学，贝勒大学，伊拉华大学。

115. The MacDuffie School (麦克杜菲学校) *

网　　址：www.macduffie.com
所在州：麻萨诸塞州(Massachusetts)
地　　址：66 School Street, Granby, MA01033
招生范围：六至十二年级
学生人数：266人
教　　师：34人(硕士18人，博士1人)
入学要求：SSAT或托福成绩，学校成绩单，教师推荐信，面谈。
2018学费：US$52,850(外国学生寄宿部)

学校简介：这是一所规模较小的寄宿学校，建校于1890年，招收从八年至到十二年级的学生。小规模学校能使学生得到足够的照顾和帮助，而且学校虽小，但样样俱全。学校的课程设置具有挑战性和具有不同的文化色彩。在基础课程之外，开设有6门大学先修课(AP)及各学科的荣誉课程，同时也开设密集型艺术课程、体育运动课程等。该校的升学率及所入读的大学都很出色。

课程设置：AP课程：统计学，世界历史，英国语言和作文，微积分AB，微积分BC，化学，英国文学与作文，拉丁语，物理B，美国历史，法国语言和文化，西班牙语言和文化。

运动队：羽毛球队，篮球队，越野队，曲棍球队，垒球队，排球队，网球队，英式足球队。

社　　团：国际象棋社，舞蹈社，辩论社，雪上运动社，网球俱乐部，学生会，模特社。

大学去向：哈佛大学，西北大学，华盛顿大学，康奈尔大学，埃莫瑞大学，莱斯大学，加州大学伯克利分校，乔治城大学，加州大学洛杉矶分校，南加州大学，密歇根大学，纽约大学，波士顿学院，罗切斯大学，宾州州立大学，密歇根州立大学，克拉克大学，佛蒙特大学，纽约州立大学石溪分校。

116. Middlesex School（米度萨克斯学校）

网　　址：www.mxschool.edu
所在州：麻萨诸塞州(Massachusetts)

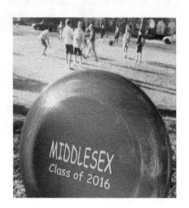

地　　址：1400 Lowell Road Concord, MA01742
招生范围：九至十二年级
学生人数：383人
教　　师：57人(硕士39人，博士9人)
入学要求：ISEE或SSAT、托福成绩、学校成绩单，教师推荐信，面谈
2018学费：US$58,020(外国学生寄宿部)

学校简介：这是一所建校于1901年、中等偏小规模的寄宿学校。该校标榜自己是能使学生把严肃的学科和有趣的课外活动相结合的学校。学校开设有严谨的大学预备课程、18个大学先修课（AP）及各学科的荣誉课。同时要求学生参加学校运动队及艺术团队，该校的运动队艺术队都较有名气。学校的课堂教学采用小班制，每班学生11人。强调学生中心教学法，启发不生的批判性思维和单独工作能力。

AP **课程设置**：艺术史，乐理，物理C，物理B，西班牙语言和文化，西班牙文学，微积分AB，微积分BC，化学，中文与文化，计算机科学A，英国文学，环境科学，法国语言，拉丁语，宏观经济学，微观经济学，统计学，艺术工作坊，美国政府与政治，美国历史。

运动队：棒球队，高尔夫球队，排球队，曲棍球队，田径队，足球队，英式足球队，网球队，足球队。

社　　团：科学社，爵士乐队，学生会，电影社，亚洲联盟，跑步俱乐部，模特社，数学组，哈利波特俱乐部。

大学去向：哈佛大学，普林斯顿大学，耶鲁大学，麻省理工学院，斯坦福大学，宾夕法尼亚大学，哥伦比亚大学，芝加哥大学，杜克大学，达特茅斯学院，西本大学，约翰霍普金斯大学，布朗大学，埃莫瑞大学，范德比尔特大学，乔治城大学，南加州大学，塔釜茨大学，北卡罗来纳大学，维克森林大学。

117. Milton Academy（米尔顿书院）

网　址：www.milton.edu
所在州：麻萨诸塞州(Massachusetts)
地　址：170 Centre Street Milton, MA02186
招生范围：九至十二年级
学生人数：658 人
教　师：150 人（博士 13%，硕士 73%）
入学要求：SSAT 成绩,托福成绩,学校成绩单，英语，数学教师，教师推荐信。

2018 学费：US$55,410（外国学生寄宿部）
学校简介：已有二百多年历史中等规模的传统私立学校。在 1798 年初建时为男女合校，1901 年男女校分家，1970 年顺应社会要求重新合校。学校特别鼓励学术自由，自主性和开放式交换意见。学校的课程设置符合大学预备的要求，并附设有 11 门大学先修课及各学科的荣誉课程。学校注重学生的学业成绩，希望学生能够真正专心读书。学校师资充足教师和学生的比例为 1：5。该校在向常春藤名校输送毕业生排名中名列第九。
课程设置：AP 课程：微积分 AB，微积分 BC，生物学，心理学，西班牙语，西班牙文学，统计学，拉丁文学，美国政府与政治，化学，中文与文化，政府政治比较，计算机科学 A，英语和作文，英国文学，宏观经济学，微观经济学，物理 C，美国历史。
运动队：篮球队，攀岩队，高尔夫球队，游泳队，田径队，排球队，帆船队，足球队，垒球队，英式足球队，网球队，曲棍球队，跳水队，越野队，滑冰队。
社　团：卡通社，法语社，电影社，音乐社，杂志社，西班牙语社，瑜伽社。
大学去向：普林斯顿大学，麻省理工大学，宾夕法尼亚大学，芝加哥大学，杜克大学，达特茅斯学院，西北大学，华盛顿大学，约翰霍普金斯大学，埃莫瑞大学，范德比尔特大学，卡耐基梅隆大学，加州大学洛杉矶分校，南加州大学，纽约大学，里海大学，罗切斯特大学。

118. Miss Hall's School（名人女子学校）*

网　址: www.misshalls.org
所在州: 麻萨诸塞州（Massachusetts）
地　址: 492 Holmes Road Pittsfield, MA01201
招生范围: 九至十二年级
学生人数: 214人
教　师: 27人（硕士18人）

入学要求: SSAT成绩，托福成绩，前两年的学校成绩单，现任苦英语、数学、辅导员推荐信各一封，面谈。

2018学费: US$55,750（外国学生寄宿部）

学校简介: 这是一所小型的女子寄宿学校，建校于1898年，具有悠久历史，是少数坚持男女分校的寄宿学校。学校坚信女子学校对培养新女性、增强学生的自信心及特别的竞争能力有好处，所在以其办学宗旨是培养学生进一步深造及在社会上立足的本领。二百多年来，已成功地为大学和社会培养了不少人才，《纽约时报》曾特别介绍及推荐该校，赞扬其为「时空礼物」。学生毕业后所考进的大学包括哥伦比亚大学的女子学院、耶鲁名校，大多数进入小型的名牌大学。

课程设置: AP课程：生物学，微积分AB，微积分BC，化学，英国文学，环境科学，统计学，艺术工作坊，美国政府与政治，美国历史，人类地理学

运动队: 篮球队，曲棍球队，垒球队，排球队，英式足球队，越野队，滑冰队，网球队

社　团: 辩论社，环境科学社，舞蹈社，健身社，法语社，动物社，拉丁社，数学社，摄影社，瑜伽社，学生会

大学去向: 哈佛大学，普林斯顿大学，耶鲁大学，宾夕法尼亚大学，杜克大学，达特茅斯学院，西北大学，约翰霍普金斯大学，康奈尔大学，埃莫瑞大学，圣母大学，济州大学伯克利分校，乔治城大学，佛吉尼亚大学，波士顿学院，威斯康星大学。

119. Northfield Mount Hermon School（北田贺曼山学校）* ☆

网　　址：www.nmhschool.org
所 在 州：麻萨诸塞州（Massachusetts）
地　　址：One Lamplighter Way Mount Hermond, MA01354
招生范围：九至十二年级
学生人数：650 人
教　　师：125 人（硕士 78%，博士 16 人）
入学要求：ACT 成绩，CTP 成绩，ISEE 成绩，PSAT 成绩，SAT 成绩，SSAT，成绩，托福成绩，学校成绩单，面谈。
2018 学费：US$59,500（外国学生寄宿部）

学校简介：这是一所规模较大的大学预备高中，建校于 1879 年，是美国有名的私校之一。该校的学科成绩优秀，师资素质突出，曾经获得奖励。课程安排以学生的学习为中心，除基本的大学预备课程以外，还开设有各科的荣誉课程及 24 门大学先修课。采用小班教学，每班学生平均为 13 人。学生可以得到充足的个别课业辅导。

课程设置：AP 课程：物理，乐理，英国文学，艺术工作坊，统计学，英语和作文，化学，中文与文化，化学，西班牙语，心理学，微观经济学，宏观经济学，拉丁语，欧洲历史，法语和作文，环境科学，计算机科学 AB，微积分 AB，BC，生物学

运动队：足球队，跳水队，棒球队，冰球队，网球队，排球队，垒球队，滑冰队，游泳队，田径队，高尔夫球队，越野队，篮球队，曲棍球队，水球队

社　　团：学生会，年刊，爵士乐队，环境社，辩论社，音乐社，合唱社，国际学生杂志社，世界音乐社

大学去向：哈佛大学，耶鲁大学，斯坦福大学，宾夕法尼亚大学，哥伦比亚大学，芝加哥大学，西北大学，华盛顿大学，布朗大学，乔治华盛顿大学，波士顿大学，迈阿密大学，丹佛大学，斯蒂文私立大学，纽约州立大学石溪分校，卡尔顿学院。

120. St. Mark's College（圣马可学院）

网　　址：www.stmarksschool.org
所 在 州：麻萨诸塞州（Massachusetts）
地　　址：25 Marlboro Road, Southborough, MA01772
招生范围：九至十二年级

学生人数：361人

教　师：67人（硕士42人，博士6人）

入学要求：SSAT、托福和学校成绩单，英语，数学老师及学校提供三封推荐信，面谈

2018学费：US$57,500（外国学生寄宿部）

学校简介：这是一所中等规模的私立学校，建校于1865年，已有一百二十六年以上的历史。学校也注重教导学生的基本价值观、学习技巧和知识，培养学生在不断改变的现实社会中的应变能力。由于是基督教教会学校，学校也非常重视教会的传统，要求学生有自我意识、同情心和责任感。

课程设置：AP课程：欧洲历史，微积分AB, BC，法语和文化，心理学，物理B，西班牙语，西班牙文学，世界历史，环境科学，生物学，滑雪，德语和文化，乐理，统计学。

运动队：马术队，网球队，英式足球队，足球队，冰球队，高尔夫球队，垒球队，棒球队，篮球队，越野队，曲棍球队。

社　团：羽毛球俱乐部，中国学生联盟，合唱团，钓鱼俱乐部，舞蹈队，辩论队，法语社，德语社，爵士乐队，投资社，模特社，乒乓球俱乐部，西班牙语社，学生会，报社。

大学去向：耶鲁大学，普林斯顿大学，麻省理工大学，苏坦福大学，宾夕法尼亚大学，哥伦比亚大学，杜克大学，达特茅斯学院，西北大学，华盛顿大学，约翰霍普金斯大学，康奈尔大学，布朗大学，艾莫瑞大学，莱斯大学，卡耐基梅隆大学，乔治城大学，南极洲大学，密歇根大学，维克森林大学，佛吉尼亚大学，范德比尔特大学，纽约大学。

121. Stoneleigh-Burnham School（史东莱伯翰学校）*

网　　址：www.sbschool.org
所在州：麻萨诸塞州(Massachusetts)
地　　址：574 Bernardston Road Greenfield, MA01301
入学要求：SSAT 成绩，学校成绩单，三封推荐信（英语、数学老师，学校），面谈
2018 学费：US$57,950（外国学生寄宿部）
学校简介：这是一所小规模的女子大学预备私立学校，建校于1869年。办学目标是将学生培养为可以独立思考，有领导能力、尊重别人、有同情心的青年。教学上注重鼓励学生及激发起学生的学习兴趣，学生可以在有足够帮助的学习环境下完成大学预备课程；同时学校还在每个学科开设荣誉和大学先修课。学校设有学习技巧课程，可帮助学生提高学业成绩。
课程设置：AP 课程：生物学，微积分 AB，微积分 BC，环境科学，欧洲历史，法国语言和文化，西班牙语和文化
运动队：篮球队，高尔夫球队，英式足球队，网球队，垒球队，曲棍球队，排球队，马术队，滑冰队
社　团：辩论社，学生会，摇滚乐队，文学社，
大学去向：波士顿学院，布朗大学，加州大学，达特茅斯学院，丹佛大学，乔治城大学，乔治华盛顿大学，哈佛大学，俄亥俄州立大学，宾州州立大学，史密斯学院，华盛顿大学。

122. Tabor Academy（达坡书院）*

网　址：www.taboracademy.org
所在州：麻萨诸塞州（Massachusetts）
地　址：232 Front Street, Marion MA02738
招生范围：九至十二年级

学生人数：514 人

教　师：74 人（硕士 33 人，博士 4 人）

入学要求：ISEE，SSAT 或托福成绩，原学校成绩单，Math6 成绩，教师推荐信，面谈

2018 学费：US$57,750（外国学生寄宿部）

学校简介：这是一所较大规模的私立学校，建校于 1876 年。办学方针是用高标准教育使学生达到其学业上的高成就。课程设置严谨，除了充分的大学预备课程外，还开设 17 门大学先修课程。由于靠海的地理条件便利，该校的海洋生物项目是强项；戏剧和音乐项目拥有完善的设备，每年可排演 8 场演出。每个新生必须参加为期一周的新生训练，学校的大游轮「达坡小子」会带这些新生在船上度过这一周。在学期中，游轮会带学生到加勒比海搞科研或上环境生物课。

AP 课程设置：世界历史，物理 B，化学，统计学，宏观经济学，英语和作文，英国文学，西班牙文学，西班牙语，拉丁文学，生物学，微积分 AB，微积分 BC，环境科学，欧洲历史，法语和作文，德语和作文，物理 C，美国历史。

运动队：曲棍球队，高尔夫球队，英式足球队，田径队，篮球队，越野队，冰球队

社　团：艺术俱乐部，舞蹈队，戏剧社，数学组，国际学生组织，摄影社，演讲辩论社，学生会，年刊，学生报社，宿舍管理社。

大学去向：哈佛大学，麻省理工大学，斯坦福大学，宾夕法尼亚大学，哥伦比亚大学，达特茅斯学院，西北大学，约翰霍普金斯大学，布朗大学，卡耐基梅隆大学，乔治亚理工学院，伊利诺大学。

123. Walnut Hill School（核桃坡学校）*

网址：www.walnuthillarts.org
所在州：麻萨诸塞州（Massachusetts）
地　址：12 Highland Street Natick，MA01760
招生范围：九至十二年级

学生人数：295人

教　师：60人

入学要求：ISEE，SSAT成绩，托福成绩及作品，学校七年级以来的成绩单，三封推荐信（英语、数学或科学、美术或表演艺术老师），面谈。

2018学费：US$59,600（外国学生寄宿部）

学校简介：这是国际知名的美国东部唯一的寄宿部和日间部都有的艺术学校。在完整的艺术专业训练的同时，学生还要完成要求严格的大学预备课程。从世界各地来的学生在此主修声乐、乐器、舞蹈、戏剧、视觉艺术或创作等课程。作为新英格兰音乐协会的成员，该校每年向最有声望的大学、音乐团体和艺术机构输送大量的人才，很多学员加入到了最好的专业舞蹈团，也有很多毕业生进入哈佛、普林斯顿、朱利亚音乐艺术学校等名校深造。该校吸引了很多学业优秀而且很有艺术天分的学生。

运动队：足球队，跑步俱乐部。

社　团：环保社，学生会，年刊，宿管部，爵士俱乐部，电影社。

大学去向：哈佛大学，普林斯顿大学，耶鲁大学，斯坦福大学，哥伦比亚大学，芝加哥大学，西北大学，华盛顿大学，布朗大学，莱斯大学，范德比尔特大学，卡耐基梅隆大学，乔治城大学，南加州大学，布兰代斯大学，纽约大学，波士顿学院，罗切斯特大学，宾州州立大学，乔治华盛顿大学，茱莉亚音乐学院。

124. Wilbraham & Monson Academy (威伯汉和蒙申书院) *

网　址：www.wma.us
所在州：麻萨诸塞州 (Massachusetts)
地　址：423 Main Street Wilbraham, MA01095
招生范围：六至十二年级
学生人数：455 人
教　师：52 人 (硕士 4 人)
入学要求：SSAT 成绩，托福成绩，学校成绩单，教师推荐信，面谈。
2018 学费：US$58,200 (外国学生寄宿部)

学校简介：这是一座建于 1804 年、有古老历史的大学预备学校。学校很注重培养学生的人格特质。他们认为学得最好的学生必须是最努力、最勇于创新、最愿意与别人分享的人。学校保留有小班教学的良好传统，每班学生人数 8～14 人。开设有 10 门大学先修课和大学预备课程。师生互动关系密切。每晚的晚自修确保学生能把当天的知识吸收巩固。

课程设置：AP 课程：艺术工作坊，生物学，微积分 AB，化学，宏观经济学，环境科学，法国语言和文化，拉丁语，乐理，西班牙语言和文化，统计学，美国历史，微积分 BC，人类地理学，微观经济学，拉丁文学，世界历史，物理 C。

运动队：高尔夫球队，滑板队，排球队，网球队，垒球队，水球队，游泳队，曲棍球队，英式足球队，越野队，棒球队，田径队。

社　团：舞蹈社，年刊，学生活动中心，辅导社，健身社，宿管部。

大学去向：康奈尔大学，埃莫瑞大学，加州大学，佛吉尼亚大学，维克森林大学，纽约大学，里海大学，罗切斯特大学，伊利诺大学，威斯康星大学，康涅狄格大学，印第安纳大学，密歇根州立大学，克拉克大学，纽约州立大学石溪分校。

125. The Williston Northampton School (威利斯顿北汉普顿学校) *

网　　址：www.williston.com
所在州：麻萨诸塞州(Massachusetts)
地　　址：19 Payson Avenue Easthampton, MA01027
招生范围：九至十二年级
学生人数：450人
教　　师：60人(硕士4人)
入学要求：SSAT及托福成绩，SAT成绩(大学入学学术性向考试水平)学校成绩单，教师推荐信。
2018学费：US$59,900(外国学生寄宿部)
学校简介：这是一所中型大学预备学校，建校于1841年，多次被美国教育部评为「模范学校」。学校招收素质优秀且想接受严格教育的学生。具有良好学习动机的学生可以在此成功达到大学预备课程和取得好成绩的目标，学校的各项设施也提供学生很多学习的机会。
AP课程设置：物理1，物理2，物理C，计算机科学AB，美国政府与政治，比较政府与政治，化学，微积分BC，中文与文化，美国历史，乐理，微观经济学，环境科学，统计学，心理学，西班牙语言和文化，法国语言和文化，欧洲历史，微积分AB，生物学。
运动队：跳水队，足球队，冰球队，篮球队，越野队，高尔夫球队，垒球队，游泳队，田径队，排球队，网球队，英式足球队，水球队，滑冰队，棒球队。
社　　团：电影社，模特社，数学组，西班牙语俱乐部，舞蹈社，学生会。
大学去向：哈佛大学，耶鲁大学，麻省理工大学，斯坦福大学，宾夕法尼亚大学，哥伦比亚大学，芝加哥大学，杜克大学，西北大学，华盛顿大学，约翰霍普金斯大学，康奈尔大学，布朗大学，埃莫瑞大学，莱斯大学，圣母大学，乔治城大学，南加州大学。

126. The Winchendon School（威契安顿学校）*

网　址：www.winchendon.org
所 在 州： 麻萨诸塞州（Massachusetts）
地　址：172 Ash Streed Winchendon, MA01475
招生范围：九至十二年级

学生人数：250 人

教　师：26 人（不包括其它教学辅助人员，如行政人员、学生顾问、辅道员等）

入学要求：学校成绩单，托福考试，教师推荐信，面谈

2018 学费：US$60,000（外国学生寄宿部）

学校简介：这是一所普通私立高中，但开设有特殊教育课程。招生对象为能力好但因各种原因而不能发挥自己潜力的学生。教学方法以学生为主即以学生的需要和特别为教学的中心，用适合于学生的方式完成课程的要求，很注重教导学生掌握学习方法，包括培养良好的学习习惯。每班只有 6 个学生，学生可得到教师的充分帮助，也方便教师根据学生的不同学习方式进行个别教学。学校也开设其它课程，包括英语为第二语方课程（ESL）、大学预科班及暑期班。英语为第二语言课程（ESL）班包括了读、写、讲严格的训练课程。学校招收各种英语水平的学生，到校后再进入严格的美语培训。入学条件较为宽松，吸引了不少各国的留学生。

课程设置：AP 课程：生物学，微积分 AB，微积分 BC，物理 B，西班牙语言和文化。

运动队：棒球队，篮球队，越野队，冰球队，排球队，英式足球队，高尔夫球队，曲棍球队，网球队。

社　团：舞蹈队，杂志社，游泳队，电影社，年刊，滑雪滑板社，摄影社，报社，学生会

大学去向：波士顿大学，雪城大学，东北大学，汉密尔顿学院。

127. Worcester Academy（华契斯特书院）*

网址：www.worcesteracademy.org
所在州：麻萨诸塞州（Massachusetts）
地　址：81 Providence Street Worcester, MA01604
招生范围：九至十二年级

学生人数：520人（男生285人，女生235人）
教　师：65人（硕士47人，博士4人，不包括其它教学辅助员）
入学要求：学校成绩单，各年级不同标准要求，六至八年级只需考本校的入学考试，教师推荐信，面谈
2018 学费：US$61,939（外国学生寄宿部）
学校简介：这是一所较大型的私立中学，建校于1834年，是典型的美国新英格兰地区传统的寄宿学生，有较高的的学业要求，严谨的校风，是培养尖子学生的温床。其著名的校训是「成就荣耀」。该校既有每周七天寄宿部也有每周五天寄宿部。课程设置以升大学为导向，教师的目标是帮助学生为将来成功完成大学学业打下良好的基础。学校同时还开设有强化的音乐、戏剧和表演艺术课程。
AP 课程设置：美国历史，美国政府与政治，统计学，物理C/2，微观经济学，宏观经济学，英国文学与作文，英语和作文，中文与文化，世界历史，西班牙语，西班牙文学，乐理，欧洲历史，拉丁语，法国语言和文化，计算机科学A，微积分AB/BC，生物学
运动队：游泳队，曲棍球队，高尔夫球队，排球队，网球队，冰球队，越野队，篮球队，足球队，网球队，英式足球队，田径队
社　团：模特社，电影社，数学组，西班牙语俱乐部，学生会，舞蹈社，
大学去向：哈佛大学，普林斯顿大学，耶鲁大学，宾夕法尼亚大学，芝加哥大学，杜克大学，西北大学，华盛顿大学，约翰霍普金斯大学，康奈尔大学，布朗大学，埃莫瑞大学，范德比尔特大学，加州大学伯克利分校，南加州大学，密歇根大学，布兰代斯大学。

128. Cranbrook School（鲈斗溪学校）*

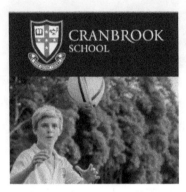

网　址：www.cranbrookschools.org
所在州：密执安州(Michigan)
地　址：39221 North Woodward Avenue P.O. Box 801 Bloomfield, Hills MI48303-0801
招生范围：九至十二年级
学生人数：1659人
教　师：179人(硕士56人，博士12人)

入学要求：学校成绩单，教师推荐信，SSAT成绩，面谈
2018学费：US$45,200(外国学生寄宿部)
学校简介：鲈斗溪学校是全美优秀的寄宿学校之一，建校于1922年，有近百年历史。学校的日间部招收从幼儿园学前班到十二年级的学生，寄宿部则只招收九至十二年级的学生。课程设置以升大学为导向，完整严格，同时开设大学先修课（AP）及各科的荣誉课程。优良师资和教学环境也向学生提出另一方面的挑战。学校教师注意鼓励学生的创造性、批判性和独立的思维。教学都采用圆桌型的小班制度，便于学生的教师之间的交流和集中学生们的注意力。
课程设置：AP课程：化学，美国历史，物理C，生物学，微积分AB，微积分BC，法国语言和文化，计算机科学A，欧洲历史，拉丁语，中文与文化，世界历史，统计学
运动队：游泳队，曲棍球队，高尔夫球队，排球队，网球队，冰球队，越野队，篮球队，足球队，网球队，英式足球队，田径队
社　团：模特社，拉丁社，乒乓球社，学生会，瑜伽社，年刊，韩国社，爵士乐队，法语社，德国社，报社，滑板社，志愿者组织
大学去向：哈佛大学，普林斯顿大学，耶鲁大学，加州理工大学，麻省理工学院，斯坦福大学，宾夕法尼亚大学，芝加哥大学，杜克大学，达特茅斯学院，西北大学，华盛顿大学，布朗大学，埃莫瑞大学

129. Interlochen Arts Academy（英特洛晨艺术书院） * ☆

网　　址：www.interlochen.org
所在州：密执安州(Michigan)
地　　址：P.O. Box 199 4000 Highway M137 Interlochen, MI49643-0199
招生范围：九至十二年级
学生人数：470人
教　　师：70人
入学要求：学校成绩单，教师推荐信，托福及英文水平测试成绩，面谈。
2018**学费**：US$59,500（外国留学生寄宿部）

学校简介：这是一所专门培养艺术人才的寄宿学校，由梅迪博士开办于1962年，以培养专业人才为目标。办学宗旨是帮助有艺术、思想及学习潜力的学生实现他们的理想。梅迪博士的美好理想是让此校成为全美最有天才和理想才俊充实他们学科和艺术教育的地方。学生在此可得到个别教学指导和经常性的演出机会。该校以校风优良、学生为艺术献身精神著称。该校同时也开设很紧凑的大学预备课程。学生和教师比例为7：1。该校自1980年以来，已产生了28个总学者奖得主，多于全国任何一间公立或私立学校。学生毕业后进入顶尖的学院和大学。2001年，该校名列20所顶尖寄宿学校第八位。

课程设置：AP课程：微积分AB/BC，物理B，西班牙语言和文化，统计学，世界历史。

社　　团：管乐队，弦乐队，爵士乐队，合唱团，美声乐队，摄影社，雕塑社，视觉艺术社，油画社，绘画社，芭蕾舞社，现代舞社。

大学去向：纽约大学，曼哈顿音乐学院，南加州大学，巴德学院，茱莉亚音乐学院，丹佛大学，加州大学圣地亚哥分校，密歇根大学，俄亥俄州立大学，普林斯顿大学，劳伦斯大学，林恩大学，曼哈顿音乐学院，曼尼斯音乐学院，马里兰大学设计研究所，新英格兰音乐学院，纽约大学。

130. The Leelanau School（李兰诺学校）*

网　　址：www.leelanau.org
所在州：密执安州(Michigan)
地　　址：One Old Homesteed Road Glen Arbor，MI49636
招生范围：九至十二年级
学生人数：64 人
教　　师：18 人(硕士 14 人)

入学要求：国际生要求托福成绩及 SLEP，学校成绩单，教师推荐信，面谈。

2018 学费：US$61,350(外国学生寄宿部)

学校简介：这是一所小型的私立寄宿高中，建校于 1929 年。办学宗旨是学科、道德、体育和社交全面发展，固此很重视个别教充。学校设置的环境教学项目充分利用校内及校外的教学资源，实行学科之间融会教学的方式，使学生将更多的课堂知识与实践相结合，特别是在自然科学、语言、艺术、数学和社会科学方面。学校也注重教育学生自律和德、智、体全面发展。学校采小班教学，学生能得到足够的帮助。学校还特别开设英语为第二语言课程（ESL），特殊教育班和暑期学校。国际留学生大多来自韩国、丹麦、葡萄牙、德国、罗马尼亚、日本、西班牙、沙特阿拉伯、埃及、安哥拉和中国。学校尽量把外国学生的比例控制在 10% 以下，保证 90%是美国学生，以维持美式教育的气氛和环境。

课程设置：AP 课程：微积分 AB，法语和作文，西班牙语和作文，统计学。

运动队：篮球队，攀岩队，花样滑冰队，马术队，英式足球队，滑板队，排球队，网球队，高尔夫球队，山地自行车队。

社　团：拉丁社，学生会，瑜伽社，模特社，韩国社，爵士乐队，法语社，报社，滑板社。

大学去向：麻省理工学院，哥伦比亚大学，波士顿大学，华盛顿大学，匹兹堡大学，迈阿密大学，霍华德大学，伍斯特学院，俄亥俄州立大学，辛辛那提大学，加州大学，西北大学。

131. Shattuck-St. Mary's School（圣玛莉学校）*

网　址：www.s-sm.org
所在州：明尼苏达州(Minnesota)
地　址：P.O.Box 218 1000 Shumway Avenue Faribault, MN55021
招生范围：日间部六至十二年级，寄宿部六至十二年级，大学预科
学生人数：439 人

教　师：46人(硕士23人，博士3人)
入学要求：学校成绩单，教师推荐信，面谈
2018学费：US$51,250(外国学生寄宿部)

学校简介：这是一所规模不大的教会中学，建校于1858年，招生对象从六年级到大学预科，分初中部和高中部。除基本科目外，课程设置以大学预备为导向，学校还开设12门大学先修课，每班学生人数为14人。学校有18支校际运动队、8支冰球队（分男队、女队），每季有50场赛事。音乐队的学生每年有三场演出，学校会安排到国内或国外旅行。

课程设置：AP课程：微积分AB，微积分BC，环境科学，统计学

运动队：棒球队，越野队，冰球队，曲棍球队，网球队，篮球队，高尔夫球队，英式足球队，田径队。

社　团：法语社，学生会，绘画社，文化茶话会，音乐社。

大学去向：波士顿学院，华盛顿大学。

132. Saint John's Preparatory School (圣约翰学校) *

网　址：www.sjprep.net
所在州：明尼苏达州(Minnesota)
地　址：P.O.BOX4000 2280 Watertower Road,Collegeville, MN56321-4000
招生范围：九至十二年级

学生人数：295 人

教　师：24 人(硕士 7 人，博士 1 人)

入学要求：成绩单，两封教师，辅导员或校长推荐信，托福或 SLEP 考试成，面谈

2018 学费：US$46,425(外国学生寄宿部)

学校简介：这是一所中型的教会学校，建校于 1857 年，与圣约翰大学有紧密的关系，相当于该大学的附中。学校很强调严格的学业标准和精神道德的发展。除了开设大学预备课程外，还有各门课的荣誉课程和大学先修课，学校与圣约翰大学同在一个大校园内，这样使学生有机会在大学里听课和使用大学先进的计算机设备。学校开设各项丰富多彩的课外活动，项目包括演戏、演讲，筹办杂志、报纸和参加各类社团及运动队等。新开设的设施包括美术中心和新科学楼，特别开设英语为第二语言课程（ESL）及大学预科班。因应国际学生的需要，学校特别为他们新增了三周密集型英语培训课程。

课程设置：AP 课程：德语和文化，环境科学，欧洲历史，微积分 AB，西班牙语和化学。

运动队：冰球队，垒球队，网球队，足球队，英式足球队，越野队，棒球队，篮球队，游泳队。

社　团：舞蹈队，德语社，学生会，中文社，爵士乐队，电影社，西班牙语社，戏剧社，年刊

大学去向：波士顿大学，克拉克大学，艾默里大学，密歇根州立大学，乔治华盛顿大学，普杜大学，纽约大学，莱斯大学，密歇根大学，南极洲大学，雪城大学。

133. Piney Woods Country Life School（松林学校）☆

网　　址：www.pineywoods.org

所在州：密西西比州（Mississippi）

地　　址：Highway 49 South Post Office Box 100 Piney Woods, MS39148

招生范围：七至十二年级

学生人数：317人

教　　师：40人（硕士24人，博士6人）

入学要求：学校成绩单，教师推荐信，面谈

2018学费：US$23,000（外国学生寄宿部）

学校简介：该校由璟斯罗伦斯创建于1909年，也有近百年历史。主要是为了帮助贫穷的非洲裔黑人，使他们能有自己的理想、爱心及生活技能，通过出色的教育和道德的发展，使他们将来有能力出人头地。学校创办人是著名黑人民权运动领袖罗伦斯博士，他认为非洲裔子弟拥有极大潜力，只是缺乏良好的教育条件，于是仿照白人传统的私立寄宿学校模式来创办该校。学校从七年级开始招生，学生来自于全美25个州及其它国家。课程设置以升大学为主，同时也有宗教课程的要求。一些著名的黑人如摩根佛利门、奥波拉·温芙瑞常常探访该校，使学生备受鼓舞。

课程设置：AP课程：英语，化学，美国历史，美国政府，微观经济学，心理学，社会学，世界历史。

运动队：篮球队，棒球队，英式足球队，田径队，排球队，摔交队，越野队，高尔夫球队，垒球队，足球队。

社　　团：手工艺品社，新闻社，摄影社，艺术社。

大学去向：宾夕法尼亚大学，普林斯顿大学，俄亥俄州立大学，普杜大学，印第安纳波利斯大学，堪萨斯大学，科罗拉多艺术学院，华盛顿大学，密歇根大学。

134. St. Stanislaus School（圣斯坦尼斯洛斯书院）*

网　　址： www.ststan.com
所在州： 密西西比州（Mississippi）
地　　址： 304 South Beach Boulevard Bay St. Louis, MS39520
招生范围： 七至十二年级
学生人数： 550 人

教　师： 50 人(硕士 30 人，博士 1 人)

入学要求： 近两年的学校成绩单，学校推荐信，面谈，SRA、SAT、CAT 考试成绩。

2018 学费： US$42,194(外国学生寄宿部)

学校简介： 该校创建于 1854 年，有一个半世纪的历史，是圣心兄弟会的下属学校。该男校招生六年级到十二年级的学生。办学宗旨为：帮助学生发展他们的潜能，使他们成为快乐、自信及受到良好教育的青年。该校因成功培养出卓越的学生，故以「特色学校」而著称。每年有 98%的毕业生可顺利进入大学深造。近年来，该校招生范围扩大，学生来自于美国 15 个州及 12 个其它国家。其它课程有英语为第二语言课程（ESL）、特殊教育课程和暑期班课程。

课程设置： AP 课程：美国历史，微积分 AB，微积分 BC，英语，英国文学。

运动队： 篮球队，棒球队，越野队，高尔夫队，举重队，足球队，游泳队，田径队及网球队。

社　团： 乐队，戏剧社，文学社，哲学社，钓鱼俱乐部，游泳俱乐部，国际象棋俱乐部，魔术俱乐部，数学及科学兴趣小组，音乐兴趣小组，户外活动俱乐部，广播俱乐部。

大学去向： 哈佛大学，耶鲁大学，布朗大学，斯坦福大学，密西西比州立大学，佛罗里达州立大学，印第安州立大学，圣玛丽大学，艾默里大学，宾州州立大学。

135. Chaminade College Preparatory School（查敏民德学校） *

网　址：www.chaminade-stl.org
所在州：密苏里州(Missouri)
地　址：425 South Lindbergh Boulevard St. Louis，MO63131-2799
招生范围：六至十二年级
学生人数：772人
教　师：70人(硕士38人，博士2人)
入学要求：学校成绩，参加社团及运动队的教师推荐信，中学入学考试ISEE，面谈
2018学费：US$39,986(外国学生寄宿部)

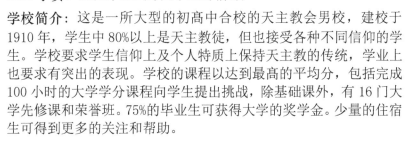

学校简介：这是一所大型的初高中合校的天主教会男校，建校于1910年，学生中80%以上是天主教徒，但也接受各种不同信仰的学生。学校要求学生信仰上及个人特质上保持天主教的传统，学业上也要求有突出的表现。学校的课程以达到最高的平均分，包括完成100小时的大学学分课程向学生提出挑战，除基础课外，有16门大学先修课和荣誉班。75%的毕业生可获得大学的奖学金。少量的住宿生可得到更多的关注和帮助。

课程设置：AP课程：世界历史，美国历史，美国政府与政治，艺术工作坊，心理学，物理B，乐理，微观经济学，宏观经济学，拉丁语，法语和文化，欧洲历史，英语和作文，英国文学，计算机科学A，比较政府与政治，西班牙语和作文，统计学，化学，微积分AB/BC，生物学。

运动队：游泳队，篮球队，越野队，足球队，冰球队，足球队，英式足球队，网球队，水球队，曲棍球队，田径队，高尔夫球队，棒球队，排球队。

社　团：艺术社，合唱社，数学组，报社，摄影社，学生会，戏剧社，国际象棋社。

大学去向：杜克大学，西北大学，波士顿学院，华盛顿大学，艾默里大学，密歇根大学，乔治华盛顿大学，波士顿大学，麦迪逊大学，俄亥俄大学。

136. Thomas Jefferson School（托马斯·杰佛逊学校）*

网　址：www.tjs.org
所在州：密苏里州(Missouri)
地址：4100 South Lindbergh Boulevard St. Louis, MO63127
招生范围：七至十二年级
学生人数：77人
教　师：23人
入学要求：SSAT 或 ISEE 成绩，学校成绩单，教师推荐信，面谈。

2018 学费：US$49,050（外国学生寄宿部）

学校简介：这是一所规模很小的学校，师资力量很强，学生与教师比例为6：1。学科安排严谨，要求严格。学生到高中最后一年全部修读大学先修课，所以学生必须在十二年级之前完成所有的中学课程。小班教学使学生充分参与课堂讨论和完成较具挑战性的功课。学生毕业后大部分进入哥大、哈佛、布朗大学、杜克大学等常春藤大学及一些有名的小型大学。学生有充分自由的时间来安排他们的学习、运动和其它活动动，每年学校会安排四个星期的海外旅游，这些活动能帮助学生认真学习，积极思维。

AP 课程设置：生物学，微积分 BC，英语和作文，英国文学，化学，富裕和文化，比较政府与政治，意大利语和文化，拉丁语，宏观经济学，微观经济学，物理 B，统计学，美国历史。

运动队：篮球队，英式足球队，网球队，排球队。

社　团：国际象棋社，年刊，学生会，数学组，文学杂志，电影社，摄影社，电影社

大学去向：普林斯顿大学，斯坦福大学，宾夕法尼亚大学，芝加哥大学，达特茅斯学院，西北大学，华盛顿大学，康奈尔大学，埃莫瑞大学，密歇根大学，塔釜茨大学，哈弗福德大学，卫斯理学院，史密斯学院。

137. Brewster Academy（布鲁斯特书院） *

网　　址：www.brewsteracademy.org
所在州：新罕布什尔州（New Hampshire）
地　　址：80 Academy Drive Wolfeboro, NH03894-4115
招生范围：九至十二年级
学生人数：357人
教　　师：75人
入学要求：托福成绩，学校成绩单，教师推荐信，面谈
2018学费：US$59,900（外国学生寄宿部）

学校简介：这是一所国际知名的私立高中，建校于1920年，以成功使用超前学习和咨询技术加速学生的学习进步而著称。布鲁斯特根据学生本人的程度，为全校350个学生开设个别课程，在成熟的高科技学习环境中总结出最佳的教学方法。学校的学习技巧中心根据学生的个别能力开设荣誉课程及大学先修课。学校注重培养学生努力学习，尊重他人及自重的态度。

课程设置：AP课程：生物学，微积分AB，微积分BC，宏观经济学，英语和作文，英国文学，统计学，美国历史，物理1，物理2。

运动队：棒球队，滑冰队，滑板队，垒球队，篮球队，越野队，高尔夫球队，曲棍球队，帆船队，英式足球队，网球队，冰球队。

社　　团：戏剧社，健身社，环境社，瑜伽社，电脑社，爵士乐队。

大学去向：乔治城大学，加州大学洛杉矶分校，北卡罗来纳大学，纽约大学，里海大学，罗切斯特大学，伊利诺大学，波士顿大学，克莱门森大学，福德木大学，康涅狄格大学，科罗拉多大学，丹佛大学，克拉克大学，巴克奈尔大学，匹泽学院。

138. Cardigan Mountain School(卡迪根山学校)*

网　址: www.cardigan.org
所在州: 新罕布什尔州(New Hampshire)
地　址: 62 Alumni Drive Canaan, NH03741
招生范围: 寄宿部六至九年级
学生人数: 207人

教　师: 52人(硕士24人,博士1人)

入学要求: 托福成绩,WISC-111成绩,学校成绩单,教师推荐信,面谈。

2018学费: US$51,715(外国学生寄宿部)

学校简介: 这是一年小型的私立初中男校,由有经验的教师教学。学生可在守纪律、自信、有趣的学习环境中提高自己的学习技能。丰富的体育活动和主动的艺术课能丰富学生生活和开拓他们的视野,使很多学生毕业后可顺利进入名牌私立高中,如菲立普安都华(Philips Andover)、侯都尼斯(Holdemess)和圣保罗(St. Paul's)等学校,该校是培养名校学生的早期基地。学校在1996年新建了科学中心、艺术中心和设备优良的计算器中心。学校的其它课程有英语为第二语言课程(ESL)和暑期班课程。该校的暑期学校已有50年历史。能结合课业和野外活动,使学生累积丰富的学习经验,并且招收多种年龄层次的学生。

运动队: 滑冰队,棒球队,篮球队,越野队,冰球队,曲棍球队,山地自行车队,英式足球队,网球队,冲浪队,滑板队,攀岩队。

社　团: 登山社,骑马社,骑山地车社,摄影社,帆板运动社。

大学去向: 布莱尔学院,乔特迷迭香大厅,布鲁斯特学院,迪尔菲尔德学院,布鲁克斯学校,州长的学院,库欣学院,蒂尔顿学校,肯特学校,霍奇基思学校,金博尔联盟学院,劳伦斯学院,劳伦斯维尔学校,米德尔塞克斯学校,培德学校,圣保罗学校,米尔顿学院。

139. Dublin School (都伯苓学校) *

网　　址：www.dublinschool.org
所在州：新罕布什尔州(New Hampshire)
地　　址：18Lahmann Way Dublin, NH03444
招生范围：九至十二年级
学生人数：140人

教　　师：32人(硕士12人，博士1人)
入学要求：托福成绩，学校成绩单，教师推荐信，面谈。
2018学费：US$59,781(外国学生寄宿部)
学校简介：这是一所小型的包含日间部和寄宿部的私立学校，建校于1936年。课程设置以大学预备课为主，每科目都有大学先修课，也开设自习课程。学习技巧训练项目及晚间辅导课，主要是为有需要学业帮助的学生而设。学校采用小班教学，每班人数5～14人。学校注重营造自立、自信和教育氛围，使学生能在知识、体能、社会能力和道德诸方面全面发展。课程设置旨在使学生的学科、艺术和体育项目都取得很大的成就。学校要求学生要负责日常工作，参与工作小组、慈善组织和从事小区服务。学校尊重学生不同的学习方式，注意挖掘学生的学习潜力。
课程设置：AP课程：计算机科学A，环境科学，乐理，美国历史，微积分AB，微积分BC，化学，英语和作文，英国文学，物理B，物理C，生物学。
运动队：滑板队，越野队，滑冰队，网球队，马术队，篮球队，曲棍球队，帆船队，英式足球队，山地自行车队，高尔夫球队。
社　　团：模特社，爵士社，企业家社，机器人社，学生会，音乐社，摇滚乐队社，国际社
大学去向：宾夕法尼亚大学，哥伦比亚大学，约翰霍普金斯大学，埃莫瑞大学，卡耐基梅隆大学，加州大学洛杉矶分校，纽约大学，华盛顿大学，乔治亚理工，雪城大学，康涅狄格大学，密歇根州立大学，衣阿华大学，克拉克大学，佛蒙特大学，卡尔顿学院，史密斯学院，福尔曼大学。

140. Hampshire Country School（罕布夏乡间学校）

网　　址：www.hampshirecountryschool.org
所在州：新罕布什尔州(New Hampshire)
地　　址：28 Patey Circle Rindge, NH03461
招生范围：三至十二年级
学生人数：25 人
教　　师：6 人(不包括半职及其它职员)
入学要求：学校成绩单，教师推荐信，面谈。
2018 学费：US$57,500(外国学生寄宿部)
学校简介：这是一所家庭式小规模的寄宿学校，建校于 1948 年，招收三年级至十二年级的男生，学生年龄在 9～15 岁。学校教授传统课程，每班学生 4～8 人，学校给予学生额外的帮助和辅导。该校适合有较多领悟力但需要超常认同感和成人注意力的小孩。这些学生通常不适宜在普通大型学校不习，在小型学校则较有安全感和成就感，也便于与其它学生之间的互动。
课程设置：AP 课程：美国历史，界历史，西班牙语和文化，物理 B，物理 C，宏观经济学，微观经济学，法语和文化，英国文学，英语和作文，计算机科学 A，中文与文化，化学，微积分 AB，微积分 BC。
运动队：足球队，网球队，篮球队，橄榄球队，陆上曲棍球队，英式足球队。
社　　团：娱乐性足球，软球，远足，骑马，艺术，音乐。
大学去向：都柏林学校，橡树林学校，巴克斯顿学校，普特尼学校，卡森龙军校，古尔德学院。

141. High Mowing School（高谷学校）*

网　址：www.highmowing.org
所在州：新罕布什尔州(New Hampshire)
地　址：222 Isaac Frye Highway, Wilton, NH03086
招生范围：九至十二年级
学生人数：120人
教　师：30人
入学要求：学校成绩单，校长、英文及数学教师推荐信，面谈。
2018学费：US$55,200（外国学生寄宿部）

学校简介：高谷学校是华尔道夫学校在美的分校，建校于1919年。华尔道夫学校是欧洲教育改革的结果，最早建校于德国，现今世界有600所华尔道夫学校。课程设置以大学预备为导向，同时向学生的学术能力、想象能力和社会责任感提出挑战，自然科学受到重视。学校的自然主义课程帮助学生建立起对大自然的崇敬态度。学校每年组织交换学生到世界各地的华尔道夫学校去。学校的制作艺术和表演艺术项目帮助学生丰富他们的课堂知识。体育活动团体则分比赛队和娱乐队两种。户外活动包括负重越岭，滑冰等等，使学生有很多课堂以外的学习机会。

课程设置：AP课程：西班牙语和文化，德语和文化，法语和文化，世界历史，生物学，微积分AB，微积分BC。

运动队：英式足球队，篮球队，棒球队，曲棍球队。

社　团：攀岩队，瑜伽社，全校戏剧社。

大学去向：波士顿大学，亚特兰大学院，皇后大学，史密斯学院，加州大学。

142. Holderness School (侯德尼斯学校)

网　　址：www.holderness.org
所在州：新罕布什尔州(New Hampshire)
地　　址：P.O.BOX1879 Plymouth, NH03264-1879
招生范围：九至十二年级
学生人数：280 人
教　师：39 人(博士 1 人，硕士 21 人)
入学要求：SSAT 或托福成绩，原校成绩单，教师推荐信，面谈。
2018 学费：US$58,500(外国学生寄宿部)

学校简介：该校是伊培柯大学的附中，建校于 1879 年。学校规模不大，但以培养尖子学生闻名。学校以讲授大学预备基础课程为主另开设 11 门大学先修课及各科荣誉课程。学校的领导才能培训项目办得非常出色，学校的办学方针是教导学生运用清晰、连贯的逻辑思维掌握好各门课程的知识，同时也很注重学生在学科和运动方面的平衡发展。为了使学生能得到足够的关照，各班学生不超过 13 人。

课程设置：AP 课程：微积分 AB，欧洲历史，生物学，法语和文化，拉丁语，乐理，统计学，英语和作文，英国文学，西班牙文学，美国历史，微积分 BC，环境科学，物理 C。

运动队：滑冰队，篮球队，冰球队，山地自行车队，滑板队，垒球队，游泳队，英式足球队，曲棍球队，攀岩队，足球队，高尔夫球队。

社　团：戏剧社，宿管部，环境科学社，食品社，学生会，学生报社，学生活动中心。

大学去向：哈佛大学，耶鲁大学，斯坦福大学，达特茅斯学院，约翰霍普金斯大学，康奈尔大学，布朗大学，埃莫瑞大学，卡耐基梅隆大学，乔治城大学，佛吉尼亚大学，南加州大学，维克森林大学，纽约大学，罗切斯特大学，迈阿密大学，土伦大学，乔治华盛顿大学，波士顿大学。

143. Kimball Union Academy（金博联合书院）*

网　　址：www.kua.org

所在州：新罕布什尔州（New Hampshire）

地　　址：P.O.Box 188 Main Street Meriden, NH03770

招生范围：九至十二年级

学生人数：345人

教　　师：50人(硕士25人，博士9人)

入学要求：SSAT或托福成绩（外国学生如在校成绩较好可降低托福要求），学校成绩单，教师推荐信，面谈

2018学费：US$58,200（外国学生寄宿部）

学校简介：这是一所中型的大学预备高中，建校于1813年。办学宗旨是引导学生走正确的道路，达到学业、专项、创造力和责任感全面发展。除了开设有大学预备基本学科外，还开设13门大学先修课。每一年级都配备有学生顾问协助学生，确保他们成功。新设备有技术中心，计算机中心，新的环境科学中心，加建的教学和科学楼及新学生食堂，学生的小区服务课程可以选择在消防队当义工，也可以做其它工作。

课程设置：AP课程：人类地理学，中文与文化，英国文学，拉丁语，生物学，艺术史，微积分AB/BC，化学，英语和作文，环境科学，生物学，欧洲历史，物理B，统计学，法语和文化，艺术工作坊，美国历史，乐理，世界历史。

运动队：篮球队，冰球队，滑板队，垒球队，游泳队曲棍球队，攀岩队，足球队，滑冰队，山地自行车队，英式足球队，高尔夫球队。

社　团：模特社，文学杂志社，爵士社，摄影社，马术社，经济组织，环境科学社，艺术中心，健身社，数学组，辅导社。

大学去向：哈佛大学，普林斯顿大学，耶鲁大学，杜克大学，达特茅斯学院，约翰霍普金斯大学，布朗大学，埃莫瑞大学，加州大学伯克利分校，卡耐基梅隆大学塔釜茨大学，布兰代斯大学，纽约大学，威廉玛丽学院，波士顿学院，里海大学，伦斯勒里学院，宾州州立大学，迈阿密大学。

144. New Hampton School（新汉普顿学校）*

网　址：www.newhampton.org
所在州：新罕布什尔州（New Hampshire）
地　址：P.O. Box 579 New Hampton, NH03256
招生范围：九至十二年级
学生人数：305人
教　师：70人（硕士32人，博士1人）

入学要求：SSAT或托福成绩，学校成绩单，教师推荐信，面谈。
2018学费：US$58,900
SAT成绩：大学入学学术性向考试水平
学校简介：这是一所建于1821年，已有近200年历史的大学预备私立高中。学校强调学生在亲身体验中学习，注意发掘学生的学术、情感、体能和精神各方面的潜力。学校的教学理念是人数总体发展模式，强调教与学的互动关系。课程设置的涵盖面很广，除基本课程外，各主要学科都开设有大学先修课。学校新设施包括一个学术资源中心（内有一个藏书25,000册的图书馆，一个全功能自动录音室），课室是拥有很多先进技术的多功能室。另有新的艺术和体育中心，内含一个室内田径场、音乐室和录音制作室。
AP课程设置：微积分AB/BC，化学，英国文学，英语和作文，美国历史，物理B，欧洲历史，统计学。
运动队：花样滑冰队，垒球队，滑板队，冰球队，篮球队，棒球队，越野队，马术队，足球队，高尔夫球队，曲棍球队，英式足球队，网球队。
社　团：文学杂志社，经济组织，艺术中心，健身社，数学组，辅导社，模特社，爵士社，环境科学社。
大学去向：波士顿学院，贝莉大学，布朗大学，加州大学芝加哥分校，曼哈顿学院，明尼苏达州立大学，奥巴马大学，芝加哥大学，丹佛大学，加州大学伯克利分校。

145. Phillips Exeter Academy（菲利普艾瑟特书院）☆★

网　　址：www.exeter.edu
所在州：新罕布什尔州(New Hampshire)
地　　址：20 Main Street, Exeter, NH03833-2460
招生范围：九至十二年级
学生人数：1,002人
教　　师：186人(硕士119人，博士37人)
入学要求：PSAT、SAT、TOFEL成绩，学校成绩单，教师推荐信，面谈。
2018学费：US$49,880(外国学生寄宿部)
学校简介：菲利普艾瑟特书院建校于1781年，已有二百多年历史，是拥有常春藤名校美誉的全国知名的私立中学。该书院秉持哈克尼斯的教学理论。教学方式以专题讨论为主。每个课室都有利于交流和讨论的椭圆型红木课桌。学校开设350门课，其中有14门大学先修课，且各科有荣誉班。该校没有设置AP课程，因为该校很多课程都已经达到和超过了大学先修课程的水平。学校有四亿九仟四百多万美元捐款，使学校有足够能力满足高标准教学的需求和维持先进的教学设施。全校有35%的学生得到学校每年650万美元的经济资助。
运动队：垒球队，水球队，田径队，曲棍球队，棒球队，篮球队，排球队，网球队，英式足球队，冰球队，跳水队，越野队，高尔夫球队。
社　　团：模特社，摄影社，钢琴俱乐部，艺术俱乐部，瑜伽社，戏剧社，乒乓俱乐部，数学组，爵士俱乐部，电影社，法语社，德语社，舞蹈队，辩论社，商业俱乐部。
大学去向：哈佛大学，普林斯顿大学，耶鲁大学，加州理工大学，斯坦福大学，麻省理工学院，哥伦比亚大学，芝加哥大学，宾夕法尼亚大学，杜克大学，达特茅斯学院，西北大学，华盛顿大学，约翰霍普金斯大学，布朗大学，莱斯大学。

146. Proctor Academy (学监书院) ☆

网　址：www.proctoracademy.org

所在州：新罕布什尔州(New Hampshire)

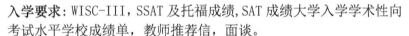

地　址：P.O. Box 500 Main Street, Andover, NH03216

招生范围：九至十二年级

学生人数：360人

教　师：70人(硕士18人，博士2人)

入学要求：WISC-III，SSAT及托福成绩，SAT成绩大学入学学术性向考试水平学校成绩单，教师推荐信，面谈。

2018学费：US$59,000(外国学生寄宿部)

学校简介：该书院建于1848年，这是一所以升大学为导向的学校，它不断更新的实验性课程在全国知名度很高。校园气氛既亲切又严肃，为学生提供良好的学习环境。除基本课程外，各学科都设有荣誉课程和大学先修课。广阔的校园使学生获得更多户外教育的机会，同时学校还组织学生到国外学习，选择的主要国家有法国、西班牙和摩洛哥。学生的入学标准是必须有学习的动机、参与活动的热情及有坚强的意志力。

课程设置：AP课程：环境科学，生物学，法语和文化，西班牙语和文化，统计学，微积分AB，微积分BC，宏观经济学，英语和作文，英国文学，物理B，美国政府与政治，人类地理学。

运动队：篮球队，冰球队，山地自行车队，垒球队，滑板队，高尔夫球队，足球队，马术队，棒球队，曲棍球队，英式足球队，网球队，花样滑冰队。

社　团：合唱社，舞蹈队，戏剧教学社，科学研究社，学生活动中心，芭蕾队，摄影社，爵士队。

大学去向：哈佛大学，斯坦福大学，达特茅斯学院，布朗大学，埃莫瑞大学，莱斯大学，佛吉尼亚大学，南加州大学，纽约大学，里海大学，伊利诺大学，伦斯勒里学院，乔治华盛顿大学，波士顿大学，印第安纳大学，科罗拉多大学，美国大学，东北大学。

147. St. Paul's School（圣保罗学校）☆★

网　址： www.sps.edu
所在州： 新罕布什尔州（New Hampshire）
地　址： 325 Pleasant Street Concord, NH03301-2591
招生范围： 九至十二年级
学生人数： 536 人

教　师： 106 人（硕士 63 人，博士 13 人）

入学要求： SSAT 成绩，学校成绩单，教师推荐信，面谈。

2018 学费： US$56,460（外国学生寄宿部）

学校简介： 这是一所全国知名的私立学校，建校于 1856 年，是美国人心目中的常春藤名牌学校。有些初中寄宿学校就以培养学生考进圣保罗及其它常春藤名牌高中为目标。学校很尊重学生的个人天分、个人自由和责任、对知识的好奇心（求知欲）和为公众服务的精神。学校以课程设置合理和设施先进而知名。其突出之处在于学生可以自由选课。该校是教会学校，所以宗教教育也是其课程的一部分。学校还相信教育是人生一辈子的主要任务，其意义远远超出课堂教学本身。为此，开设专题讲座，请学生或社会人士演讲，开办公共服务、学生社团及运动队等。

运动队： 滑冰队，篮球队，足球队，曲棍球队，英式足球队，棒球队，网球队，排球队，垒球队，冰球队，田径队，越野队。

社　团： 经典电影社，国际象棋社，辩论队，德语社，书籍社，中国文化社，学生文化中心，运动联盟。

大学去向： 哈佛大学，普林斯顿大学，耶鲁大学，麻省理工大学，斯坦福大学，宾夕法尼亚大学，哥伦比亚大学，芝加哥大学，杜克大学，达特茅斯学院，西北大学，华盛顿大学，约翰霍普金斯大学，康奈尔大学，布朗大学，埃莫瑞大学，莱斯大学，范德比尔特大学，圣母大学，里海大学。

148. Tilton School（提尔顿学校）*

网　　址： www.tiltonschool.org
所在州： 新罕布什尔州(New Hampshire)
地　　址： 30 School Street Tilton，NH03276
招生范围： 九至十二年级
学生人数： 257 人
教　　师： 52 人(硕士 1/3 人)
入学要求： SSAT 或托福成绩，学校成绩单，教师推荐信，面谈。
2018 学费： US$58,925(外国学生寄宿部）

学校简介： 这是一所规模不大的私立学校，以升大学为导向。课程设置以学生今后在大学、日常生活都能成功并服务于社会为宗旨。学校鼓励学生根据自己的长处，逐步建立起自尊，培养个性和领导才能。该校独特的五项加强计划能确保学生积极参与运动队、艺术和领导才能培训、小区服务和户外活动。学校的重要设施包括运动和娱乐中心、创作艺术中心、汉米尔顿戏院、图书馆、花 2,000 万美元兴建的麦摩伦田径场和冰球场。

课程设置： AP 课程：美国历史，统计学，物理 B，欧洲历史，英国文学，英语和作文，化学，西班牙语和作文，化学，法语和文化，微积分 AB，微积分 BC，生物学。

运动队： 越野队，高尔夫球队，垒球队，滑板队，曲棍球队，滑冰队，篮球队，冰球队，足球队，英式足球队，网球队。

社　　团： 新闻报社，辩论队，玩具蛇，舞台乐队，宿管部。

大学去向： 波士顿学院，哥伦比亚大学，哈佛大学，詹姆斯大学，自由大学，霍斯查大学。

149. The White Mountain School（白山学校）*

网　　址：www.whitemountain.org
所 在 州：新罕布什尔州（New Hampshire）
地　　址：371 West Farm Road Bethlehem, NH03574
招生范围：九至十二年级
学生人数：87 人
教　　师：30 人
入学要求：教师推荐信，面谈。
2018 学费：US$59,350（外国学生寄宿部）

学校简介：这是一所建校于 1886 年，具悠久历史的小型私立寄宿高中，因为临近白山风景区，所以学校以小学校、大野外著名。课程设置以大学预备为导向，很注重带挑战性的学科、制作艺术、小区服务、户外考察和体育运动的平衡发展。学校采用小班教学，学生能够得到充分的关注和日常的课程指导，大学辅导员也能为学生升大学提供足够的帮助。课外活动包括远足、划船、攀岩、攀冰、爬山、足球、长曲棍球、网球、戏剧、舞蹈、雪地滑板、滑雪等项目。学校还开设英语为第二语言课程（ESL）和大学预科班。

课程设置：AP 课程：英国文学，环境科学，人类地理学，西班牙语和文化，法语和文化，微积分 AB，微积分 BC。

运动队：山地自行车队，曲棍球队，滑冰队，英式足球队，滑板队，花样溜冰队，越野队。

社　团：音乐社，摄影社，电影社，环境科学社，攀岩社，学生会，年刊。

大学去向：巴德学院，波士顿学院，芝加哥大学，印第安纳大学，加州大学，史密斯学院，圣迈克学院，老佛爷学院。

150. Wolfeboro Camp School（沃夫营学校）*

网　　址：www.wolfeboro.org
所在州：新罕布什尔州(New Hampshire)
地　　址：93 Camp School Road, Wolfeboro, NH03894
招生范围：七至十二年级
学生人数：190人
教　　师：46人
入学要求：成绩单，面谈。
2018学费：US$14,550（外国学生住宿部）
学校简介：这是一所建校于1910年，已有近百年历史的私立夏季中学，只设置夏令营，无全年学校。招收从七年级至十二年级的学生。学校设计了一个六周半的个别课程项目，该项目强调学习技巧、组织能力、学有所成习积极性、信心和自尊。学生在该计划期间主修英语、文法、写作、词汇、阅读、数学、科学、地理和外语，主要以学习和预习为主。学校的超小班人小数只有3~5人。学生来自症状国各州及其它国家。课外活动全部由教师督导，设置有田径、水上运动、创作艺术、健身、旅行，或在白山公园野营等项目。学校还开设英语为第二语言课程（ESL）、为患注意力缺失症及有学习障碍的学生而设的特殊教育班和暑期学校。
运动队：网球队，篮球队，冲浪队，垒球队，棒球队，越野队，曲棍球队，英式足球队，游泳队，排球队。
社　　团：舞蹈队，排球社，艺术工作坊，垒球社，篮球社，足球社。
大学去向：乔治城大学，纽约大学，圣马克大学，圣约翰大学，圣玛格丽特大学。

151. Blair Academy（布列尔书院）

网址：www.blair.edu
所在州：新泽西州（New Jersey）
地　　址：2 Park Street, P.O.Box 600 Blairstown, NJ07825
招生范围：九至十二年级
学生人数：458 人
教　　师：54 人（硕士 20 人，博士 2 人）
入学要求：三封教师推荐信（英文、数学、新朋友），学校成绩单，面谈，托福和 SSAT 考试成绩，发 1-20 表。
2018 学费：US$57,900（外国学生寄宿部）
学校简介：这是一所中等规模的私立寄宿学校，建校于 1848 年，已有 153 年历史。课程设置严谨且对学生有较高的要求，有 17 个大学先修课程，且各科有荣誉课。学生毕业后进入名校的几率很高。采用小班教学，每班学生 12 人，学生可得到足够的指导和帮助。学校每年提供 180 万美元帮助有经济需要的学生。学校的互联网已装设到每一个宿舍。
课程设置：AP 课程：微积分 AB，微积分 BC，欧洲历史，乐理，化学，中文和文化，微观经济学，法语和文化，环境科学，生物学，西班牙语和文化，计算机科学 A，计算机科学 AB，英语和文化，世界历史，拉丁语，艺术工作坊，统计学，物理 C，美国历史，英国文学，比较政府与正在，艺术史。
运动队：游泳队，垒球队，游泳队，田径队，曲棍球队，足球队，高尔夫球队，排球队，网球队，英式足球队，篮球队，滑冰队，越野队。
社　团：模特社，数学组，学生会，戏剧与表演，年刊，影视制作，爵士社，舞蹈队。
大学去向：哈佛大学，普林斯顿大学，耶鲁大学，芝加哥大学，宾夕法尼亚大学，杜克大学，布朗大学，华盛顿大学，约翰霍普金斯大学，纽约大学，莱斯大学，艾莫瑞大学，乔治城大学，密歇根大学，维克森林大学，佛吉尼亚大学。

152. The Hun School（汉学校）*

网　址：www.hunschool.org
所在州：新泽西州（New Jersey）
地　址：176 Edgerstoune Road Princeton, NJ08540
招生范围：九至十二年级
学生人数：614 人

教　师：79 人（硕士 53 人，博士 4 人）
入学要求：教师推荐信，学校成绩单，面谈，托福和 SSAT 成绩。
2018 学费：US$56,700（外国学生寄宿部）
学校简介：汉学校是一所中型的传统大学预备中学，建校于 1914 年。寄宿部招收九年级至大学预科班的学生，日间部则从门年级起开始招生。传统的课程设置能使学生打好文化和荣誉课程。教师很注重帮助学生建立自尊，发扬优点，并给予学生较高但可承受的期望。学校安排的各项活动都是作为补充课程，以刺激学生的批判性思维和分析，并激发学生的求知欲。学校同时安排有众多的周末活动，并有完善的学生顾问服务，这成了该校寄宿生活的一个特色。
课程设置：AP 课程：艺术史，微积分 AB/BC，计算机科学 A，欧洲历史，环境科学，法语和文化，物理 B，西班牙文学，西班牙语和文化，化学，英国文学，生物学，美国历史，心理学，统计学。
运动队：田径队，游泳队，英式足球队，冰球队，越野队，篮球队，棒球队，足球队，曲棍球队，垒球队，网球队。
社　团：钓鱼社，电视台社，模特社，国际象棋社，法语社，滑冰社，学生会，写作辅导社。
大学去向：普林斯顿大学，哥伦比亚大学，杜克大学，达特茅斯学院，西北大学，华盛顿大学，约翰霍普金斯大学，康奈尔大学，埃莫瑞大学，圣母大学，南加州大学，密歇根大学，塔釜茨大学，布兰代斯大学，纽约大学，波士顿学院，东北大学，匹兹堡大学，福德木大学卡尔顿学院。

153. Lawrenceville School（罗伦斯维尔学校）☆★

网　　址：www.lawrenceville.org

所在州：新泽西州（New Jersey）

地　　址：2500 Main StreetLawrenceville, NJ08648

招生范围：九至十二年级

学生人数：816人

教　　师：148人(硕士93人，博士17人)

入学要求：托福和SSAT考试成绩，校友面试或者两封推荐信（信中必须有申请者英文读写能力的评价）。

2018学费：US$59,860（外国学生寄宿部）

学校简介：这是一所规模较大的私立寄宿学校。建校于1810年，最初是单性别学校，随着社会变革及大众的呼求，1987年以后改为男女合校。该校强调教育不但是为了大学作预备，而且要教育学生使其成为社会上积极并有思想的成员。罗伦斯维尔的最大特色是学生分组体系和课室采用会议圆桌，这可确保每个学生都有同样充分的机会接受教育。教学效果可与小型的强调个别教学的学校媲美。

AP课程设置：计算机科学，西班牙语，西班牙文学，统计学，环境科学，艺术坊，英语，欧洲历史，英国文学，英语，物理学，美国历史，世界历史，艺术史，法语，法国文学，拉丁语，拉丁文学，生物学，微积分，化学，比较政府与政治，宏观经济学。

运动队：高尔夫球队，排球队，游泳队，篮球队，棒球队，英式足球队，越野队，冰球队，田径队，水球队，马术队。

社　　团：辩论社，话剧社，交响乐队，合唱队，艺术社，历史社，宗教社，科学社，语言社，哲学社。

大学去向：哈佛大学，普林斯顿大学，耶鲁大学，麻省理工学院，哥伦比亚大学，宾夕法尼亚大学，直接各大学，斯坦福大学，达特茅斯学院，杜克大学，华盛顿大学，约翰霍普金斯大学，康奈尔大学，西北大学，布朗大学，南极洲大学，乔治城大学，圣母大学。

154. The Peddie School（帕帝学校）*

网　　址：www.peddie.org
所在州：新泽西州（New Jersey）
地　　址：201 South Main Street, Highstown, NJ08520-3349
招生范围：九至十二年级
学生人数：548 人
教　　师：72 人（硕士 46 人，博士 3 人）
入学要求：ISSEE、SLAT 考试成绩，SAT 需达到大学入学学术性向考试水平，原校成绩，教师推荐信，面试。
2018 学费：US$56,100（外国学生寄宿部）
学校简介：建校于 1864 年的私立中学，其学校风格是传统和革新的融合。要示学生勇于提问，寻求论据及有效地交流见解。课程设置带挑战性，有 10 门大学先修课且各科有荣誉课，教师可随时提供指导和帮助。学校的先进技术吸引了众多外校教育工作者的到访。它包括校园内的计算机网络、电子邮递、全频道互联网、学校图书馆及普林斯顿大学图书馆方便学生查阅。每个学生都会有一部手提电脑。
课程设置：AP 课程：西班牙语和文化，统计学，艺术工作坊，拉丁语，乐理，心理学，美国政府与政治，美国历史，中文与文化，化学，微积分 AB，微积分 BC，法语和文化，英国文学，生物学，艺术史，环境科学，欧洲历史。
运动队：棒球队，游泳队，田径队，英式足球队，高尔夫球队，篮球队，越野队，足球队，曲棍球队，垒球队，网球队。
社　　团：辩论队，爵士队，拉丁社，学生组织，模特社，法语社，环境科学社，戏剧社，国际学生组织，数学组，企业家社。
大学去向：哈佛大学，普林斯顿大学，耶鲁大学，斯坦福大学，宾夕法尼亚大学，哥伦比亚大学，芝加哥大学，杜克大学，达特茅斯学院，西北大学，华盛顿大学，约翰霍普金斯大学，康奈尔大学，布朗大学，埃莫瑞大学，莱斯大学，范德比尔特大学，圣母大学，加州大学伯克利分校，圣母大学，佛吉尼亚大学，南加州大学，密歇根大学。

155. The Pennington School（潘宁顿学校）*

网　　址：www.pennington.org
所在州：新泽西州（New Jersey）
地　　址：112 West Delaware Avenue Pennington, NJ08535
招生范围：八至十二年级
学生人数：488 人
教　　师：82 人（硕士 38 人，博士 4 人）
入学要求：SSAT 考试，成绩单，面试，教师推荐信。
2018 学费：US$53,950（外国学生寄宿部）
SAT 成绩：1,700（大学入学学术性向考试水平）

学校简介：这是一所中型的初高中合校的私立学校，建校于 1838 年。寄宿部招收七年级至十二年级学生，日间部招收六年级至十二年级的学生。学校强调发掘学生的个人长处和发展个人才能。课程设置较宽广灵活，符合不同学生的不同需求，既有较高水平的大学先修课和荣誉班，也为进度较慢的学生开设实习课。

课程设置：AP 课程：艺术史，美国历史，拉丁语，美国政府与政治，欧洲历史，生物学，法语和文化，宏观经济学，乐理，物理 B，西班牙语和文化，化学，统计学，英国文学，英语和作文，微积分 AB，微积分 BC，德语和文化。

运动队：冰球队，田径队，游泳队，英式足球队，越野队，篮球队，高尔夫球队，曲棍球队，垒球队，网球队，水球队，棒球队。

社　　团：国际象棋社，法语社，德语社，历史社，数学组，模特社，新闻报社，西班牙语社，舞台表演，技术社，爵士社，环境科学社。

大学去向：哈佛大学，普林斯顿大学，耶鲁大学，宾夕法尼亚大学，哥伦比亚大学，芝加哥大学，杜克大学，达特茅斯学院，约翰霍普金斯大学，康奈尔大学，埃莫瑞大学，莱斯大学，威廉玛丽学院，纽约大学，宾州州立大学，波士顿大学，科罗拉多大学，美国大学，密歇根大学。

156. The Purnell School （潘乃尔学校） *

网　址：www.purnell.org
所在州：新泽西州（New Jersey）
地　址：51 Pottersville Road Pottersville, NJ07979
招生范围：九至十二年级
学生人数：100人
教　师：27人（硕士11人）

入学要求：SWISC面谈，托福考试成绩，教师推荐信，原学校成绩单。

2018学费：US$57,835（外国学生寄宿部）

学校简介：这是一所小型的私立女子学校，建校于1963年。办学宗旨是争取高标准的荣誉和完整性。学生通过学习，获得自我发现和杰出的成应酬。学校致力于培养学生做决定的能力、主动性和自主性，尽量创造出宽宏而有活力的学习环境。课程设计注重于跨学科教学理论，使学科之间能融会贯通。学校采小班制教学，每班人数只有9人。学校的其它课程还包括有密集训练的制作艺术和表演艺术，参与比赛或非比赛体育运动队，海外学习课程等。曾任新泽西州州长是该州第一位女州长，到该校造访并发表演讲，激励学生积极上进。

运动队：篮球队，垒球队，英式足球队，网球队，瑜伽队，长曲棍球队，垒球队，骑马队。

社　团：环保社，马术社，中文交流社，时尚设计社，学生会，电影社，音乐社，唱诗班，爵士舞俱乐部，钢琴社，吉他社。

大学去向：波士顿学院，加州大学洛杉矶分校，科罗拉多大学，费城大学，奥尔布赖特学院，卡耐基梅隆大学，凯尼恩学院，雷克福瑞斯特学院，密西西比州立大学，视觉艺术学院，华格那学院，海波因特大学，默兰伯格学院。

157.New Mexico Military Institute（新墨西哥军事学院）

网　址：www.nmmi.edu
所在州：新墨西哥州(New Mexico)
地　址：101 W. College Bivd Rosewell, NM88201
招生范围：九至十二年级
学生人数：962 人

教　师：70 人(硕士 58 人，博士 12 人)
入学要求：托福成绩，学校成绩单（2.5 平均分），学校入学考试，行为记录（必须无不良记录），面试。
2018 学费：US$22,858(外国学生寄宿部)
学校简介：这是一所建校于 1891 年，具有一百多年历史的大学和高中合校的军事学校，是为高等军事学院输送人才的最好寄宿学校。该校的办学方针是致力于训练学生自信心、纪律性和领导才能。学校的师资充足，学生和教师比例为 8：1。培养学生的目标是使每一个学生都能注重脑力、身体及精神平衡，以耕农到学生在学科、公共服务和个体的全面发展。学校开设有暑期班。
该校有 87%的学生读完大学毕业后获得学位。虽然是军事学院，但并不一定要学生毕业后当兵参军。
学校拥有先进的计算机中心、图书馆、高尔夫球场。
运动队：网球队，英式足球队，高尔夫球队，排球队，棒球队，足球队，游泳队，田径队，越野队。
社　团：国际象棋俱乐部，合唱团，戏剧社，爵士乐队，信息技术社，墨西哥俱乐部，公共演讲及辩论社，瑜伽俱乐部，杂志社，滑冰俱乐部。
大学去向：亚利桑那州立大学，贝勒大学，科罗拉多州立大学，新墨西哥州立大学，圣地亚哥州立大学。

158. Darrow School（达罗学校）☆

网址：www.darrowschool.org
所在州：纽约州（New York State)
地　址：110 Darrow Road New Leanon，NY12125
招生范围：九至十二年级
学生人数：122 人

教　师：24 人（硕士 8 人）

入学要求：原校成绩，教师推荐信，面试。

2018 学费：US$57,180（外国学生寄宿部）

学校简介：这是一所大学预备私立中学，建校于 1932 年。学科设置强调动手能力，通过动手实践加深对知识理解以及培养学生独立的学习能力。师资充足，学生与教师比例是 4：1，采用小班教学，建立顾问与学生的互勉体系，辅导课和一对一的补习课可确保高质量教育。学校新近落成的山姆逊环境中心，成为学校的重要标志，新设置的通联网络使课室和科学实验室相联。学校另外还开设英语为第二语言课程（ESL）、大学预科及为患注意力缺失症和有学习障碍的学生而设的特殊教育班。

运动队：垒球队，网球队，英式足球队，马术队，篮球队，滑冰队，棒球队，越野队，滑板队。

社　团：电影社，音乐社，学生会，户外教育社，滑冰及滑板社，摄影小组，文艺杂志小组，美食委员会，击剑社，剪报小组，木艺小组，唱诗班，侦探小组。

大学去向：波士顿大学，巴德学院，乔治华盛顿大学，宾州州立大学，圣爱德华大学，圣约翰大学，加州大学，科罗拉多大学，华盛顿大学。

159. Emma Willard School（埃玛威莱特学校）

网　　址：www.emmawillard.org
所在州：纽约州（New York State）
地　　址：285 Pawling Avenue, Troy, NY12180
招生范围：九至十二年级

学生人数：286 人

教　　师：51 人（硕士 37 人，博士 3 人）

入学要求：SSAT 和托福成绩，SAT 成绩。

2018 学费：US$59,990（外国学生寄宿部）

学校简介：这是一所建校于 1814 年，有近二百年历史的私立女子学校，学校二百多年来享有很好的声誉。学校的招生对象是有能力、有天分，对学校严格教学有足够承受力、热情的女学生。课程设置以升大学为导向，除基础课程外，还有 13 门 AP 课程。采用小班、圆桌型教学方法。学生毕业率 100%，80%的学生美国大学先修课可取得 4 分或 5 分（5 分为满分），历史、生物满分率 60%。学校的体育运动队非常具有竞争性，舞蹈课，管弦乐、视觉和表演艺术课程也成为学校的重要课程。学校设备先进的科学中心在 1996 年启用，海伦水族馆、比赛规格泳池和现代设备的健身房则在 1998 年启用。

课程设置：AP 课程：物理 B，物理 C，微观经济学，宏观经济学，英国文学，英语和作文，中文与文化，化学，统计学，西班牙语和文化，拉丁文学，拉丁语，法语和文化，欧洲历史，计算机科学 AB，计算机科学 A，微积分 AB，微积分 BC，生物学艺术史。

运动队：排球、垒球队，曲棍球队，网球队，越野队，英式足球队，游泳队，田径队，篮球队。

社　　团：写作辅导社，滑冰社，演讲辩论社，模特社，科学社，文学杂志社，爵士乐队。

大学去向：耶鲁大学，麻省理工学院，达特茅斯学院，西北大学，约翰霍普金斯大学，康奈尔大学，布朗大学，纽约大学，塔釜茨大学，波士顿大学，波士顿学院，美国大学。

160. The Gow School（格奥学校）

网　址： www.gow.org
所在州： 纽约州(New York State)
地　址： 2491 Emery RoadSouth Wales, NY14139
招生范围： 七至十二年级
学生人数： 151人
入学要求： 特殊教育测试，面试
2018学费： US$64,000(外国学生寄宿部)

学校简介： 建校于1926年，由格奥先生创办，他的办校理念是用更好的教学方法来帮助学业上不够成功的学生。学校专门招收被医生诊断为有阅读障碍或其它语言障碍的男学生，但这些学生的成绩必须达到平均水平或超出平均水平，并没有行为和情绪问题。学校采用超小班教学，每班学生5人，每个学生都能得到充分的个别指导。课程设置除基本课程外，还注重于写作和数学的纠正治疗课。该校入读大学率为100%，有些甚至可以进入康乃尔等常春藤大学。

课程设置： AP课程：微积分。

运动队： 越野队，曲棍球队，排球队，网球队，英式足球队，高尔夫球队，篮球队，马术队，滑板队，滑冰队。

社　团： 国际象棋社，高尔夫俱乐部，户外活动社。

大学去向： 波士顿大学，波士顿学院，迈阿密大学，宾州州立大学，史密斯学院，南加州大学。

161. Hackley School(哈克莱学校)*

网　址:www.hackleyschool.org
所在州:纽约州(New York State)
地　址:293 Benedict Avenue, Tarrytown, NY10591
招生范围:K至十二年级
学生人数:784人(男生398人,女生386人)(住宿部32人,日间部752人)
教　师:80人
入学要求:ISEET成绩或SSAT成绩,原校成绩单,教师推荐信,面试。
2018学费:US$57,625(外国学生寄宿部)
学校简介:该校建于1899年,是规模不大的私立学校。从幼儿园到高中十二年级,主要招收日间部学生和少数五天寄宿生,五天寄宿部从八年级开始招生。课程以大学预备为主,设置严谨,学校要求严格。学生要认真对待每一堂课及家庭作业。学校有特定的指引为准则及纪律要求,与此同时,学校也并没有忽略学生的个性发展。学生毕业后可进入常春藤盟校和其它高知名度大学。从1998年到2001年,考取人数最多的是学校包括哈佛、耶鲁、康乃尔、宾大、波士顿大学、阿姆赫斯特、霍普金斯等名校。学校的重要设施有一座获奖的图书馆、表演艺术中心、计算器中心、网球场、摄影、艺术和陶瓷作坊、篮球场和室内泳池。
课程设置:AP课程:拉丁文学,西班牙语和文化,西班牙文学,统计学,发源于和文,环境科学,计算机科学A,微积分AB,微积分BC,生物学。
运动队:排球队,英式足球队,越野队,篮球队,马术队,滑板队,滑冰队,网球队。
社　团:高尔夫俱乐部,户外活动社,舞蹈队,国际象棋社,健身社。
大学去向:波士顿学院,布朗大学,哥伦比亚大学,乔治城大学,乔治华盛顿大学,哈佛大学,耶鲁大学,宾夕法尼亚大学,纽约大学。

162. The Harvey School（哈维学校）

网址：www.harveyschool.org
所在州：纽约州（New York State）
地　址：260 Jay Street, Katonah, NY10536
招生范围：六至十二年级
学生人数：336 人

教　师：40 人
2018 学费：US$38,900（寄宿六至八年级）
学校简介：这是一所中等规模的大学预备中学，建校于 1916 年，1959 年将校址迁至现在的位置。学校招收六至十二年级的学生，大部分上日间部，少数上寄宿部，但只有五天寄宿闻。学校注重学生的学业和体能、社交和伦理的平衡发展，强调自尊、自律和与他人交往的能力。学生在该校成功的原因是教师在课堂外都能根据学生的需求而给予个别指导和帮助。学校采用小班教学以利于学生在学业上取得成就和成长，每班学生 10～12 人。学校的先进技术设施也是课堂教学确有成效的因素。学校开设大学先修课和荣誉课给课业超前的学生进修。学校的现代联合国项目得到全国的嘉奖，各运动队也具有相当的竞争性。
课程设置：AP 课程：艺术史，英语和作文，英国文学，物理 B，统计学，欧洲历史，化学，微积分 AB，微积分 BC，生物学，微观经济学。
运动队：篮球队，马术队，曲棍球队，排球队，英式足球队，越野队，滑板队，网球队，滑冰队。
社　团：舞蹈队，模特社，国际象棋社，健身社，高尔夫俱乐部，户外活动社，滑板队。
大学去向：美国大学，波士顿大学，曼哈顿学院，纽约州立大学，詹姆斯麦迪逊大学，加州大学。

163. Hoosac School（胡萨克学校）*

网　　址：www.hoosac.org
所在州：纽约州(New York State)
地　　址：14 Pine Valley Road, Hoosick, NY12089
招生范围：八至十二年级
学生人数：130 人
教　　师：20 人
入学要求：成绩单，教师推荐信，面谈
2018 学费：US$52,000（外国学生寄宿部）

学校简介：这是一所小型的私立寄宿学校，建校于 1889 年，招收八年级至十二年级的学生，也开有大学预科班。该校于学生互动紧密，高度个人化的教学特色，可以保证学生得到个别的注意及根据学生个人特色施教。课程设置以升大学为目的，除了基本的大学预备课程外，还开设大学先修课。学校师资充足，学生与教师的比例是 5：1。学校的结构及非常积极的学生辅导会对国外的学生有很大的帮助。学校的重要设施包括科技实验室，内含室内泳池的体育中心、天文台和艺术中心。该校的运动队阵容强大，尤其是冰球、足球和长曲棍球等队。其它课外活动还有野营、登山自行车、滑雪和滑板滑雪等项目。

课程设置：AP 课程：英语和作文，美国历史，微积分 AB，艺术史
运动队：篮球队，足球队，棒球队，高尔夫球队，网球队，田径队，曲棍球队，冰球队
社　　团：钓鱼俱乐部，合唱社，汽车俱乐部，文学杂志社，莎士比亚社，戏剧社，年刊
大学去向：美国大学，巴特学院，波士顿学院，卡尔顿学院，艾莫尔大学，曼哈顿学院

164. The Kildonan School（奇多南学校）

网　　址：www.kildonan.org
所在州：纽约州(New York State)
地　　址：425 Morse Hill Road, Amenia, NY12501
招生范围：七至十二年级
学生人数：79人
教　　师：55人(硕士3人，博士2人)
入学要求：阅读困难诊断证明，智力测试100分以上，韦斯利智力测试或尬智力测试，原样成绩单，面谈
2018学费：US$70,000(外国学生寄宿部)
学校简介：这是一所专门招生有阅读和写作障碍学生的特殊教育私立学校，建校于1969年。学生在此修读一般的传统课程，采用小班教学，在一对一的辅导过程中发展学生的学习技巧。学生必须参加由教师督导的晚自修课，所有的教师都通过奥顿格苓汉教育法的严格训练。学校非常强调制作艺术的重要性，每个学生都被要求参加校际运动队或个别运动。学校也开设大学预科班，五天宿宿部，为患注意力缺失症及有学习障碍的学生而设的特殊教育班和暑期学校。
运动队：网球队，曲棍球队，滑板队，马术队，花式滑冰队，山地自行车队，英式足球队，篮球队。
社　　团：骑马社，项目组，滑雪滑板项目，学生会音乐社，艺术社，电影社。
大学去向：科罗拉多大学，艾菲尔大学，埃莫森大学，美国大学，亚当州立大学。

165. Maplebrook School（枫树溪学校）*

网　　址：www.maplebrookschool.org
所在州：纽约州(New York State)
地　　址：5142 Route 22 Amenia, NY12501
招生范围：11～18 年级
学生人数：114 人
教　　师：30 人(硕士 11 人)
入学要求：各项智力，学习能力测试结果，学校成绩单，面谈。
2018 学费：US$64,500(外国学生寄宿部)

学校简介：这是一所特殊教育专门学校，建校于 1945 年，招收有学习障碍、注意力缺失及认知能力较低的学生，每年只收 25 名学生。学校采用小班教学，每班人数为 8 人，课堂个别辅导课都采用多感官教学技巧和学习方式。晚自修课程也高度配合教学及学生的需求。辅导教师计划提供给学生每周定期做一次心理辅导，以强化巩固学生所获得的适当社交技巧、自尊心和生活技巧。学校的重要设施包括体育馆、网球场、室内泳池、跑马场的、健身中心和学生活动中心。学校另外还开设英语为第二语言课程（ESL）、五天寄宿课程和暑期学校。

运动队：棒球队，篮球队，越野跑队，高尔夫球队，羽毛球队，摔跤队，皮划艇队，马术队，钓鱼队。

社　　团：自行车社，游泳社，健身社，潜水社，登山社，皮划艇社，举重社。

大学去向：威廉和玛丽学院，曼哈顿学院，乔治城大学。

166. The Masters School（名家学校）*

网　址：www.mastersny.org
所在州：纽约州(New York State)
地　址：49 Clinton Avenue
　　　　Dobbe Ferry, NY10522

招生范围：五至十二年级
学生人数：475 人
教师：73 人(硕士 5 人，博士 1 人)
入学要求：学校成绩单，推荐信，面谈。
2018 学费：US$62,500(外国学生寄宿部)

学校简介：这是一所大学预备私立中学，建校于 1970 年。日间部从五年级起开始招生，寄宿部招收九年级至十二年级的学生。该校共设 160 门课，其中 150 门为大学先修课。学校采用哈根尼斯的教学法，以确保每个学生都有均等的机会参与教学过程。各科有荣誉课，课堂使用便于学生充分参与研讨的椭圆形课桌，鼓励学生积极参与且有均等机会参与。

课程设置：AP 课程：化学，艺术工作坊，物理 C，英国文学，英语和作文，中文与文化，统计学，西班牙语和文化，西班牙文学，物理 B，乐理，拉丁文学，法语和作文，欧洲历史，化学，微积分 AB，微积分 BC，生物学，艺术史，美国历史。

运动队：棒球队，田径队，垒球队，曲棍球队，网球队，英式足球队，高尔夫球队，越野队，篮球队，排球队。

社　团：法语社，诗社，模特社，电影社，国际社，西班牙语社，学生活动中心，舞蹈社。

大学去向：哈佛大学，普林斯顿大学，耶鲁大学，加州理工大学，麻省理工大学，宾夕法尼亚大学，哥伦比亚大学，芝加哥大学，杜克大学，达特茅斯学院，西北大学，华盛顿大学，康奈尔大学，布朗大学，莱斯大学，济州大学伯克利分校，纽约大学，波士顿学院。

167. Millbrook School（磨坊溪学校）*

网　　址：www.millbrook.org
所在州：纽约州(New York State)
地　　址：131 Millbrook School Road, Millbrook, NY12546
招生范围：九至十二年级
学生人数：293人
教　师：80人
入学要求：成绩单，教师推荐信，SSAT成绩或托福考试，面谈。
2018学费：US$57,750（外国学生寄宿部）
学校简介：这是一所中型的大学预备学校，建校于1931年。学校秉承的教学宗旨是鼓励学生向学业、道德及体育全面发展，希望学生成为坚强、健康并关怀这个世界及周围环境的公民。学校招收九至十二年级学生，大多数寄宿。课程设置严谨并强调对他人及对自然世界的奉献精神。磨坊溪学校是唯一拥有两座用以观察和研究自然设施的学校，建有一座经美国动物协会认可并嘉许的运动园和一条森林之道。该校80,000平方英呎的磨坊体育中心于1996年建成，与新近落成的艺术中心是该校的重设施。学校的运动队具有较强的竞争力。
课程设置：AP课程：微积分AB，微积分BC，生物学，化学，数码记录，回话，摄影，物理，法语，油画，西班牙语，英语和作文，英国文学，法语和作文，西班牙语和作文。
运动队：越野队，冰球及马术队，网球及垒球队，曲棍球及高尔夫球队，篮球及棒球队
社　团：书籍社，环境科学社，宿管部，戏剧社，健身社，爵士社，新闻社，学生会，模特社，文学杂志社，登山社，骑车社，年刊。
大学去向：约翰霍普金斯大学，康奈尔大学，埃莫瑞大学，圣母大学，南加州大学，维克森林大学，纽约大学，威廉玛丽学院，波士顿学院，乔治亚理工大学，波士顿大学，乔治华盛顿大学，雪城大学，科罗拉多大学，特拉华大学。

168. New York Military Academy（纽约军事学校）*

网　址：www.nyma.org
所在州：纽约州（New York State）
地　址：78 Academy Ave. Cornwall on Hudson, NY12520
招生范围：七至十二年级

学生人数：120 人
教　师：40 人（硕士 17 人，博士 1 人）
入学要求：SSAT/OTIS-Lennon 或托福成绩，学校成绩单，教师推荐信，面谈。
2018 学费：US$41,210（外国学生寄宿部）
学校简介：这是一所要求严格的大学预备中学，建校于 1889 年，是小数获理陆军部最高排名奖和荣誉单位的军事学校。这些荣誉使学校能够直接向症状国的军事学院推荐学生。该校学生除了学不习带挑战性的大学预备课程外，还要接受严格的军事素质训练。学校注重营造课程系统良好的学习环境，包括开设大学先修课。采用小班教学，教职员平易近人，可参课后补习及校际和校内的体育运动比赛，学校注重通过军事化的训练发展学生的领导才能等。学校的军事训练项目还包括预备官导师制，仪仗队、操练队、荣誉警察队需掌握的技能及骑术和射击术。
课程设置：AP 课程：环境科学，世界历史，微积分 AB，化学，英语和作文，英国文学，物理 B，统计学，美国历史，生物学。
运动队：足球队，高尔夫球队，英式足球队，游泳队，排球队，田径队，曲棍球队，马术队，越野队，篮球队，棒球队，网球队。
社　团：乐队，冰球队，委员会，年刊，学生组织，户外活动。
大学去向：哈佛大学，宾州州立大学，纽约州立大学石溪分校，科罗拉多大学，霍斯佛大学，波士顿学院，佛罗里大学，拉菲也学院，杜克大学，曼哈顿学院，纽约大学，长岛大学。

169. North Country School（北国学校）*

网　　址： www.northcountryschool.org
所在州： 纽约州(New York State)
地　　址： 4382 Cascade Road,
Lake Placid, NY12946
招生范围： 四至九年级
学生人数： 90 人
教　　师： 28 人
入学要求： 学校成绩单，教师推荐信，韦斯利智力测试成绩，面谈。
2018 学费： US$63,500（外国学生寄宿部）
学校简介： 这是一所私立寄宿初中，建校于 1938 年，建校之初只招收 6 名学生，至今也坚持小规模办学的原则。招生对象是四年级至九年级的学习方式不同的高天分学生。学校注重动手实践的教学理论、户外教学和营造家庭式生活的气氛。学校有充足的师资，学生与教师的比例为 3∶1，为学生提供 24 小时的日常生活的学业的的照顾和帮助。学校将滑雪、爬山、野营、骑马、艺术和手工作为课程的一部分，以培养学生的自立能力及自尊心。九年级学生会有一个冬季学期离校选读一门外国文化课的机会，以加强他们的外语能力。
运动队： 滑冰队，英式足球队，篮球队，山地自行车队，滑板社。
社　　团： 艺术俱乐部，音乐社，学生会，电影社。
大学去向： 埃文老农场学校，布莱尔学院，伯克希尔学校，乔特罗斯玛丽，布鲁斯特学院，布鲁克斯学院，库欣学院，肯特学校。

170. Northwood School（北林学校）*

网　　址：www.northwoodschool.com
所在州：纽约州（New York State）
地　　址：92 Northwood Road, Lake Placid, NY12946

招生范围：九至十二年级
学生人数：181 人
教　　师：24 人（硕士 14 人）
入学要求：SSAT，面谈。
2018 学费：US$56,640（外国学生寄宿部）

学校简介：这是一所小型的寄宿学校，建校于 1905 年。该校的课程设计注重大学预备需求，要求每门课都达到其标准。有两门大学先修课，且各科有荣誉课。学校的独特环境造就学生对户外教育的钟爱。学校还安排学生积极参与小区服务和文化交流项目。学校的基本运动项目包括滑雪比赛、冰球、长曲棍球、足球、排球和排名在先的野外技术项目。该校曾产生过冰球、滑雪、野外技能国手。学校拥有两个室内网球场（Racpuetbal）、一个室内攀爬墙面、一个设备先进的健身中心，90%的宿舍是单人房。学校另外还开设英语为第二语言课程（ESL）、大学预科班、为患注意力缺失症及有学习障碍的学生而设的特殊教育课程。

课程设置：AP 课程：美国历史，法语和文化，美国历史，微积分 BC，统计学。

运动队：滑冰队，滑板队，网球队，曲棍球队，冰球队，英式足球队，花样滑冰对，攀岩队。

社　团：学生会，年刊，阅读社，新闻社。

大学去向：哈佛大学，普林斯顿大学，布朗大学，波士顿学院，伊利诺大学，宾州州立大学，普渡大学，艾姆赫斯特学院，斯基莫尔学院。

171. Oakwood Friends School（橡木之友学校）

网　址：www.oakwoodfriends.org

所在州：纽约州(New York State)

地　址：22 Spackenkill Road Poughkeepsie, NY12601

招生范围：六至十二年级

学生人数：180 人

教　师：160 人

入学要求：托福成绩或通过学校的英文程度测试，面试；如果托福成绩较低于，可先进入学校的美语学院进行密集性英语训练。

2018 学费：US$54,319（外国学生寄宿部）

学校简介：该校创建于 1858 年，已有近一个半世纪的历史。学校保极奎克教派的传统——忍耐、平等和对人的尊重。课程设置以大学预备课程为主，另设有各学科的大学先修课。教师除负责教学外，也负责在宿舍照顾指导学生的日常生活。学校采用小班教学，使学生易于获得个虽的指导，以学生为学习中心。大学辅导项目可使学生顺利进入志愿学校。学校鼓励学生参与小区活动和体育运动。学校的教学科学中心是学生学习的重要设施。学校的视觉和表演艺术也相当出名。该校开设大学预科班。

课程设置：AP 课程：生物学，微积分 AB，微积分 BC，化学，英国文学，统计学。

运动队：网球队，排球队，英式足球队，篮球队，垒球队，越野队，棒球队。

社　团：健身社，舞蹈队，国际象棋社，瑜伽社，学生会，模特社，国际学生俱乐部。

大学去向：埃莫瑞大学，加州大学洛杉矶分校，密歇根大学，波士顿学院，乔治亚理工，加州大学圣地亚哥分校，罗切斯特大学，威斯康星大学，华盛顿大学，宾州州立大学，德克萨斯大学，迈阿密大学，匹兹堡大学，雪城大学，印第安纳大学，美国大学，衣阿华大学，佛蒙特大学。

172. The Stony Brook School（石溪学校） *

网　　址：www.stonybrookschool.org
所在州：纽约州(New York State)
地　　址：1 Chapman Parkway，Stony Brook，NY11790
招生范围：七至十二年级
学生人数：351人
教　　师：48人(硕士21人，博士4人)

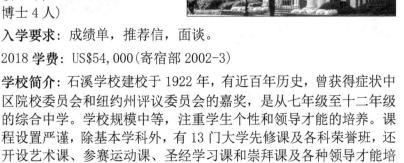

入学要求：成绩单，推荐信，面谈。
2018 **学费**：US$54,000(寄宿部2002-3)

学校简介：石溪学校建校于1922年，有近百年历史，曾获得症状中区院校委员会和纽约州评议委员会的嘉奖，是从七年级至十二年级的综合中学。学校规模中等，注重学生个性和领导才能的培养。课程设置严谨，除基本学科外，有13门大学先修课及各科荣誉班，还开设艺术课、参赛运动课、圣经学习课和崇拜课及各种领导才能培训课。学校开设13门大学先修课、自学课程及完整的动手实践课。学校开设强化英语为第二语言课程（ESL）。学校拥有22支运动队、戏剧艺术会社、国际俱乐部和基督徒同盟，其它课外活动有在纽约市旅游、野营、划独木舟及其它周末活动。

课程设置：AP课程：环境科学，法语，拉丁语，西班牙语，美国历史，物理B，艺术工作坊，英语，化学，统计学，心理学，欧洲历史，微积分AB，微积分BC，生物学。

运动队：足球队，田径队，帆船队，篮球队，排球队，网球队，英式足球队，越野队，高尔夫球队，棒球队。

社　　团：技术社，合唱社，数学组，宿管部，国际象棋社，年刊。

大学去向：哈佛大学，耶鲁大学，华盛顿大学，约翰霍普金斯大学，康奈尔大学，布朗大学，埃莫瑞大学，加州大学伯克利分校，乔治城大学，南加州大学，纽约大学，宾州州立大学，卫斯理学院，汉密尔顿学院。

173. Storm King School（史坦金学校）*

网　址：www.sks.org
所在州：纽约州(New York State)
地　址：314 Mountain Road Crnwall-on-Hudson, NY12520
招生范围：九至十二年级
学生人数：140人
教　师：30人(硕士16人，博士1人)

入学要求：成绩单，推荐信，面谈。

2018学费：US$58,900(外国学生寄宿部)

学校简介：这是一所建校于1867年的中小型大学预备学校，招收九年级至大学预科班的学生。学校注重营造以升学为主导的学习，气氛采用小班教学，每班10个学生。课程设置严谨，学校得到福特基金会的赞助，得以加强各项教育课程。学校成功培养来自全美19个州和19个其它国家的学生。学校的重要设施包括新建的美术中心、200个座位的表演艺术中心、学习中心、新建男宿舍、计算机中心和全校的互联网及电子邮箱。课外活动有计算机、戏剧、野外活动等，旨在锻炼学生的意志、体能和团体精神，运动队也着重于增强纪律性和团体精神。

课程设置：AP课程：统计学，计算机科学A，宏观经济学，英语和作文，心理学，物理B，艺术工作坊，艺术史。

运动队：篮球队，越野队，曲棍球队，垒球队，高尔夫球队，排球队，网球队，英式足球队。

社　团：健身社，电影社，攀岩社，环境科学社，学生会，年刊，滑板社。

大学去向：美国大学，巴特学院，波士顿大学，印第安纳大学，纽约大学，宾州州立大学，丹佛大学，华盛顿大学，纽约州州立大学，波兰州立大学。

174. St. Thomas Choir School（圣汤玛士学）

网　　址：www.choirschool.org

所在州：纽约州(New York State)

地　　址：202 W. 58th Street
New York, NY10019-1406

招生部负责人：Ms.Kate G. Weiser,
Director of Admission, Development and Alumni Affairs

招生范围：四至八年级

学生人数：41人(男生41人)

教　　师：25人(硕士5人，博士3人)

入学要求：成绩单，推荐信，面谈。

2018学费：US$13,000(外国学生寄宿部)

学校简介：这是美国唯一的圣公会寄宿初中男校，建校于1919年，招生四年级至八年级男生。该校拥有世界知名的诗歌合唱团，举办音乐会系列、年度巡回演出，与外界签订的演唱协约包括录音协约。学生在校要完成各项带挑战性的日常学科课程和体育运动课程。学校也举办校际比赛，并要求每个学生参与体育运动。该校的毕业生通常可进入美国最好的高中。入学学生需要有一定音乐天分，但不需要经过专业训练。学校提供奖学金给有需要的学生。学校也为患注意力缺失症和有学习障碍的学生开设特殊教育课程。

运动队：篮球队，英式足球队，垒球队，棒球队。

社　　团：钢琴社，合唱团，铜管乐队。

大学去向：巴德学院，乔治城大学，皇后学院，曼哈顿学院，纽约大学。

175. Trinity-Pawling School（千里达波玲学校）*

网　　址： www.trinitypawling.org
所在州： 纽约州(New York State)
地　　址： 700 Route 22, Pawling, NY12564
招生范围： 七至十二年级
学生人数： 325 人
教　　师： 60 人(硕士 65%)
入学要求： 成绩单，英语及数学教师推荐信，自传简历，标准入学考试。
2018 学费： US$58,200(外国学生寄宿部)
学校简介： 这是美国私立寄宿名校之一的传统大学预备学校。学校的办学方针是整体性、支持及鼓励。招收友善、有志气及具有多种能力和兴趣的学生。课程设置超前，在各门主科中都设有大学先修课，学校强调出色的学习成绩，给予学生充分支持。「努力体系」鼓励学生积极参与学校的每项活动。教师资源充足。学校新近建筑项目包括全面翻新学校的地标建筑库鲁亦大楼，新建的五个国际标准的橡皮球网球场以及铺设校园内的新科技设施。
课程设置： AP 课程：拉丁语，欧洲历史，统计学，化学，英语和文化，微观经济学，微积分 AB，微积分 BC，环境科学，乐理，物理 B，物理 C，美国历史，英国文学，法语和文化，计算机科学 A，生物学，艺术史。
运动队： 棒球队，高尔夫球对，曲棍球队，垒球队，网球队，篮球队，冰球队，英式足球队，田径队，足球队，越野队，马术队。
社　　团： 国际象棋俱乐部，音乐会俱乐部，极具社，爵士乐队，模特社，学生活动中心，学生会，环保社，乒乓球社。
大学去向： 波士顿学院，艾默里大学，纽约大学，普杜大学，波士顿大学，迈阿密大学，皇后学院，圣约翰大学。

176. The Asheville School（艾希维尔学校）

网址： www.ashevilleschool.org
所在州： 北卡罗来纳州（North Carolina）
地　址： 360 Asheville School Road, Asheville, NC28806
招生范围： 九至十二年级
学生人数： 285 人

教　师： 34 人(硕士 19 人，博士 2 人)

入学要求： SSAT，托福，成绩单，英文及数学教师推荐信，面谈。

2018 学费： US$54,900(外国学生寄宿部)

学校简介： 这是一所建校于 1900 年、已有 100 年历史的私立学校。学校有 11 门大学先修课程（AP），各科开设有荣誉课程。学校拥有杰出的老师与勤奋好学的学生，他们都勇于为出色的学业、个性培养和营造社会环境而献身。学校鼓励学生认真读书，注重交流和培养有效的学习习惯。每个在校学生都可有自己的房间和互联网装备。校开设的其它课程有大学预科班和暑期班课程。

课程设置： AP 课程：物理 B，物理 C，美国历史，统计学，法语和文化，化学，微积分 AB，微积分 BC，欧洲历史，乐理，西班牙语和文化，环境科学，生物学，英国文学。

运动队： 滑冰队，棒球队，英式足球队，攀岩队，山地自行车队，网球队，排球队，曲棍球队，越野队，篮球队，足球队，田径队，游泳队，滑板队，马术队。

社　团： 烹饪俱乐部，合唱团，学生会，年刊，环保社，文学杂志社。

大学去向： 哥伦比亚大学，杜克大学，华盛顿大学，加州大学伯克利分校，乔治城大学，佛吉尼亚大学，乔治亚理工学院，乔治华盛顿大学，密歇根州立大学，科罗拉多大学，维克森林大学，北卡罗来纳大学，卡尔顿学院。

177. Christ School（克里斯特学校）*

网　　址：www.christschool.org
所在州：北卡罗来纳州(North Carolina)
地　　址：500 Christ School Road，Arden.NC28704
招生范围：八至十二年级
学生人数：260人
教　　师：34人(硕士21人，博士2人)

入学要求：ISEE、SSAT、SAT、PSAT成绩，成绩单，英文教师、数学教师、学校辅导员推荐信各一封，面试或电话口试，发1-20表。
2018学费：US$49,995(外国学生寄宿部)
学校简介：这是在美国领先的私立男校，建校于1900年。课程设计以大学预备课为主，要求严格，每门主课都开设大学先修课。招收八年级至十二年级、成绩表现在中等和中等以上的学生。学校采小班教学，每班学生为10～12人，每个学生都能得到足够的指导和关注。学校师资雄厚，不少教师毕业于美国著名的常春藤盟校。学校的地理环境使其户外教育项目得到全国教育界的嘉许。该校的毕业生能进入全国顶尖的名校。学校的宗教课程可帮助学生增强自己的信念。学生来自全美15个州和5个不同的国家。学校还开设英语为第二语言课程（ESL）以帮助有需要的学生。
课程设置：AP课程：计算机科学，乐理，美国历史，英国文学，法语和文化，欧洲历史，微积分AB，微积分BC，英语和文化，西班牙语和文化，物理B，美国政府与政治，物理C，统计学，艺术史，拉丁语，生物学，环境科学，化学。
运动队：游泳队，足球队，篮球队，曲棍球队，田径队，高尔夫球队，英式足球队，网球队，越野队。
社　　团：BBQ俱乐部，袭击社，基督社，滑冰滑板社。
大学去向：南加洲大学，佛罗里达州立大学，密西西比大学，宾州州立大学。

178. Saint Mary's School（圣玛莉学校）

网　址：www.sms.edu
所在州：北卡罗来纳州（North Carolina）
地址：900 Hillsborough Street Raleigh, NC27603
招生范围：九至十二年级
学生人数：275 人

教　师：41 人（硕士 34 人，博士 6 人）

入学要求：SAT 或托福成绩，学校成绩单，教师及学校推荐信，经济来源证明。

2018 学费：US$50,400（外国学生寄宿部）

学校简介：该校建校于 1842 年，有超过一个半世纪的历史，招收对象是九至十二年级的女生。课程设计以大学预备课为主，有 4 门大学先修课，且有荣誉班。强调各学科的均衡发展，程度则从基本的九年级至大学先修课。学生采用小班教学，使学生都得到足够的照顾和指导，学生与教师的比例是 9∶1。一直以来，学生毕业后都能进入美国声誉很好的学院或大学。该校因为没有正式开设英语为第二语言课程（ESL），所以国际留学生要求较高的托福成绩，大致在 550 分以上。学校被录取后，学校会发给 I-20 表。

课程设置：AP 课程：微积分 AB，微积分 BC，法语和文化，物理 B，化学，统计学，英语和文化，计算机科学 A，计算机科学 AB，心理学，西班牙语和文化，环境科学，生物学，英国文学，美国政府与政治，美国历史，心理学。

运动队：越野队，游泳队，英式足球队，田径队，高尔夫球队，棒球队，曲棍球队，垒球队，网球队，排球队。

社　团：烹饪俱乐部，宿管部，法语社，戏剧社，食品社，图书馆管理社，科学研究社，视觉艺术社，学生会。

大学去向：阿勒格尼学院，阿巴拉契亚州立大学，奥本大学，贝茨学院，波士顿大学，鲍登学院，卡内基梅隆大学，克里斯托弗新港大学，杜克大学，丹尼森大学，查尔斯顿学院，科尔比学院，贝勒大学。

179. Salem Academy（沙林书院）

网　　址：www.salemacademy.com

所在州：北卡罗来纳州（North Carolina）

地　　址：500 East Salem Ave Winstone-Salem, NC27101

招生范围：九至十二年级

学生人数：213人

入学要求：申请学校表格，个人数据，一篇文章，原学校成绩单，SSAT成绩，英文及数学教师推荐信，面谈。

2018学费：US$46,200（外国学生寄宿部）

学校简介：这是一所中小型的大学预备女子学校，建校于1772年，1802年开设寄宿部，1866年开设大学部，1930年大学部与中学部分家。学校非常重视学生的学业、道德和社交等方面潜力的发展。课程设置严谨，设备完善，师资优良。学生在提前修完高中大学预备基础课后，便可在沙林学院选修大学课程。学校有名的美术课程让学生有机会发挥创作天分。每年一月份都让学生出国旅行作校外实习。学校的升大协助系统，每年都为哥伦比亚大学、杜克大学、普林斯顿大学和麻省理工等大学输送不少人才，升大率为100%。学校的大多数学生都参与至少一个体育运动队，学生可参加艺术、戏剧、音乐等社团活动，以发挥他们的新才能和培养他们的领导才能。

课程设置：AP课程：统计学，微积分AB，微积分BC，英国文学，微观经济学，宏观经济学，西班牙语和文化，美国历史，化学，世界历史，生物学，英语和文化。

运动队：排球队，田径队，游泳队，英式足球队，高尔夫球队，篮球队，马术队，网球队，越野队。

社　　团：文学杂志社，电影俱乐部，法语社，艺术社，拉丁俱乐部，模特社，写作社，学生会，音乐俱乐部，西班牙语社。

大学去向：巴顿学院，波士顿学院，波士顿大学，加州大学，杜克大学，佛罗里达南部学院，乔治华盛顿大学，纽约大学，俄亥俄州立大学，宾州州立大学，普杜大学，圣约翰大学。

180. The Andrews Osborne Academy School (安德森奥斯本中学) *

网　　址：www.andrewsosbrne.org

所在州：俄亥俄州(Ohio)

地　　址：38588 Mentor Avenue Willoughby, OH 44094

招生范围：七至十二年级

学生人数：348 人(女生 348 人)

教　　师：19 人(硕士 13 人)

入学要求：原学校成绩单，ISEE、SSAT 成绩，校长、英文及数学教师推荐信，面谈。

2018 学费：US$47,998(外国学生寄宿部)

学校简介：这是一所私立女子初中。该校建于 1910 年，招收七年级至十二年级的学生。课程涵盖很广，从基本课到大学先修课都有，每门课都有大学先修课。采用小班教学，使学生有充分、平等受教育的机会。该校学生大多来自于美国本土及墨西哥、亚洲和区洲各国。全校所有学生都配有计算机。学校的新设施包括每座宿舍都有设备先进的健身中心。骑术教学中心有全国知名的教练，一座全新天文台使学生有实地实验的机会。

课程设置：AP 课程：生物学，微积分 AB，微积分 BC，西班牙语和文化，英语和文化，英国文学，环境科学，欧洲历史，化学，美国历史，法国文学，物理 C/1/2，电学和磁学。

运动队：英式足球队，排球队，游泳队，马术队，篮球队，曲棍球队，垒球队，越野队，棒球队，网球队。

社　　团：艺术部，化学社，数学组，学生会，文学杂志社，戏剧社，手工社，户外活动组

大学去向：西北大学，约翰霍普金斯大学，康奈尔大学，圣母大学，卡耐基梅隆大学，加州大学洛杉矶分校，北卡罗来纳大学，维克森林大学，波士顿学院，乔治亚理工大学，罗切斯特大学，威斯康辛大学，宾州州立大学，迈阿密大学，波士顿大学，匹兹堡大学。

181. Gilmour Academy（基尔摩书院）*

网　　址：www.gilmour.org
所在州：俄亥俄州(Ohio)
地　　址：34001 Cedar Road Gates Mills, OH 44040-9356
招生范围：七至十二年级
学生人数：716人
教　　师：84人

入学要求：原校成绩单，ISEE 或 SSAT 或托福成绩，面谈。

2018学费：US$46,200(外国学生寄宿部)

学校简介：这是一所天主教大学预备私立学校，建校于1946，是美国著名大学诺楚德安（Notre Dame）大学的附中。学校强调学生应在学科、道德精神、社会和体能方面一起成长。课程设计非常具有挑战性，包括90分锺一堂课，课堂采用苏格拉底的研讨方式和对学生高标准要求。学生的成功之道在于他们在做专题论文项目时学会了批判性思维和解决难题的技巧。1999年毕业生进入的名校包括哈佛、乔治城、塔虎特、密西根及诺楚德安等大学。学校有十一座教学楼、一座溜冰场和家庭式的宿舍，另设有英语为第二语言课程（ESL）和五天寄宿部。

课程设置：AP课程：微积分AB，微积分BC，计算机科学A，计算机科学AB，欧洲历史，法国和文化，拉丁文学，西班牙语和文化，西班牙文学，艺术史，生物学。

运动队：越野队，足球队，高尔夫球队，网球队，英式足球队，排球队，篮球队，冰球队，游泳队，棒球队，曲棍球队，垒球队，田径队。

社　　团：吉他社，科学小组，钢琴社，合唱团，国际象棋俱乐部，滑冰社，学生会，演讲辩论社，辅导社，投资部，艺术部，音乐社，年刊，环保社，戏剧社，韩语社。

大学去向：布朗大学，耶鲁大学，卡耐基梅隆大学，芝加哥大学，哥伦比亚大学，康奈尔大学，达特茅斯大学，杜克大学，乔治城大学，约翰霍普金斯大学，麻省理工大学，宾夕法尼亚大学，普林斯顿大学，斯坦福大学，华盛顿大学，加州大学伯克利分校。

182. The Grand River Academy（大河书院）*

网　　址：www.grandriver.org
所在州：俄亥俄州(Ohio)
地　　址：3042 College Street
　　　　　Austinburg,OH 44010
招生范围：八至十二年级
学生人数：110人（男生110人）
教　　师：24人（不包括行政人员及辅助人员）

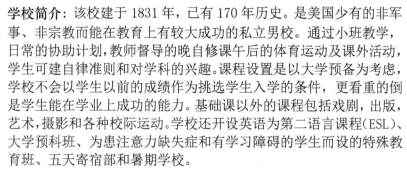

入学要求：原校成绩单，有托福成绩更好，推荐信，面谈。
2018学费：US$46,250（外国学生寄宿部）
学校简介：该校建于1831年，已有170年历史。是美国少有的非军事、非宗教而能在教育上有较大成功的私立男校。通过小班教学，日常的协助计划，教师督导的晚自修课午后的体育运动及课外活动，学生可建自律准则和对学科的兴趣。课程设置是以大学预备为考虑，学校不会以学生以前的成绩作为挑选学生入学的条件，更看重的倒是学生能在学业上成功的能力。基础课以外的课程包括戏剧，出版，艺术，摄影和各种校际运动。学校还开设英语为第二语言课程（ESL）、大学预科班、为患注意力缺失症和有学习障碍的学生而设的特殊教育班、五天寄宿部和暑期学校。

课程设置：AP课程：西班牙语，英国文学，美国政府与政治，物理B，微积分AB。

运动队：英式足球队，网球队，篮球队，越野队，游泳队，保龄球队，高尔夫球队，曲棍球队，棒球队。

社　团：吉他社，电影社，服务社，电脑设，自行车舍，摄影社，钓鱼社，游戏俱乐部，滑雪活动中心。

大学去向：伍斯特学院，联合山学院，宾州州立大学，西储大学，威登堡大学，梅西赫斯特学院，密歇根州立大学，纽约大学，俄亥俄州立大学，伊利诺大学，普杜大学，雪城大学，克拉克森大学，迈阿密大学。

183. Olney Friends School（奥尔尼之友学校）*

网　址：www.olneyfriends.org
所在州：俄亥俄州(Ohio)
地　址：61830 Sandy Ridge Road Barnesville, OH43713
招生范围：九至十二年级
学生人数：47人
教　师：29人(5人拥有硕士、博士学位，其它都是名校毕业生)

入学要求：学校成绩单，统考成绩，教师或学校推荐信，面谈
2018学费：US$33,887(外国学生寄宿部)
学校简介：这是一所由保守的奎格教派创建于1837年的小型私立学校，很重视宗教课程教学。学校秉持简朴、非暴力、无等级岐视、尊重别人、自觉的奎格教派的宗教理念，鼓励学生要有批判性和主动表达自己的意见，使学生更有效地与别人沟通并勇于负责任。学校的课程设置以大学预备为考虑，要求学生多参与动手实践，也要求来自不同背景的学生能关心周围的环境和自然资源。课程分为基础学科、社会实践、服务和宗教四个部分。学校还开设英语为第二语言课程（ESL）和五天寄宿部。
课程设置：AP课程：美国历史，微积分AB，物理B，西班牙语。
运动队：英式足球队，篮球队。
社　团：学生会，排球社，跑步社，农场组织，合唱团，瑜伽社，篮球社，足球社。
大学去向：布兰代斯大学，俄亥俄大学，西雅图大学，佩斯大学，里德大学，波士顿学院，波士顿艺术学院，艾伦大学，常青藤州立大学，大西洋学院，俄亥俄卫斯理大学，威尔森学院，维滕贝格学院，伊利诺州立大学。

184. Western Reserve Academy（西部预备书院）☆

网　址：www.wra.net
所在州：俄亥俄州(Ohio)
地　址：115 College Street Hudson, OH 44236
招生范围：九至十二年级
学生人数：404 人
教　师：70 人（硕士 43 人，博士 3 人）

入学要求：成绩单，SSAT、PSAT 成绩，教师推荐信，申请表格。

2018 学费：US$53,700（外国学生寄宿部 2002-3）

学校简介：这是一所中偏大型的私立寄宿学校，招收九年级至大学预科班的学生。学校建于 1826 年，历来都是美国较有名气的寄宿学校。近年来名气更为急升，2001 年被症状国权威杂志《美国新闻》评选为 20 所最好的寄宿学校之一，排名第十一位。学校的课程设置以升大学为考虑，但在基本课程之外，开设各科的大学先修课。

课程设置：AP 课程：欧洲历史，西班牙语和文化，统计学，宏观经济学，微观经济学，微积分 AB，微积分 BC，化学，美国历史，艺术史，比较政府与政治，拉丁语，英语和文化，法语和文化，德国和文化，中文与文化，生物学，物理 B。

运动队：越野队，冰球队，垒球队，跳水队，足球队，篮球队，排球队，网球队，棒球队，高尔夫球队，曲棍球队，英式足球队，游泳队，田径队。

社　团：时尚俱乐部，艺术俱乐部，国际象棋俱乐部，辩论社，法语社，投资社，爵士社，戏剧社，学生会，西班牙语俱乐部，瑜伽社。

大学去向：芝加哥大学，杜克大学，华盛顿大学，约翰霍普金斯大学，康奈尔大学，艾莫瑞大学，范德比尔特大学，维克森林大学，纽约大学，威廉玛丽学院，佛罗里达大学，迈阿密大学，乔治华盛顿大学，俄亥俄州大学，波士顿大学。

185. Orego Episcopal School（奥立根教区学校）*

网　　址：www.oes.edu
所 在 州：奥立根州（Oregon）
地　　址：6300 SW Nicol Road Portland，OR97223
招生范围：九至十二年级
学生人数：868人
教　　师：100人

入学要求：成绩单（成绩在B以上），托福成绩及教师推荐信，面谈。

2018学费：US$60,900（外国学生寄宿部）

学校简介：这是一所教会私校，但招收不同国籍、不同宗教信仰、不同观点、有各种才能的学生。学校乐于招收那些勇于面对挑战，能在严格的环境下成绩卓越，有天分和有学习动机的学生。原来成绩必须是A和B。学校的文科项目较强，科学课程也相当出色，学生的科研项目由当地的科学家亲自指导。到目前为止，学校已有数名学生获得了荣誉青少年诺贝尔奖的英特尔全国科学天才研究奖（前西屋奖）。

课程设置：AP课程：微积分AB，微积分BC，统计学，美国历史，西班牙语和文化，法语和文化，计算机科学A。

运动队：花样滑冰队，滑板队，篮球队，网球队，田径队，曲棍球队，越野队，排球队，英式足球队，高尔夫球队。

社　团：舞蹈队，报社，学生会，年刊，模特社，创意设计社。

大学去向：哈佛大学，耶鲁大学，加州理工大学，麻省理工大学，斯坦福大学，宾夕法尼亚大学，杜克大学，西北大学，华盛顿大学，约翰霍普金斯大学，康奈尔大学，布朗大学，艾莫瑞大学，莱斯大学，佛吉尼亚大学，纽约大学，波士顿学院。

186. Carson Long Military Institute（卡森隆军事学校）*

网　址：www.carsonlong.org
所在州：宾夕佛尼亚州(Pennsylvania)
地　址：200 North Carlisle Street,New Bloomfield，PA17068
招生范围：六至十二年级
学生人数：962 人（男生 962 人）
教　师：16 人（博士 3 人）
入学要求：身体检查，成绩单，推荐信，面谈。
2018 学费：US$42,000（外国学生寄宿部）

学校简介：这是一所采用军事训练方式培训坚强男性的私校。招收六年级至十二年级的学生，已有近 170 年的历史，享有声誉。学校不收有过不良记录如被捕、被开除、被控罪等的学生。办学方针是在体育、智育和德育几方面教育学生如何学习、劳作和生活，并且敢于公开发言。目标是创造有效率的环境，为大学和今后的生活做准备。课程设置仍是具挑战性的大学预备课，除基本课程外，还设有大学先修课和荣誉课，由教师督导的晚自习等。小班教学，每班人数 13 人，学生教师比例为 9∶1。

运动队：网球队，排球队，英式足球队，田径队，游泳队，足球队，越野队，棒球队，篮球队。

社　团：合唱团，国际象棋俱乐部，戏剧社，爵士乐队，摄影社，辩论社，游泳俱乐部，杂志社，瑜伽社，滑冰社，辅导社。

大学去向：贝勒大学，加州大学，科罗拉多州立大学，乔治城大学，新墨西哥州立大学，圣地亚哥州立大学。

187. CFS，The School at Church Farm（教会农场学校）

网　　址：www.gocfs.net
所在州：宾夕佛尼亚州(Pennsylvania)
地　　址：1001E.Lincoln Hwy Exton, Pennsylvania19341
招生范围：七至十二年级
学生人数：190 人（男生 190 人）
教　　师：30 人（硕士和博士 70%）

入学要求：学校成绩单 B 以上，SSAT 成绩，英文、数学、辅导员推荐信共三封，面谈，无需托福考试
2018 学　费：US$38,000（外国学生住宿部）

学校简介：该校由查尔斯·W·舒仁牧师创建于 1918 年。这是一所大学预备私立男校学校，招收七年级至十二年级的男生，80%为寄宿生。申请该校的学生要经过一定的学科考核，不是任何人都可进去的。通过考试，达到一定成绩的学生可获免费入读。该校是全国捐助最多的学校。学校的办学宗旨是努力创造良好的学习环境，使学生在知识、身体、情感和道德上平衡发展。学校拥有干练的教师能帮助学生毕业后进入康乃尔、杜克、乔治城等名校。每班人数只有 10 人，学生教师比例是 6：1，学生可得到充分的帮助。70%的教师拥有硕士以上的学位，新科技及新教学方法被引进教学之中，教学效果良好。学校还专门开设大学先修考试的个别辅导课。

课程设置：AP 课程：微积分 AB，微积分 BC，生物学，英国文学，美国历史，化学。

运动队：越野队，网球队，田径队，英式足球队，高尔夫球队，棒球队，篮球队。

社　团：戏剧社，烹饪社，国际象棋俱乐部，艺术俱乐部，电影制作社，数学组，历史剧社，学生会，写诗社，合唱团，年刊，技术俱乐部，钢琴社，文学杂志社。

大学去向：波士顿学院，波士顿大学，纽约大学，艾默尔大学，乔治华盛顿大学，印第安大学，普林斯顿大学，圣约翰大学，旧金山大学，华盛顿学院，约克学院。

188. George School（乔治学校）*

网　址：www.georgeschoo.org

所在州：宾夕佛尼亚州(Pennsylvania)

地　址：1690 Newtown Langhome Rd, Newtown, PA18940

招生范围：九至十二年级

学生人数：534人

教　师：101人(硕士以上学位42人)

入学要求：成绩单，SSAT，面谈。

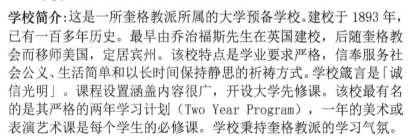

2018 学费：US$57,550（外国学生寄宿部）

学校简介：这是一所奎格教派所属的大学预备学校。建校于1893年，已有一百多年历史。最早由乔治福斯先生在英国建校，后随奎格教会而移师美国，定居宾州。该校特点是学业要求严格，信奉服务社会公义、生活简单和以长时间保持静思的祈祷方式。学校箴言是「诚信光明」。课程设置涵盖内容很广，开设大学先修课。该校最有名的是其严格的两年学习计划（Two Year Program），一年的美术或表演艺术课是每个学生的必修课。学校秉持奎格教派的学习气氛。

AP课程设置：人类地理学，西班牙语言和文化，宏观经济学，微观经济学，艺术工作坊，美国历史，英语和文化，拉丁语，物理C，统计学，微积分AB，生物学，化学。

运动队：棒球队，篮球队，马术队，曲棍球队，垒球队，网球队，排球队，游泳队，田径队，英式足球队，越野队，游泳队。

社　团：烹饪社，拉丁学生社，R&B乐队社，学生报社。

大学去向：哈佛大学，耶鲁大学，麻省理工大学，斯坦福大学，宾夕法尼亚大学，哥伦比亚大学，芝加哥大学，杜克大学，西北大学，华盛顿大学，约翰霍普金斯大学，康奈尔大学，艾莫瑞大学，圣母大学，加州大学伯克利分校，乔治城大学，密歇根大学。

189. Girard College（吉莱德学校）

网　址： www.girardcollege.com

所在州： 宾夕佛尼亚州(Pennsylvania)

地　址： 2101 South College Avenue Philadelphia, PA19121-4897

招生范围： 一至十二年级

学生人数： 331人

教　师： 111人

入学要求： 成绩单，面谈，必须来自单亲家庭，必须无不良品行记录。

2018学费： 不收费，只要录取即可享受免费教育

学校简介： 这是一所由一年级至十二年级构成的综合学校，学生人数600人左右，并不是大学，专门招收家庭收入有困难的单亲或双亲家庭的子女。学校分五天寄宿或全寄宿两部分。高中部课程是以大学预备课为主，同时也开设戏剧、音乐、摄影制作和体育课，学校也要求学生积极参与运动队和小区服务。学校在每年9月份开学。在开学前的每一学期开始招生，凡年纪在6～14岁符合条件的申请人，都需要经过学习成绩考察、有关人士推荐、笔试和面试之后才可获准入学。

运动队： 英式足球队，篮球队，棒球队，垒球队。

社　团：
艺术部，羽毛球俱乐部，数学组，健身社，戏剧社，国际象棋俱乐部，舞蹈队，瑜伽社，创意写作社，合唱团，韩语社，电影社，网球社。

大学去向： 芝加哥艺术学院，波士顿学院，几周大学，威廉玛丽学院，哥伦比亚大学。

190. The Grier School（格里阿学校） *

网　址：www.grier.org
所在州：宾夕佛尼亚州（Pennsylvania）
地　址：2522 Grier School Rd，P.O.Box 308 Tyrone，PA16686-0308
招生范围：七至十二年级

学生人数：292 人
教　师：30 人
入学要求：成绩单，SSAT 或 SLEP 成绩，托福成绩，面谈。
2018 学费：US$52,900（外国学生寄宿部）
学校简介：这是一所设有七年级至大学预科的私立女子学校，建校于 1853 年，已有一个半世幻的历史。学校的箴言是「健全的身体，健全的思想」，这就是他们的办学方针。围绕这一方针，学校尽量营造安全良好的学习环境，确保学生在多渠道的课程设置中能取得成功。学校会根据学生的不同程度安排较慢的、平均水平的超前的课程。学生每天都参与一些艺术课、体育课等的学习。
课程设置：AP 课程：欧洲历史，物理 B，世界历史，微积分 AB，微积分 BC，艺术史，宏观经济学，微观经济学，统计学，英语和作文，化学，西班牙语和文化，美国历史，艺术工作坊，生物学，环境科学，法语和文化。
运动队：羽毛球队，网球队，排球队，英式足球队，越野队，马术队，排球队，篮球队。
社　团：爵士乐队，书籍阅读社，摇滚乐队社，西班牙语社，合唱社，年刊。
大学去向：西北大学，罗切斯特大学，艾莫瑞大学，布兰戴斯大学，伊利诺大学，宾州州立大学，佛罗里达大学，迈阿密大学，雪城大学，乔治亚大学，明尼苏达大学，康涅迪格大学，美国大学，克拉克大学，霍华德大学，史密斯学院。

191. The Hill School（希尔学校）

网　　址：www.thehill.org
所在州：宾夕佛尼亚州(Pennsylvania)
地　　址：860 Beech St. Pottstown, PA19464
电　　话：(888)Hill-150,(610)326-1000
招生范围：九至十二年级
学生人数：486人
教　　师：165人(博士36人)
入学要求：申请表格，成绩单SSAT、PSAT&SAT、TOFEL成绩，面谈。
2018学费：US$55,660(外国学生寄宿部)

学校简介：该校建于1815年，已有一个半世纪之长的历史。学校致力于帮助学生在学科上有出色的表现；努力学习，取得良好的成绩，发展正确的首先价值观，被认为是学生能否成功的基本要素。该校教师与学生的紧密交流，指导他们为进入最好的大学作准备。课程设置强调培养批判性的思维、分析和写作能力，基本课涵括自然科学、人文科学、语言和数学。个人的领袖才能也是该校培养的重点之一，该校毕业生中产生不少政界、商界、学术界出名的领袖，香港第一界立法委员会中有人就是出自该校。

课程设置：AP课程：微积分AB，微积分BC，法语和文化，拉丁语，心理学，西班牙文学，统计学，艺术史，生物学，欧洲历史，计算机科学A，英语和作文，物理C，艺术工作坊，美国政府与政治，美国历史，化学，人类地理学，物理B，英国文学。

运动队：棒球队，篮球队，高尔夫球队，曲棍球队，游泳队，田径队，英式足球队，网球队，水球队，冰球队，越野队。

社　　团：国际象棋社，钓鱼社，食品社，吉他社，法语社，亚洲文化社，摇滚乐队社，报社，文学社，年刊，学生会，辩论社，西班牙语社，滑板社。

大学去向：哈佛大学，普林斯顿大学，麻省理工大学，斯坦福大学，宾夕法尼亚大学，哥伦比亚大学，达特茅斯学院，西北大学，康奈尔大学，约翰霍普金斯大学，加州大学伯克利分校，乔治城大学，佛吉尼亚大学，卡耐基梅隆大学。

192. Kiski School（基士奇学校）*

网　址：www.kiski.org
所在州：宾夕佛尼亚州(Pennsylvania)
地　址：1888 Brett Land Saltsbury, PA1568
招生范围：寄宿部九至十二年级
学生人数：200 人
教　师：42 人（博士 12 人）
入学要求：成绩单，推荐信，SSAT 或 ISEE 成绩，面谈。

2018 **学费**：US$57,400（外国学生寄宿部）

学校简介：这是一座著名的私立大学预备男校，建校于 1888 年，已有一百一十多年历史，校长约翰培真是著名的教育家。学校致力于帮助学生学习及成长，教导每一个学生要追求出色的学习成绩、个人健全发展和对社会的责任感。同时也注重培养学生勇于冒险、从失败中学习的精神，从而使他们建立自信心。学校采小班教学，教师出众，运动队很具竞争性，教学设施完备。这些都是学校能实现「为学生今后上大不和前途做准备」的办学方针。

课程设置：AP 课程：美国历史，物理 C，英语和作文，化学，统计学，心理学，物理 B，法语和文化，欧洲历史，西班牙语和文化，欧洲历史，生物学，计算机科学 A，微积分 AB，微积分 BC。

运动队：棒球队，高尔夫球队，曲棍球队，游泳队，田径队，篮球队，足球队，冰球队，网球队。

社　团：艺术社，国际象棋社，文学社，摄影社，新闻社，西班牙语社，数学组，阅读社。

大学去向：加州大学，哈佛大学，印第安州州立大学，宾州州立大学，皇后学院，罗切斯特大学。

193. Linden Hall School for Girls (林登名人女校) *

网　　址：www.lindenhall.org
所在州：宾夕佛尼亚州(Pennsylvania)
地　　址：212 East Main Street Lititz, PA1543
招生范围：五至十二年级
学生人数：200人
教　　师：51人
2018学费：US$53,400（外国学生寄宿部）

学校简介：这是一所历史非常悠久的女子学校，建校于1746年，具有二百五十多年历史，比美国建校历史还长，应是英国殖民地时期的学校。学校的箴言是「为前途而学而不是为学校而学」。课程设置以大学预备课程为主，带挑战性，很强调坚固的学科技能的培养和良好学习习惯的建立。

课程设置：AP课程：心理学微观经济学，艺术工作坊，美国历史，物理1，法语和文化，英国文学，英语和作为，中文与文化，统计学，西班牙语和文化，微积分AB，微积分BC，艺术史，生物学，欧洲历史。

运动队：篮球队，游泳队，田径队，垒球队，英式足球队，网球队，马术队，曲棍球队，排球队

社　团：文学社，摄影社，瑜伽社，学生会，新闻社，戏剧表演社。

大学去向：巴德学院，波士顿大学，埃莫大学，达特茅斯学院，乔治华盛顿大学，乔治城大学，麻省理工学院，纽约大学，西北大学，史密斯学院，芝加哥大学，宾州州立大学，南加州大学，威廉学院，罗切斯特大学。

194. Mercersburg Academy (姆萨斯堡学校) *

网　　址：www.mercersburg.edu
所在州：宾夕佛尼亚州(Pennsylvania)
地　　址：300 East Seminary Street Mercersburg, PA17236-1551
招生范围：九至十二年级
学生人数：438 人
教　　师：61 人(博士 16 人)
入学要求：推荐信，成绩单，面谈，SSAT 成绩，申请表格。
2018 学费：US$56,350(外国学生寄宿部)

学校简介：这是一所传统大学预备学校，建校于 1893 年，具有一百多年历史，是一所在全国甚至在国际上都备受称许的理想高中。学校有出色的教师，教师和学生有良好的沟通方式和渠道；教师不但教导学生书本知识，也从思想、生活上给予多方面的指导。在过去 5 年中，该校有 39 人入围全美学术优胜奖（从 10,000 名全国考试前 5%高分学生中产生）。高要求的课程包括 17 门大学先修课。拥有先进的教学设施，获奖的制作和表演艺术项目及竞争力很强的体育运动队，曾有 40 位该校学生参加世界奥林匹克竞赛。该校学生来自于全美 25 个州和 21 个其它国家。学校还开设有英语为第二语言课程（ESL）、大学预科班和暑期班。

课程设置：AP 课程：艺术史，生物学，微积分 AB/BC，化学，中文与文化，英国文学，环境科学，法语和问话，欧洲历史，德语和文化，拉丁语，宏观经济学，微观经济学，物理 C，西班牙语和文化，统计学，美国历史，世界历史，政府与政治，英语和文化，机械学，物理 1。

运动队：高尔夫球队，垒球队，跳水队，越野队，曲棍球队，游泳队，田径队，网球队，排球队，马术队，英式足球队，棒球队。

社　团：书记社，法语社，商业社，音乐社，自行车社，德语社，环保社，数学组，模特社，西语社，摄影社，学生会。

大学去向：哈佛大学，耶鲁大学，斯坦福大学，宾夕法尼亚大学，哥伦比亚大学，芝加哥大学，杜克大学，达特茅斯大学，西北大学，华盛顿大学，康奈尔大学，埃莫瑞大学，莱斯大学，加州大学伯克利分校，乔治城大学。

195. Milton Hershey School（米尔顿河水学校）

网　址：www.mhskids.org
所在州：宾夕佛尼亚州（Pennsylvania）
地　址：P.O. Box 830 Hershey, PA17033-0830
招生范围：K 至十二年级
学生人数：1,100 人（男生 547 人，女生 553 人）（住宿生 1,100 人）

教　师：100 人

入学要求：低收入家庭出身，入学年龄 4～15 岁，无不良行为纪录，成绩在全国统考平均线以上，在学成绩 C 以上，可以参加各项活动。美国公民。

2018 学费：只要录取，学费食宿全免。

学校简介：这是一所较大的设有幼儿园到高中十二年级的综合私校。学校是慈善性质学校，由私人捐助，专收有经济困难和社会问题的学生。招生年龄由 4 岁到 15 岁，学生要有平均水平以上的学习能力，行为正派，有能力和意愿参与学校所提供的各项课程和活动，且必须是来自于低收入家庭。学校采用小班教学，每班人数 15 人。学生不需付任何费用便可接受高质量教育，家庭式的成长环境，由提供衣食住行的代母养育儿童，丰富的娱乐活动和包括医疗、牙齿保健等的辅助服务。学校开设有大学预备课程、职业教育课程和暑期学校。学校强调课外活动对学生的重要性，要求学生参加各类活动，包括音乐、戏剧、乐器、体育运动等团队，学生组织及杂志、刊物等的创办。

课程设置：AP 课程：欧洲历史，统计学。

运动队：橄榄球队，英式足球队，田径及越野队，垒球及棒球队，游泳队，跳水队，摔跤队。

社　团：滑冰社，烹饪社，钓鱼社，自行车社。

大学去向：美国大学，特拉华大学，迪克逊大学，滨州州立大学，圣约翰大学，约克学院。

196. Perkiomen School（帕基奥曼学校）*

网　址：www.perkiomen.org
所在州：宾夕佛尼亚州(Pennsylvania)
地　址：200 Seminary Avenue Pennsburg，PA18073

招生范围：六至十二年级
学生人数：336 人
教　师：47 人
入学要求：推荐信，成绩单，面谈，SSAT 成绩或托福成绩（无最低分数线限定）或 SLEP 成绩，发 1-20 表。
2018 学费：US$58,200（外国学生寄宿部）
学校简介：建校于 1875 年的一所传统大学预备学校，，具有一百二十我年历史。办学宗旨是为不生的教育和成长营造最好环境。课程设置除基本中等教育课程外，还开设大学先修课。学生升大学率为 100%。学校师资阵容强大，学生和教师比例为 7：1。学校欢迎家长和学生参观学校，了解学校的课程项目。同时开设美术课，体育课和多项周末活动课程，学生宿舍装设有电话，计算机。

课程设置：AP 课程：美国历史，美国政府与政治，绘画，二维设计，西班牙文学，西班牙语，物理 C，物理 1，物理 2，微观经济学，宏观经济学，法语和文化，德语和文化，世界历史，拉丁文雪，世界历史，乐理，环境科学，英国文学，英语和文化，中文和文化，化学，统计学，欧洲历史，计算机科学 A，微积分 AB，微积分 BC，生物学，艺术史。

运动队：羽毛球队，越野队，棒球队，垒球队，足球队，拳击队，田径队，游泳队，高尔夫球队，曲棍球队，篮球队，英式足球队，网球队。

社　团：文学杂志社，学生会，戏剧社，数学组，爵士社，阅读社，西班牙语社，环保社。

大学去向：康奈尔大学，埃莫瑞大学，卡耐基梅隆大学，南加州大学，威廉和玛丽学院，伊利诺大学，威斯康辛大学，宾州州立大学，乔治华盛顿大学，波士顿大学，雪城大学，康涅狄格大学，特拉华大学，密歇根州立大学，美国大学，德雷塞尔大学。

197. The Phelps School（费尔彼斯学校）*

网址：www.thepheipsschool.org
所在州：宾夕佛尼亚州(Pennsylvania)
地　　址：583 Sugartown Road, Malvern, PA19355
招生范围：寄宿部七至十二年级
学生人数：110 人（男生 110 人）
教　　师：28 人
入学要求：推荐信，成绩单，面谈。
2018 学费：US$48,200(外国学生寄宿部）
学校简介：这是一所特殊教育专科男校，该校建于 1946 年。专门招收有学习障碍和注意力缺失的学生，为这些学生提供纠正治疗的方法和特别教育课程，使学生能在学业上取得成就和提高他们的自尊心。学校特别注重营造有道的学习环境，如个性教育。采用小班教学，普通班 8～10 个学生，学业辅助课则每班只有 3 人，使学生能根据各人的需要，用不同方式达到标准课程要求。
课程设置：AP 课程：微积分 AB，化学，美国历史，英语和文化。
运动队：越野队，网球队，曲棍球队，棒球队，篮球队，摔跤队，英式足球队，高尔夫球队。
社　团：摄影社，健身社，农业社，艺术社，年刊。
大学去向：埃莫瑞大学，波士顿大学，加州大学，读谱大学，丹佛大学，特拉华大学。

198. Shady Side Academy（影边书院）

网　址：www.shadysideacademy.org
所在州：宾夕佛尼亚州(Pennsylvania)
地　址：423 Fox Chapel Road Pittsburgh, PA15238
招生范围：九至十二年级
学生人数：936 人
教　师：160 人
入学要求：ISEE、托福、计算机考试成绩，英文及数学教师推荐信，成绩单，面谈。

2018 学费：US$46,175（外国学生寄宿部）
学校简介：该校建于 1883 年，已有一百一十多年的历史，是宾州西部最大的学校。学校教师阵容强大，课程设置合理，教学成果突出，学校三分之一的毕业生赢得全国学术成就奖。其视觉和表演艺术课也广受称许。学校的课外活动非常丰富，学生可参加各种项目的体育运动队。学校新设备包括全天候的田径场及配套设施、视觉艺术中心、计算机中心、冰球场及新教室的技术装备和设施。另开设有五天寄宿部和暑期学校。
课程设置：AP 课程：法语和文化，德语和文化，微积分 AB，微积分 BC，西班牙语和文化，计算机科学 A。
运动队：越野队，足球队，高尔夫球队，英式足球队，网球队，篮球队，冰球队，游泳队，棒球队，曲棍球队，垒球队，网球队，田径队。
社　团：杂志社，学生会，宿管部，健身社，年刊，读书社。
大学去向：波士顿大学，哥伦比亚大学，达特茅斯大学，埃默里大学，乔治华盛顿大学，宾州州立大学，俄亥俄州立大学，纽约大学，波士顿学院，布朗大学。

199. Solebury School（苏伯利学校）*

网　址：www.solebury.org
所在州：宾夕佛尼亚州（Pennsylvania）
地　址：6832 Phillips Mill Road, New Hope, PA18938
招生范围：寄宿部九至十二年级

学生人数：194 人
教　师：42 人
入学要求：教师推荐信，成绩单，面谈
2018 学费：US$55,570（外国学生寄宿部）

学校简介：这是一所小规模的大学预备私立学校，建校于 1925 年，课程设置具挑战性，注重鼓励学生探讨和发展个人学业上、艺术艺术上和体育运动上的技巧和天分。学校志在帮助学生为今后在全球化和文化交融的现实社会中，能够有更好的适应和应变能力。课程中还包括有每周 4 天、每天 30 分锺的教师学生约见时间。每个学生到校 3 周内就会有指派教师作其学生顾问。学校利用建校 75 年募捐的款项，新建了及增建了新教室、体育馆、教师宿舍，并翻新了剧院。该校学生来自于美国各州及其它国家，亚洲国家包括中国、日本、韩国、马来西亚和泰国等。开设英语为第二语言课程（ESL）。

课程设置：AP 课程：微积分 AB，微积分 BC，西班牙语和文化，美国历史，英国文学，美国政府与政治，统计学，法语和文化，化学，法语，阿拉伯语，物理学，生物学。

运动队：曲棍球队，摔跤队，英式足球队，网球及篮球队，田径队，垒球队，越野队，棒球队。

社　团：环保社，录音社，年刊，戏剧社，瑜伽社，学生会，文学杂志社，骑马社，咖啡社

大学去向：耶鲁大学，宾夕法尼亚大学，康奈尔大学，埃莫瑞大学，卡耐基梅隆大学，密歇根大学，纽约大学，布兰戴斯大学，乔治理工大学，波士顿学院，威廉和玛丽学院，里海大学，加州大学圣地亚哥分校，加州大学洛杉矶分校，佛吉尼亚大学，圣母大学。

200. Valley Forge Military Academy & College （溪谷军事书院）*

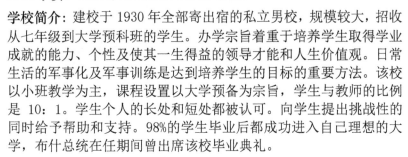

网　　址：www.vfmac.edu
所在州：宾夕佛尼亚州（Pennsylvania）
地　　址：1001 Eagle Road Wayne，PA19087
招生范围：寄宿部至十二年级
学生人数：300人（男生300人）
教　　师：30人（硕士24人，博士6人）
入学要求：推荐信，申请表格，考试，身体检查，面谈。
2018学费：US$51,250（外国学生寄宿部）
学校简介：建校于1930年全部寄出宿的私立男校，规模较大，招收从七年级到大学预科班的学生。办学宗旨着重于培养学生取得学业成就的能力、个性及使其一生得益的领导才能和人生价值观。日常生活的军事化及军事训练是达到培养学生的目标的重要方法。该校以小班教学为主，课程设置以大学预备为宗旨，学生与教师的比例是10：1。学生个人的长处和短处都被认可。向学生提出挑战性的同时给予帮助和支持。98%的学生毕业后都成功进入自己理想的大学，布什总统在任期间曾出席该校毕业典礼。
AP课程设置：生物学，欧洲历史，美国历史，物理B，英国文学，英语和文化，统计学。
运动队：马术队，网球队，英式足球队，拳击队，棒球队，足球队，篮球队，游泳队，田径队，冰球队，越野队。
社　　团：学生会，音乐社，环保社，合唱团，国际象棋社，冰球社，拳击社。
大学去向：达特茅斯大学，斯坦福大学，普林斯顿大学，美国大学，巴德学院，加州大学，宾州州立大学，普渡大学，密歇根大学，詹姆斯麦迪逊大学，罗切斯特大学。

201. Westtown School（西镇学校）*

网　　址：www.westtown.edu
所在州：宾夕佛尼亚州(Pennsylvania)
地　　址：975 Westtown Road, West Chester, PA18938
招生范围：九至十二年级
学生人数：357人
教　　师：40人
入学要求：学校成绩单，教师推荐信，托福成绩，面谈。

2018学费：US$57,400（外国学生寄宿部）

学校简介：这是一所规模较大的私立大学预备学校，建校于1799年，已有二百多年的历史。该校秉持奎格教的严格教规，以个人固有的值价为先决条件，教导学生学生尊敬、多样性、忍耐和简朴。课程设置严谨，并且十分完整，除基础课外，还有大学先修课。学校采用小班教学，学生与教师比例是8：1，向学生提供密集的大学咨询和帮助。学生毕业后进入世界各地名校，包括美国的布朗大学、哥伦比亚大学、耶鲁大学、达特茅斯大学等常春藤名校，法国的美国大学，甚至中国的北京大学。

课程设置：AP课程：二维设计，西班牙语和文化，电学和磁学，机械学，拉丁语，法国文学，美国历史，绘画，西班牙语和文化，乐理，拉丁文学，乐理，法语和文化，欧洲历史，化学，微积分AB，微积分BC，中文和文化，计算机科学A，生物学，物理B，物理1。

运动队：田径队，游泳队，高尔夫球队，篮球队，垒球队，越野队，棒球队，曲棍球队，排球队，网球队。

社　　团：戏剧社，中文社，辩论社，国际象棋社，电影社，日本文化社，商业俱乐部，乒乓球俱乐部，学生会，新闻社，数学组，辅导社，摄影社，时尚俱乐部。

大学去向：哈佛大学，普林斯顿大学，加州理工大学，麻省理工大学，宾夕法尼亚大学，哥伦比亚大学，达特茅斯大学，杜克大学，约翰霍普金斯大学，布朗大学，康奈尔大学，莱斯大学，佛吉尼亚大学，南加州大学，乔治城大学，布兰戴斯大学，威廉和玛丽学院。

202. Wyoming Seminary（怀俄明高等中学）*

网　址：www.wyomingseminary.org
所在州：宾夕佛尼亚州(Pennsylvania)
地　址：201 North Sprague Avenue, Kingstone, PA18704
招生范围：九至十二年级
学生人数：451人
教　师：81人(硕士47人，博士7人)

入学要求：学校成绩单，现任英文一、数学及学校其它教师推荐信，九至十年级要求SSAT考试成绩，十一年级PSAT或SSAT成绩，十二年级SAT成绩，面谈。

2018学费：US$52,600（外国学生寄宿部2002-3）

学校简介：这是一所中等规模的私立高中，建校于1844年。培养学生的目标是：道德、品格、价值共同发展，拥有坚实的知识和强壮的身体。招收九年级至大学预备班的学生。学校开设140门课、大学预备课程、18门大学先修课、带挑战性的选修课及密集表演艺术和美术课。学校采用12～18人小班教学。学生与教师比例是9：1。学生毕业后可进入最好的或很具竞争性的大学。学生大部分来自于美国各州，16%外国学生来自于欧洲、北美、南美及亚洲。

课程设置：AP课程：美国历史，美国政府与政治，绘画，物理B，拉丁文学，法语和文化，英语和文化，计算机科学A，化学，西班牙文学，拉丁语，艺术史，统计学，西班牙语和文化，心理学，乐理，欧洲历史，环境科学，微积分AB，微积分BC，生物学。

运动队：网球队，垒球队，游泳队，英式足球队，冰球队，跳水队，越野队，曲棍球队。

社　团：合唱团，模特社，数学组，俄语社，西班牙语社，年刊，学生会，技术部，国际象棋俱乐部，摄影社，电影社，舞蹈队，演讲辩论社，爵士乐队，电脑社，烹饪社。

大学去向：布朗大学，美国大学，巴德学院，波士顿大学，波士顿学院，加州大学伯克利分校，加州大学洛杉矶分校，加州大学圣地亚哥分校，加州大学特拉华分校。

203. Portsmouth Abbey School（朴次茅斯修道院学校）

网　　址：www.portsmouthabbey.org

所在州：罗得岛州(Rhode Island)

地　　址：285 Cory's Lane, Portsmouth, Rl02871

招生范围：九至十二年级

学生人数：350 人

教　师：12 名教士，55 名教师

入学要求：学校成绩单，教师推荐信，SSAT 成绩。

2018 学费：US$56,490（外国学生寄宿部）

学校简介：从名字可知道是一所教会学校，建校于 1926 年，该校必中等规模，招收九至十二年级的学生。办学宗旨是帮助学生增长知识和仁慈之心。学校秉持教会的传统，致力于实现这些理想和提高教学质量，教导学生认真学习，遵守规矩，乐于分享学习及生活经验。学校采用小班教学，每班学生人数不超过 12 人。学校为了提高我上学生的英语水平，特地安排当地学生与他们组成口语小组。

课外活动涵盖学生的各种兴趣，有学术性、艺术性、服务性、体育性等各种社团，创造提高学生领导组织能力的机会。

课程设置：AP 课程：西班牙文学，电学和磁学，世界历史，美国历史，英语和文化，统计学，化学，乐理，西班牙语和文化，拉丁语，欧洲历史，法语和文化，计算机科学 A，微积分 AB，微积分 BC，生物学，艺术史。

运动队：冰球队，游泳队，垒球队，足球队，田径队，马术队，篮球队，越野队，棒球队，曲棍球队，网球队，英式足球队，冲浪队。

社　团：模特社，辅导社，辩论社，创意写作社，学生会，国际象棋俱乐部，新闻报社。

大学去向：哈佛大学，普林斯顿大学，宾夕法尼亚大学，哥伦比亚大学，杜克大学，约翰霍普金斯大学，康奈尔大学，布朗大学，埃莫瑞大学，范德比尔特大学，圣母大学，加州大学伯克利分校，卡耐基梅隆大学，乔治城大学，南加州大学，密歇根大学，纽约大学。

204. St. Andrew's School（圣安德鲁斯学校）*

网　址：www.standrews-ri.org
所在州：罗得岛州（Rhode Island）
地　址：63 Federal Road Barrington, RI02806
招生范围：九至十二年级

学生人数：222人
教　师：全职教师42人
入学要求：学校成绩单，面谈，教师推荐信，申请表格，SLEP成绩。
2018学费：US$56,400（外国学生寄宿部）
学校简介：这是一年小规模包含初中和高中的私立学校，建校于1893年。初建时是专门收容无家可归或流浪家庭儿童的男校，时至而今，该校已是一所男女合校、以升大学为导向的综合高中。学校的特别课程是针对语言上有学习障碍或注意力分散的学生设置的，对有行为问题或情绪障碍的学生则没有帮助。学校致力教导学生掌握有效的学习技能，使其能跟上课程进度。为了给予学生足够的帮助和注意力，每班学生只有8~12名，学生与教师的比例是5：1。该校最成功之处在于经过学校给予各种方式的支持和学生自己的努力，学生能够达到相应的学习水平要求，达到学校的办学目的。学校为适应外国学生的需要而开设英语为第二语言课程（ESL）。
课程设置：AP课程：微积分AB，统计学，乐理，物理B，微积分BC。
运动队：棒球队，篮球队，高尔夫球队，游泳队，田径队，网球及排球队，冰球队，羽毛球队。
社　团：读书社，戏剧社，环保社，历史社，投资部，乒乓球社，国际象棋俱乐部，电影社，学生会，摄影社，数学组，模特社，心理社。
大学去向：波士顿大学，纽约大学，宾州州立大学，加州大学，长岛大学，北苑大学，密西西比大学。

205. St. George's School（圣乔治学校）

网　　址：www.stgeorges.edu
所在州：罗得岛州(Rhode Island)
地　　址：372 Purgatory Road Middletown, Rl02842
招生范围：九至十二年级
学生人数：370人
教　　师：72人(博士20人)
入学要求：学校成绩单，面谈，教师推荐信，入学考试，课外活动的记录，SSAT成绩。
2018学费：US$58,000(外国学生寄宿部)
学校简介：这是一所有一百多年历史的大学预备学校，建校于1896年。除开设大学预备基本课程以外，还开设18门大学先修课。学生毕业后都能进入美国的顶尖大学。师资阵容强大，学生与教师比例是10∶1。学校的捐助款有8000万美元，经费充足。每年会拿出150万美元作为学生的奖学金给有需要的学生。学校因地利之便，海洋生物课程办得有声有色。学校的重要设施包括先进的IBM计算机技术楼，全天候跑道和橡皮、网球中心，双道滑冰场，艺术中心、学生宿舍的电话设施等。
课程设置：AP课程：美国历史，美国政府与政治，绘画，二维设计，三维设计，统计学，电学和磁学，物理1，物理2，西班牙文学，拉丁语，环境科学，化学，西班牙语，物理B，乐理，微观经济学，微积分AB，微积分BC，生物学，欧洲历史。
运动队：冲浪队，越野队，棒球队，冰球队，垒球队，游泳队，篮球队，高尔夫球队，英式足球队，网球队，曲棍球队，足球队，田径队。
社　　团：辩论社，艺术俱乐部，音乐社，辅导社，学生会，读书社，戏剧社，宿管部，晚餐部，数学组，年刊，合唱团，图书管理部，法语社。
大学去向：宾夕法尼亚大学，杜克大学，达特茅斯大学，约翰霍普金斯大学，康奈尔大学，布朗大学，卡耐基梅隆大学，乔治城大学，佛吉尼亚大学，塔夫茨大学，维克森林大学，纽约大学，波士顿学院，迈阿密大学，乔治华盛顿大学，美国大学，佛蒙特大学。

206. Ben Lippen School （班立本学校）*

网　址：www.benlippen.com
所在州：南卡罗来纳州（South Carolina）
地　址：7401 Monticelto Road, Columbia, , SC29203
招生范围：九至十二年级
学生人数：350 人
教　师：41 人(硕士 37 人，博士 2 人)

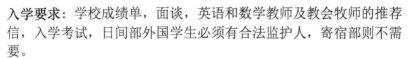

入学要求：学校成绩单，面谈，英语和数学教师及教会牧师的推荐信，入学考试，日间部外国学生必须有合法监护人，寄宿部则不需要。

2018 学费：US$36,470（外国学生寄宿部）

学校简介：这是一所大型的大学预备学校，建校于 1940 年。最早是由哥伦比亚国际大学董事会主席提议设立的基督教寄宿男校，1952 年改办为男女合校至今，一直是哥伦比亚国际大学的分校，1988 年迁往现今的新校舍。学校秉持基督教的教义，为学生设立高标准的学业要求和世界观。该校的成绩是 95 分以上得 A，93 分以上 A⁻，91 分以上 B+。学校的课程设置除了圣经课和大学预备基本课以外，还注重精神、心理和身体的全面发展。10 门以上的大学先修课使学生有足够条件申请顶尖大学。学生来自美国各州及世界上其它国家。学校开设有英语为第二语言课程(ESL)帮助英语为第二语言的学生。

课程设置：AP 课程：电学和磁学，美国历史，比较政府与政治，化学，微积分 AB，微积分 BC，生物学，西班牙语和文化，统计学，化学，英国文学，英语和文化。

运动队：排球队，垒球队，网球队，游泳队，田径队，摔跤队，英式足球队，棒球队，越野队，高尔夫球队，篮球队。

社　团：合唱团，学生会，数学竞赛组，年刊，基督社，乐队。

大学去向：哥伦比亚大学，波士顿大学，加州大学洛杉矶分校，康奈尔大学，杜克大学，乔治州立大学，印第安大学，纽约大学，俄亥俄州立大学，宾州州立大学，普渡大学，旧金山大学，南加州大学，华盛顿大学，密歇根大学，加州大学圣地亚哥分校。

207. Baylor School（蓓蕾学校）

网　　址：www.baylorschool.org

所在州：田纳西州(Tennessee)

地　　址：171 Baylor School Road, Chattanooga, TN37405

招生范围：九至十二年级

学生人数：1040人

教　　师：124人(硕士61人，博士12人)

入学要求：成绩单，英语和数学教师以及其它熟人的推荐信，SSAT托福成绩，面谈。

2018学费：US$52,430(外国学生寄宿部)

学校简介：这是一所已有一百多年历史较大型的传统大学预备中学，建校于1893年。课程设置严谨，要求严格。大多数学生先修完大学预备基本课程后，都进入荣誉班或学习大学先修课。学校师资优秀，采用小班教学，学生除正常上课外，还必须上自习课和参与教堂活动。每年150个毕业生中，有10个可获得全国学术优胜奖金，10~15人得到嘉奖。学校拥有出色的运动队和丰富的周末活动项目。学生来自于美国各州和世界各地，很多国际留学生来到蓓蕾就读后都能考入美国的顶尖大学。

AP课程设置：拉丁语，德语和文化，法语和文化，西班牙语和文化，西班牙文学，英语和文化，英国文学，电学和磁学，美国历史，化学，世界历史，欧洲历史，计算机科学AB，微积分AB，微积分BC，物理B，人类地理学，生物学，环境科学，统计学。

运动队：田径队，游泳队，摔跤队，越野队，篮球队，垒球队，排球队，网球队，曲棍球队，跳水队，保龄球队，棒球队，足球队，英式足球队，高尔夫球队。

社　　团：学生会，爵士乐队，西班牙语社，写作社，电影制作社，宿管部，音乐社，心理社，电脑社，德语社，舞蹈队。

大学去向：哈佛大学，耶鲁大学，斯坦福大学，芝加哥大学，西北大学，华盛顿大学，约翰霍普金斯大学，康奈尔大学，埃莫瑞大学，范特比尔特大学，加州大学伯克利分校，乔治城大学，佛吉尼亚大学，南加州大学，纽约大学，布兰戴斯大学，威廉和玛丽学院。

208. St. Andrew's-Sewanee School（圣安德斯斯文学校）*

网　址：www.sasweb.org
所在州：田纳西州（Tennessee）
地　址：290 Qunitard Roaa Sewanee, TN37375-3000
招生范围：九至十二年级
学生人数：249 人

教　师：51 人（硕士 22 人，博士 2 人）
入学要求：学校成绩单，面谈，英语和数学教师推荐信。
2018 学费：US$49,900（外国学生寄宿部）
学校简介：这是一所大学预备中学，建校于 1868 年，是美国南部最古老的大学预备学校。学校很重视培养学生的动手能力，认为通过实践，学生将会学到课堂上学不到而很有价值的知识，所以课程设置严谨的同时，注重学科间的融会贯通。通过挑选的学生可向南部有关的大学注册修课，取得大学学分。学生在家庭式的校园生活中与老师和同学建立了长期的联系，有利于今后的工作和生活。学校共分为三个寄宿部。新的寄宿部由一个教师家庭和十二个寄宿生组成，便于学生建立积极的人际关系。该校著名的校友是获得普立兹奖的作家占姆士亚基。
运动队：篮球队，排球队，网球队，垒球队，足球队，山地自行车队，田径队，游泳队，英式足球队，越野队，篮球队，高尔夫球队，游泳队，摔跤队。
社　团：写作社，年刊，学生会，文学杂志社，舞蹈队，农业社，国际社，数学组，音乐社，户外活动组，戏剧社，录音室，艺术俱乐部。
大学去向：贝茨大学，贝勒大学，波士顿大学，布朗大学，科罗拉多大学，威斯康辛大学，乔治城大学，乔治州立大学，迪克逊大学。

209. The Webb School（苇伯学校）*

网　　址：www.thewebbschool.com
所在州：田纳西州(Tennessee)
地　　址：319 Webb Rd, E Bell Buckle, TN37020
招生范围：七至十二年级
学生人数：268人
教　　师：46人(博士5人)
入学要求：学校成绩单，三封推荐信（英语、数学教师和学校行政官员），面谈。
2018学费：US$48,800(外国学生寄宿部)
学校简介：这是一所规模不大的大学预备学校，建校于1870年。该校致力于将学校办成培养学生正确价值观的地方，一个帮助学生取得成就的地方，一个各种活动与其它中大型学校无异、能自我发现的地方。所以学校特别注重学生为今后的学习打基础，教给学生今后在社会上取得成功的技巧，建立紧密的友谊，以正确的道德观念来面对生活。独立、负责成为学生生活的核心。课程设置以在学科上严格要求、个人的关注和完整性为方针，使学生在学术上和个性上共同发展。学校规模不大，学生可得到足够的照顾，校园面积大得足够各种运动及课外活动开展。学校同时开设有英语为第二语言课程（ESL）大学预科班和暑期学校。
课程设置：AP课程：环境科学，世界历史，美国历史，绘画，微积分AB，微积分BC，生物学，拉丁语，微观经济学，电学和磁学，二维设计，化学，宏观经济学，比较政府与政治，欧洲历史，统计学。
运动队：越野队，网球队，英式足球队，足球队，曲棍球队，垒球队，高尔夫球队，棒球队，篮球队。
社　　团：瑜伽社，年刊，辅导社，学生会，乐队社，法语社，钓鱼社，宿管部，合唱团，国际象棋俱乐部，中文社，新闻报社，物理社，数学竞赛组，日语社。
大学去向：哈佛大学，耶鲁大学，宾夕法尼亚大学，西北大学，埃莫瑞大学，范德比尔特大学，加州大学伯克利分校，乔治城大学，加州大学洛杉矶分校，纽约大学，波士顿学院，威斯康辛大学，宾州州立大学，乔治华盛顿大学，匹兹堡大学。

210. The Hockaday School（霍克弟学校）*

网址：www.hockaday.org
所在州：得克萨斯州(Texas)
地　址：11600 Welch Road Dallas, TX75229
招生范围：八至十二年级
学生人数：1,086 人
教　师：80 人
入学要求：前两年学校成绩单先通过面试，面谈，学校教师推荐信，托福成绩。

2018 学费：US$54,191（外国学生住宿部）

学校简介：这是一所较大型的女子学校，建校于 1913 年，具有悠久历史。学校强调高素质教学，这包括学业成绩、个人责任和个人特质的高要求，知识、个性、体育和礼仪是培养学生的四大基础。学校的大学预备课程设置严谨，要求严格，采用小班教学，每班人数是 14~16 人，学生和教师比例为 10：1。学校开设 16 门大学先修课和 6 门荣誉课程。学校尽量招收不同背景的学生。学生来自于美国境内的 9 个州和 13 个其它国家，23%的学生是有色人种，3%的国际留学生。

课程设置：AP 课程：微积分 AB，微积分 BC，统计学，化学，美国历史，美国政府与政治，绘画，电学和磁学，中文和文化，世界历史，西班牙语和文化，西班牙文学，法语和文化，物理 B，拉丁语，欧洲历史，计算机科学 A，微观经济学，宏观经济学。

运动队：排球队，网球队，游泳队，篮球队，高尔夫球队，跳水队，曲棍球队，越野队，英式足球队，田径队，舞蹈队，足球队。

社　团：学生会，文化社，宿管部，手工艺品社，环保社，摄影社，健身社。

大学去向：哈佛大学，宾夕法尼亚大学，斯坦福大学，哥伦比亚大学，普林斯顿大学，耶鲁大学，芝加哥大学，杜克大学，达特茅斯学院，西北大学，华盛顿大学，约翰霍普金斯大学，康奈尔大学，埃莫瑞大学，莱斯大学，加州大学伯克利分校，乔治城大学，卡耐基梅隆大学，北卡罗来纳大学，南加州大学，密歇根大学。

211. Saint Mary's Hall（圣玛莉名人学校）*

网　　址：www.smhall.org
所在州：得克萨斯州(Texas)
地　　址：9401 Stancrest Drive San Antonio, TX78217
招生范围：八至十二年级
学生人数：914人
教　　师：54人

入学要求：学校成绩单，入学考试，英文和数学教师推荐信，报告，面谈。

2018 学费：$24,995（外国学生寄宿部）

学校简介：建校于1879年的较大型的私立学校，具有一百二十多年历史，是德州最古老的寄宿学校。课程设置强调写作能力、研究精神和批判性思维。除基本课程外，还开设有20门大学先修课和荣誉课程，以及有专人个别辅助的科学研究课。学校鼓励学生通过参加各种课外活动和小区服务项目，发展其个人天分和领导才能。学校也开设超前专业水平的视觉和表演艺术课、具有竞争能力的运动课（队）。学校为有需要的学生开设英语为第二语言课程（ESL）、大学预科班、五天寄宿部和暑期学校。

课程设置：AP课程：美国文学，英国文学，法语，拉丁文学，拉丁语，西班牙文学，统计学，微积分AB，微积分BC，生物学，化学，电脑科学，环境科学，美国历史，人类地理学，欧洲历史，心理学。

运动队：篮球队，足球队，曲棍球队，垒球队，游泳队，排球队，网球队，英式足球队，高尔夫球队，田径队，越野队。

社　团：戏剧社，艺术社，演讲辩论社，音乐社，视觉艺术社。

大学去向：康乃尔大学，波士顿大学，哈佛大学，宾夕法尼亚大学，宾州州立大学，塔夫斯大学，东北大学，乔治敦大学，乔治·华盛顿大学，南加州大学，耶鲁大学，芝加哥大学。

212. St. Stephen's Episcopal School（圣史蒂文斯教区书院）*

网　　址：www.sstx.org

所在州：得克萨斯州(Texas)

地　　址：6500 St. Stephen's Drive Austin, Texas 78746

招生范围：八至十二年级

学生人数：688人

教　师：105人

入学要求：学校成绩单，ISEE（独立高中入学试）成绩，面谈。

2018学费：US$55,060（外国学生寄宿部）

学校简介：这是一所中等规模的初高中合并的大学预备学校，建校于1950年。学校注重学生的思维、身体和精神的发展。课程设置以升大学为目标。在有经验、有贡献精神的教师指导下，学校的大学性向测验（升大标准考）的平均成绩维护在1,230分（满分为1,600）。学校的特别课程包括密集型的英文课。学校的新设置有一个天文台、一个美术中心、计算机中心、体育馆、攀爬墙面和十四盏灯的网球场。学校开设的戏剧焦点项目、足球训练课、棒球和网球项目，极大地丰富了学生的课外活动。同时，学校也为有需要的学生开设英语为第二语言课程（ESL）。

AP课程设置：艺术学，阿拉伯语，生物学，微积分AB/BC，化学，摄影学，物理学，统计学，艺术历史，法语和文化，中文和文化，西班牙文学，地理学，欧洲历史，拉丁语。

运动队：曲棍球队，冲浪队，排球队，田径队，高尔夫球队，越野队，棒球队，山地自行车队，游泳队，英式足球队，篮球队，舞蹈队，足球队，攀岩队，网球队。

社　　团：摄影社，健身社，学生会，宿管部，音乐社，舞蹈队。

大学去向：哈佛大学，普林斯顿大学，耶鲁大学，哥伦比亚大学，斯坦福大学，芝加哥大学，杜克大学，达特茅斯大学，华盛顿大学，康奈尔大学，西北大学，加州大学伯克利分校，乔治城大学，波士顿学院，加州大学圣地亚哥分校，伊利诺大学，迈阿密大学，乔治华盛顿大学，波士顿大学，乔治亚大学。

213. San Marcos Baptist Academy（圣马可斯浸会书院）*

网　址：www.smbabears.org

所在州：得克萨斯州(Texas)

地　址：2801 Ranch Road 12 San Marcos, TX 78666

招生范围：七至十二年级

学生人数：340人

教　师：35人（博士6人）

入学要求：学校成绩单，身体健康检查记录，教师推荐信，ISEE考试成绩（外国学生考托福），面谈。

2018学费：US$37,250（外国学生寄宿部）

学校简介：这是一所男女合校、寄宿部与日间部合校和初高中合并的私校，建校于1907年，也有近百年的历史。学校注重推动每一个学生在学科、体能、社交和道德各方面的发异有。课程设置除基本大学预备课程以外，每个男生一定要参加青少年军事训练课程，以加强他们的体能、纪律和领导才能。女生则可选可不选，但所有学生都要参加教会活动和自习课。学校特别为有不同学习方式的同学开设个别辅导课。国外来的学生则可先修读英语为第二语言课程（ESL）作为过渡课程。体育运动项目包括美式足球、棒球、排球、软球、篮球、游泳、网球、田径、长跑、足球和角力。学校招收外国学生，亚洲学生逐渐增加。

课程设置：AP课程：计算机科学A，英语和文化，微积分AB，世界历史。

运动队：马术队，篮球队，垒球队，田径队，排球队，网球队，越野队，棒球队，高尔夫球队，游泳队，英式足球队。

社　团：爵士乐队，学生会，学生报社，年刊。

大学去向：哈佛大学，衣阿华大学，贝勒大学。

214. Texas Military Institute（德州军事书院）

网　址：www.tmi-sa.org

所在州：得克萨斯州(Texas)

地　址：20955 West Tejas Trai,
1San Antonie, TX78257

招生范围：九至十二年级

学生人数：301 人

教　师：40 人(硕士 60%，博士 3 人)

入学要求：最近两年成绩单，英文、数学教师推荐信，ISEE，SSAT，SAT＆PSAT 成绩，面谈。

2018 学费：US$48,270(外国学生寄宿部)

学校简介：这是一所规模中偏小的教会所办的大学预备学校，建校于 1893 年，有一个多世纪的教育传统。建校之初为男校，1972 年改为男女合校。办学宗旨是以基督精神为基础，向积极向学的学生提出挑战，发挥他们在社会服务及领导才能方面的潜质。课程设置带挑战性、并要求学生参加每日的教会活动，六年级开始选读青少年 JROTC 军事训练课，包括航空、航海课程。通过参加运动队、课外活动和小区服务训练学生的领导才能。学校师资充足，学生和教师比例是 8：1。学校的重要设施包括括藏书两万多册的图书馆、科学中心和计算机中心、室内和室外的体育设施和美术中心。学校著名的校友有国会参议员、航天飞行员、将军、名演员、银行家和艺术家等。

课程设置：AP 课程：英语，数学，科学，历史，艺术工作坊。

运动队：高尔夫球队，棒球队，足球队，越野队，篮球队，曲棍球队，英式足球队，垒球队，游泳队，网球队，田径队，排球队

社　团：保龄球社，电影社，冰球社，博物馆社，戏剧社，手工艺品社。

大学去向：耶鲁大学，杜克大学，波士顿大学，波士顿学院，美国大学，读谱大学，乔治城大学，密歇根州立大学，圣地亚哥州立大学，圣马力大学，芝加哥大学，科罗拉多大学，南加州大学，乔治华盛顿大学。

215. Wasatch Academy（华萨其书院）*

网　址：www.wasatchacademy.org

所在州：犹他州(Utah)

地　址：120 South 100 West, Mount Pleasant, UT84647 (435)462-2411(Ext.21)

招生范围：九至十二年级

学生人数：330人

教　师：39人

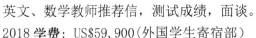

入学要求：学校成绩单，英文、数学教师推荐信，测试成绩，面谈。

2018学费：US$59,900（外国学生寄宿部）

学校简介：这是一所规模较小的大学预备高中，建校于1875年。学校致力于为学生提供符合学生需要、给予学生极大支持和帮助的学习条件。学科课程设置带有挑战性，安排有密集的体育训练项目和丰富的课外活动。美术课程的设计则志在让学生在不同程度上发挥他们的创造潜能。该校的教师非常负责任，学生也极度刻苦认真，这是学生在技能方面得到成功发展的重要因素。犹他州的6个国家公园和自然气候，给予学生探索自然的良好机会。学校现在超过30名外国学生，其中4名来自中国大陆，他们在学校特别受欢迎。学校特别开设英语为第二语言课程（ESL）、五天寄宿部、为患注意力缺失症和有学习障碍的学生而设的特殊教育课程和暑期学校。

AP课程设置：西班牙语，美国政府与政治，化学，生物学，心理学，物理B，微积分AB/BC，中文和文化，环境科学，英国文学，英语和文化，欧洲历史，统计学，美国历史。

运动队：攀岩队，滑板队，排球队，马术队，花样滑冰的，网球队，越野队，棒球队，篮球队，田径队，英式足球队，高尔夫球队。

社　团：新闻社，艺术社，合唱团，舞蹈队，辩论社，电影制作社，滑冰社，学生会，瑜伽社，游泳社，年刊，户外活动组。

大学去向：哥伦比亚大学，波士顿大学，乔治华盛顿大学，宾州州立大学，普渡大学，雪城大学，科罗拉多大学，美国大学，克拉克大学，威廉和玛丽学院，加州大学伯克利分校。

216. The Greenwood School（绿木学校）

网　址：www.greenwood.org
所在州：佛蒙特州（Vermont）
地　址：14 Greenwood Lane
　　　　Putney, VT05346

招生范围：六至十二年级
学生人数：50人（男生50人）
教　师：22人（硕士16人，
　　　　博士7人）

入学要求：学校成绩单，测试成绩，语言或心理评估报告。

2018学费：US$77,639（外国学生寄宿部）

学校简介：这是一所规模很小的私立特殊教育男校，建校于1978年，招收10～14岁与语言障碍有关的阅读困难的男生。旨在帮助他们克服困难，熟练掌握阅读、写作、拼写或数学方面的能力。学校不分年级教学。学生教师的比例为3∶1。采用新的教学方法来帮助学生在潜能与成就之间架设桥梁。所有的学生都有语言辅导课，教师集中教授译码、阅读理解、拼字和书法等课程。所有教师都经过奥顿基令汉多感官治疗课程的训练，并将之运用到各专业课程之中。学生通过参加艺术、戏剧、乡村游戏、木械和金工等实践，来发展他们的创作天分。教师鼓励学生认清自己的天分、技巧和能力，帮助他们发展自信心，并建立高等教育所需的知识基础。从该校毕业的学生，会被输送到各高中就读，私立公立都有，90%进入其它私立学校。学生大部分来自美国新英格兰地区及其它州，12%来自于外国。

运动队：英式足球队，篮球队，棒球队，越野队。

社　团：滑冰社，电影社，艺术社，攀岩社，木制作社，滑板社。

大学去向：库新学院，霍尔德内斯中学，布鲁斯乐学院，福尔曼中学，高尔中学，肯特中学，佛蒙特学院。

217. The Putney School（蒲特尼学校）*

网　　址：www.putneyschool.org
所在州：佛蒙特州(Vermont)
地　　址：Elm Lea Farm, 418 Houghton Brook Road, Putney, VT05346-8675
招生范围：九至十二年级
学生人数：225人

教　师：93人(博士16人)

入学要求：学校成绩单，三封教师(包括英文或历教师、数学或科学教师、家长或辅导员)推荐信，根据学校提出的问题写一篇短文附在申请表上。

2018学费：US$54,800(外国学生寄宿部)

学校简介：这是一所小规模的大学预备高中，建校于1935年。致力于发掘学生的学识、艺术、体能上的潜力，包括鼓励学生勇于面对迷业上的挑战，严肃对待每一门课，积极参与各项艺术和体育活动，同时也要求学生提高自觉性和树立道德标准。学校的课程设置很具挑战性，除基本课程外，还开设有强化的艺术和音乐课，也提供自选自学的机会及完全户外的体育活动。课程设置符合有不习的积极性、有独立主动能力和自律的学生需求。学校采用小班教学，教师与学生紧密合作。该校学生毕业后可考入美国各类名校。学生还通过协助维护学校的基因花园、糖槭林、奶牛场、苗圃和一条41公里的步道，学会小区公众工作和担当起保护环境的责任。

运动队：滑冰队，曲棍球队，英式足球队，篮球队。

社　团：文学杂志社，山地自行车社，年刊，戏剧社，滑冰社，音乐社。

大学去向：哈佛大学，耶鲁大学，波士顿大学，哥伦比亚大学，科罗拉多大学，克拉克大学，康奈尔大学，达特茅斯大学，埃默里大学，美国大学，乔治华盛顿大学，巴德学院，贝茨学院，波士顿学院，加州大学，宾州州立大学，威廉和玛丽学院，乔治城大学。

218. Rock Point School（岩尖学校）

网　　址：www.rockpoint.org

所在州：佛蒙特州(Vermont)

地　　址：1 Rock Point Road Burlington, VT05401

招生范围：大陆初中三年级至高中三年级，台湾国中三年级至高三，九至十二年级，相当于香港Form3至Form6，

学生人数：40人

教　　师：16人

入学要求：最近的学校成绩单，教师推荐信，面谈。

2018 学费：US$58,860（外国学生寄宿部）

学校简介：这是一所小型的大学预备高中，建校于1928年，由佛蒙特州教区神父所创建。学校最初是一所女校，建校的目的是为学生提供家庭式的生活环境和教育机会。课程设置以符合学生需要为宗旨。学生大多具平均水平或以上，但也接受部分成绩不佳的学生以及适合在小范围小区学习和生活的学生。学校的艺术课在各科中较为突出，学生也需要参加小区服务和外出实习。学校意识到学校课程与学生的住校生活经历都对他们成功与否有同等重要的作用，所以尽量寻求两者之间的平衡。在课程紧凑的日程上，安排丰富的周末活动，培养学生的领导才能。大多数学生来自于佛蒙特州，也有来自于美国其它地区和加拿大的学生。学校为每位学生都安排有学业顾问及辅导老师。

运动队：篮球队，滑冰队，英式足球队，高尔夫球队。

社　　团：冲浪社，摄影社，竞跑社，滑板社，冲浪社，自行车社，艺术社。

大学去向：华盛顿大学，南加州大学，圣约翰学院，柏林顿大学，东北大学，埃默里大学，克拉克大学，史密斯学院，罗切斯特大学，劳伦斯大学。

219. St. Johnsbury Academy（圣约翰伯利书院）*

网　址：www.stjacademy.org

所在州：佛蒙特州(Vermont)

地　址：P.O. Box 906 1000 Main Street St. Johnsbury, VT05819

招生范围：九至十二年级

学生人数：960人

教　师：102人

入学要求：学校成绩单，英文、数学教师及辅导员推荐信，日间部学生要接受学习能力测试，面谈。

2018学费：US$51,560（外国学生寄宿部）

学校简介：这是一所建校于1842年较大型的私立中学，以大学预备课为基础，但也开设密集的技术训练课程。寄宿部只有151个学生，这有利于宿宿的学生既可从日间部中享受正常的学校生活，与同学有广泛交往，也能得到更多的寄宿生活照顾。课程设置除了四年高中的基本课程外，还有13门大学先修课、10门技术或辅导课程。该校很适合具有学习动机的学生。教学上采用灵活的多轨道计划，给学生提供最低到最高的课程实习，确保每个学生都能跟上课程进度。学校的重要设施包括一个800座的剧院，现代化的数学、科学技术中心，350台计算机，互联网，室内田径场，游泳池和一个花400万美元兴建的新艺术中。

课程设置：AP课程：生物学，物理B，电学和磁学，美国历史，西班牙语和文化，美国历史，心理学，乐理，日语和文化，法语和文化，微积分AB，微积分BC，化学，环境科学英国文学，英语和文化，计算机科学A，欧洲历史，统计学，二维设计

运动队：越野队，曲棍球队，冰球队，田径队，垒球队，滑冰队，网球队，摔跤队，英式足球队，高尔夫球队，棒球队，篮球队，足球队，越野队，网球队。

社　团：艺术社，乐队，国际象棋俱乐部，辩论社，电脑社，保龄球社，羽毛球社，戏剧社，舞蹈队，环保社，电影社，法语社，学生会，年刊，科学组，摄影社，学生报社。

大学去向：美国大学，波士顿大学，布朗大学，卡勒顿大学，科罗拉多州立大学，芝加哥学院。

220. Vermont Academy（佛尔蒙特书院）*

网　　址：www.vermontacademy.org
所在州：佛蒙特州(Vermont)
地　　址：P.O. Box 500 10 Long Walk Saxtons River, VT05154
招生范围：九至十二年级
学生人数：240人

教　师：50人(硕士27人，博士1人)
入学要求：学校成绩单，教师推荐信，SSAT或ISEE成绩，面谈。
2018学费：US$56,550(外国学生寄宿部)
学校简介：这是一所中小型的大学预备学校，建校于1876年。办学方针是教导学生使其自信心及自学能力得到发展。课程设置以大学预备课为基本，并开设荣誉课程。学生通过学习，通常能发现自己的个人才能，学会沟通的技巧、批判性思维和分析，以及培养良好的直觉(包括在知识、创造性、体育和社会关系方面的直觉)。学校注意帮助学生发现自己的才能和发展自己的特质、长处和今后面对大学及生活挑战的技巧。学校采用小班教学，使每个学生都能得到教师充分关注和帮助。每晚8：00至10：00是晚自修时间，有教师督导。学校有技术先进的计算机中心、学习技巧中心，有18个不同的体育运动项目、户外教学和创造性艺术设施，包括音乐、戏剧和舞蹈。
课程设置：AP课程：化学，微积分BC，微积分AB，生物学，统计学，英语和文化。
运动队：滑冰队，马术队，足球队，高尔夫球队，曲棍球队，英式足球队，网球队，越野队，攀岩队，篮球队，花样滑冰队，滑板队，田径队，垒球队。
社　团：宿管部，文学杂志社，学生会，戏剧社，年刊，摄影社，辅导社，舞蹈队。
大学去向：克拉克大学，科罗拉多大学，迪克逊大学，乔治城大学，林肯大学，皇后大学，康州大学，丹佛大学，华盛顿大学。

221. The Blue Ridge School（蓝岭学校）*

网　址：www.blueridgeschool.com
所在州：弗吉尼亚州(Virginia)
地址：273 Mayo DriveSt. George，VA22935
招生范围：九至十二年级
学生人数：195人（男生195人）
教　师：50人（硕士以上学位12人）

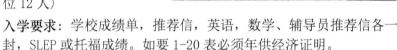

入学要求：学校成绩单，推荐信，英语，数学、辅导员推荐信各一封，SLEP或托福成绩。如要1-20表必须年供经济证明。

2018学费：US$47,000（外国学生寄宿部）

学校简介：这是一所传统的大学预备私立男校。建校于1909年，有近一百年历史。学校的教学理论认为：有效和有系统的学习技巧和组织技能，这是使学生充分利用时间和资源、鼓励学生勇于尝试、获得成就及勇于面对挑战的重要因素。学校规模不大，招收的学生素质较好；课程设置适合各种学习方式的学生。学校的口号是「为大学作准备而不是看起来像大学」。采用小班教学，学习时间安排合理，学校强调有效率的学习习惯和时间的掌握。学生每天固定会见他们的学业顾问。费雪本学习中心给予学生很多额外的帮助。学柳毅也很注重纪律。学校的地理环境使学生可享受丰富的户外教育和运动，各项活动及运动的设计均很注重学生个人素质、勇气及领导才能的培养。

运动队：越野队，高尔夫球队，田径队，排球队，英式足球队，山地自行车队，篮球队，棒球队，网球队，摔跤队，曲棍球队。

社　团：艺术社，国际象棋俱乐部，戏剧社，学生会，户外活动组，年刊，合唱团。

大学去向：波士顿大学，康奈尔大学，迪克逊大学，埃默里大学，佛罗里达大学，乔治华盛顿大学，美国大学，波士顿学院，贝勒大学，林肯大学，密西西比州立大学，纽约大学，俄亥俄州立大学，宾州州立大学，普渡大学，德克萨斯州技术大学，迈阿密大学。

222. Chatham Hall（查敦名人学校）*

网　　址：www.chathamhall.org
所在州：弗吉尼亚州（Virginia）
地　　址：800 Chatham Hall Circle, Chatham, VA24531
招生范围：九至十二年级
学生人数：127人（女生127人）

教　　师：34人（硕士以上学位8人）

入学要求：学校成绩单，教师推荐信，学生学习的能力与态度测试。

2018学费：US$49,500（外国学生寄宿部）

学校简介：这是一所私立大学预备女子学校，致力于为学生提供良好的学习环境和丰富的课外活动。学校师资充足，学生和教师的比例是4：1，小班教学可以帮助学生学会合理掌握时间和大学学习的基本技巧。学生在校得到教师和同学在生活上的照顾和学业上的支持，课程安排合理紧凑，每天晚自修课和周末补习使学生有充足时间吸收所学知识。学生通过参加体育活动，艺术创作、骑术课、戏剧、音乐和舞蹈增强他们的自理能力和自信心。

课程设置：AP课程：中文和文化，美国历史，绘画，统计学，心理学，物理B，英语和文化，英国文学，化学，西班牙语和文化，乐理，拉丁文学，人类地理学，法语和文化，欧洲历史，微积分AB，微积分BC，生物学。

运动队：网球队，曲棍球队，马术队，排球队，游泳队，篮球队，越野队，高尔夫球队。

社　　团：艺术俱乐部，烹饪社，戏剧社，国际象棋俱乐部，拉丁社，法语社，西班牙语社，年刊，学生会，文学杂志社，国际俱乐部，服务社，学生新闻社。

大学去向：斯坦福大学，芝加哥大学，杜克大学，约翰霍普金斯大学，布朗大学，康奈尔大学，范德比尔特大学，圣母大学，乔治城大学，佛吉尼亚大学，北卡罗来纳大学，波士顿大学。

223. Christchurch Episcopal School（基督教教区学校）*

网　　址：www.christchurchschool.org
所在州：弗吉尼亚州(Virginia)
地址：49 Seahorse Lane, Christchurch, VA23031
招生范围：九至十二年级
学生人数：205 人
教　　师：45 人(博士 6 人)

入学要求：学校成绩单，英文、数学教师推荐信，面谈。

2018 学费：US$48,500(外国学生寄宿部)

学校简介：一所中偏小型的大学预备学校，建校于 1921 年，招收九年级至大学预科学生，课程从大学预备基本课到大学先修课都有。师资充足，学生和教师的比例是 7：1，75%的教师住在校园里。有大约 20%的学生受益于学校特设的学习中心，该中心专门为有志升大学而又有学习困难的学生而设。学校的课程向学生广泛的多种才能提出挑战。学生必须参加每日的体育活动和自习课，这有助于学生提高学习水平。因地利之便，学校的海洋科学课、航海课也开办得很出色。该校是第一所提供无息延期付费的学校，可使有付款困难的家庭可以延至毕业前再付清学费而不需付利息。

课程设置：AP 课程：英语，微积分 AB，生物学，环境科学，历史，物理学，化学，世界历史，西班牙语，美国政府与政治。

运动队：高尔夫球队，篮球队，棒球队，足球队，曲棍球队，英式足球队，排球队，冲浪队。

社　团：国际象棋俱乐部，戏剧社，音乐社，年刊，学生会。

大学去向：贝勒大学，波士顿大学，加州大学直接各分校，科罗拉多大学，特拉华学院，丹佛大学，读谱大学，埃默里大学，乔治城大学，宾州州立大学，迈阿密大学，密歇根州立大学，圣地亚哥州立大学，纽约州立大学石溪分校。

美国私立寄宿学校 索引与介绍

224. Episcopal High School（教区高中）

网　　址：www.episcopalhighschool.org
所在州：弗吉尼亚州(Virginia)
地　　址：1200 North Quaker Lane, Alexandria, VA22302-3000
招生范围：九至十二年级
学生人数：53人
教　　师：79人(硕士57人，博士5人)
入学要求：学校成绩单，教师推荐信，面谈。
2018学费：US$54,250(外国学生寄宿部)

学生简介：这是一所只收寄宿生的中型学校，建校于1839年，是美国声誉很高的学校。学校的目标是为学生进入顶尖大学做准备。宗教教育使这所历史悠久的学生在全国享有盛名。学校也要求学生修读艺术、体育课并参与小区服务和其它课外活动，并经常安排毕业班学生到首都华盛顿为国会参院做实习生，并送到法国、西班牙、意大利、中国、俄国、日本进修。学校师资充足，学生教师比例是6：1，教师中不少是名牌大学的高学位毕业生。

AP课程设置：艺术史，美国政府与政治，二维设计，三维设计，绘画，电学和磁学，中文和文化，计算机科学A，德语和文化，化学，美国历史，拉丁语，统计学，西班牙文学，物理B，乐理，微观经济学，宏观经济学，人类地理学，法语和文化，欧洲历史，环境科学，微积分AB，微积分BC，生物学，西班牙语和文化。

运动队：排球队，高尔夫球队，垒球队，摔跤队，曲棍球队，棒球队，篮球队，足球队，越野队，田径队，英式足球队。

社　　团：书记社，合唱团，学生新闻社，环保社，宿管部，爵士社，服务社，辅导社，技术部，年刊，数学组，意大利社。

大学去向：普林斯顿大学，加州理工大学，斯坦福大学，宾夕法尼亚大学，芝加哥大学，杜克大学，约翰霍普金斯大学，康奈尔大学，布朗大学，莱斯大学，范德比尔特大学，卡耐基梅隆大学，乔治城大学，加州大学洛杉矶分校，佛吉尼亚大学，南加州大学，密歇根大学，威廉和玛丽学院，波士顿学院，伊利诺大学，里海大学，美国大学。

225. Foxcroft School（福斯克罗芙学校）*

网　　址：www.foxcroft.org
所 在 州：弗吉尼亚州（Virginia）
地　　址：22407 Foxhound Lane，P.O. Box 5555，Middleburg VA20118
招生范围：九至十二年级
学生人数：165人（女生165人）

教　　师： 48人（硕士21人，博士1人）
入学要求： SLEP考试，学校成绩单，英文、数学教师及学校推荐信，面谈。
2018学费： $52,940（外国学生住宿部）
学校简介： 这是一所小型的大学预备女子学校。学校的办学宗旨是要培养学生打好升大学的基础及今后在社会上的生存能力。学生除修读严格的基础课外，还要参与一年一度的好年景奖助计划、两周的实习和诗歌节。学校出色的课外运动开设有领导才能培训班、毕业班考题项目、毕业班考题习作、小区服务和九支校际运动队。其中女子骑术队和长杆网球队很活跃。学校采用小班教学，每班人数不超过15人。学生教师的比例是6：1，90%的教师与学生一起住校，便于及时解决问题和帮助学生。
课程设置： AP课程：机械学，生物学，化学，宏观经济学，微观经济学，美国历史，美国政府与政治，微积分AB，微积分BC，西班牙文学，法语和文化，英语和文化，英国文学，电学和磁学，统计学。
运动队： 马术队，英式足球队，曲棍球队，篮球队，越野队，垒球队，排球队，网球队。
社　　团： 艺术俱乐部，中文社，烹饪社，戏剧社，国际俱乐部，户外活动组，学生会。
大学去向： 乔治城大学，加州大学洛杉矶分校，佛吉尼亚大学，南加州大学，密歇根大学，北卡罗来纳大学，维克森林大学，威廉和玛丽学院，波士顿学院，罗切斯特大学，华盛顿大学，宾州州立大学，迈阿密大学，乔治华盛顿大学，雪城大学。

226. Hargrave Military Academy（哈格雷夫军事学校）*

网　址: www.hargrave.edu
所在州： 弗吉尼亚州（Virginia）
地　址: 200 Military Driv Chatham, VA24531
招生范围: 日间部七至十二年级
学生人数: 210人
教　师: 40人

入学要求: 学校成绩单，推荐信，面谈，接收之后发给1-20表。

2018学费: US$38,650（外国学生寄宿部）

学校简介: 这是一所较大规模的初出茅庐高中合并的私立男校。课程设置以大学预备课为基础，同时也开设帮助后进学生赶上课程进度的辅助课和推动先进的大学先修课。90%的毕业生能顺利进入大学。学校致力创造良好的学习环境，严格要求学生。学生必须参加晚自修课、「如何学习」课（学习技巧）和坚持基督的信念。学校的阅读部门非常出色，也有经验成熟的学习中心，这都是帮助每个学生致胜的重要因素。军事训练课则可帮助学生建立自尊心和懂得礼貌，从该校毕业的学生都一致认为，哈格雷夫学校改变了他们的一生。学校还开设有英语为第二语言课程（ESL）、大学预科班、五天寄宿部班、专为患注意力缺失症和有学习障碍的学生而序曲的特殊教育课及暑期学校。暑期学校有文化课、体育课和各种野外活动。

课程设置: AP课程：美国历史，生物学，西班牙文学，物理B，微积分AB，英国文学，统计学，比较政府与政治，化学。

运动队: 越野队，高尔夫球队，攀岩队，游泳队，篮球队，足球队，曲棍球队，网球队，英式足球队，棒球队。

社　团: 合唱团，法语社，电脑社，西班牙语社，年刊，辩论社，摄影社，文学杂志社。

大学去向: 南加州大学，宾州州立大学，华盛顿大学，乔治城大学，波士顿大学。

227. The Madeira School（玛蒂拉学校） *

网　址： www.madeira.org
所在州： 弗吉尼亚州(Virginia)
地　址： 8328 Georgetown Pike, Mclean, VA22102
招生范围： 九至十二年级
学生人数： 306人（女生306人）
教　师： 53人（硕士35人，博士2人）

入学要求： SSAT、托福成绩，学校成绩单，原校校长、英文教师及数学教师推荐信，面谈。

2018学费： US$59,990（外国学生寄宿部）

学校简介： 建校于1906年，有近百年历史的私立女校。学校的办学宗旨是给予学生在学科、社会生活和体能方面的全面教育。课程设计的特色是将传统的大学预备课程与现实的文化，政治和经济生活相结合，使学生能将所学知识运用到生活之中去。学校的重要设施包括体育运动中心、图书馆、学生活动中心、美术创作天之骄子、摄影制作实验室、骑马场。

AP课程设置： 西班牙语和文化，英语和文化，法语和文化，宏观经济学，微观经济学，物理B/C，二维设计，物理1/2，计算机科学A，统计学，微积分AB/BC，生物学，化学，美国历史，美国政府与政治，世界历史，艺术史，英国文学，中文与和文化，欧洲历史，拉丁语。

运动队： 游泳队，田径队，篮球队，跳水队，英式足球队，网球队，排球队，曲棍球队，垒球队，马术队，越野队。

社　团： 拉丁社，学生报社，学生会，模特社，环保社，法语社，文学杂志社，辅导社，西班牙语社，服务社。

大学去向： 普林斯顿大学，宾夕法尼亚大学，哥伦比亚大学，杜克大学，华盛顿大学，约翰霍普金斯大学，康奈尔大学，布朗大学，埃莫瑞大学，圣母大学，卡耐基梅隆大学，乔治城大学，佛吉尼亚大学，北卡罗来纳大学，纽约大学。

228. Massanutten Military Academy（玛珊努顿军事书院）*

网　　址：www.militaryschool.com

所在州：弗吉尼亚州(Virginia)

地　　址：614S Main Street Woodstock,VA2264

招生范围：六至十二年级

学生人数：120 人

教　　师：40 人（硕士 24 人，博士 6 人）

入学要求：面谈

2018 学费：US$34,000（外国学生寄宿部）

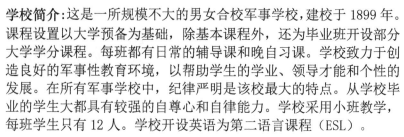

学校简介：这是一所规模不大的男女合校军事学校，建校于 1899 年。课程设置以大学预备为基础，除基本课程外，还为毕业班开设部分大学学分课程。每班都有日常的辅导课和晚自习课。学校致力于创造良好的军事性教育环境，以帮助学生的学业、领导才能和个性的发展。在所有军事学校中，纪律严明是该校最大的特点。从学校毕业的学生大都具有较强的自尊心和自律能力。学校采用小班教学，每班学生只有 12 人。学校开设英语为第二语言课程（ESL）。

课程设置：AP 课程：微积分 AB，政府&政治学，英语与文学，美国历史，物理 B，生物学，化学，西班牙语和文化，世界历史，英国文学。

运动队：足球队，曲棍球队，垒球队，网球队，排球队，棒球队，越野队，高尔夫球队，英式足球队，游泳队，田径队。

社　　团：艺术社，乐队，年刊，学生会，宿管部。

大学去向：乔治梅森大学，赛特多大学，詹姆斯麦迪森大学，长木学院，玛丽鲍德温学院，弗吉尼亚军事学院，西点军校，海军学院，乔治华盛顿大学。

229. Miller School of Albemarle（米勒学校） *

网　址：www.millerschoolofalbemarle.org

所在州：弗吉尼亚州(Virginia)

地　址：1000 Samuel Miller Loop, Charlottesville，VA22903

招生范围：八至十二年级

学生人数：185 人

教　师：38 人

入学要求：原校成绩单，英文的数学教师推荐信，面谈。

2018 学费：US$52,000（外国学生寄宿部）

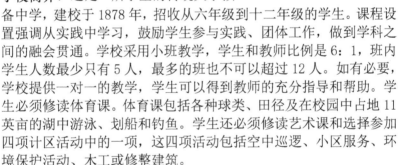

学校简介：这是一所小型的传统大学预备中学，建校于 1878 年，招收从六年级到十二年级的学生。课程设置强调从实践中学习，鼓励学生参与实践、团体工作，做到学科之间的融会贯通。学校采用小班教学，学生和教师比例是 6∶1，班内学生人数最少只有 5 人，最多的班也不可以超过 12 人。如有必要，学校提供一对一的教学，学生可以得到教师的充分指导和帮助。学生必须修读体育课。体育课包括各种球类、田径及在校园中占地 11 英亩的湖中游泳、划船和钓鱼。学生还必须修读艺术课和选择参加四项计区活动中的一项，这四项活动包括空中巡逻、小区服务、环境保护活动、木工或修整建筑。

课程设置：AP 课程：物理 B，拉丁语，美国政府与政治，英国文学，英语和文化，化学，微积分 BC，西班牙语和文化，宏观经济学，法语和文化，微积分 AB，统计学，生物学。

运动队：曲棍球队，网球队，排球队，英式足球队，越野队，棒球队，篮球队，马术队，高尔夫球队，山地自行车队。

社　团：学生会，宿管部，健身社，艺术社，摄影社，读书社。

大学去向：耶鲁大学，达特茅斯大学，布朗大学，埃莫瑞大学，佛吉尼亚大学，维克森林大学，布兰戴斯大学，威廉和玛丽学院，伊利诺大学，威斯康辛大学，加州大学戴维斯分校，华盛顿大学，宾州州立大学，乔治华盛顿大学，俄亥俄州立大学，奥本大学。

230. Oak Hill Academy（橡木岭书院）

网　　址：www.oak-hill.net
所在州：弗吉尼亚州(Virginia)
地　　址：2635 Oak Hill Road Mouth Of Wilson, VA24363-3004
招生范围：八至十二年级
学生人数：145 人
教　　师：20 人(博士 10 人)
入学要求：原校成绩单，教师推荐信，面谈。
2018 学费：US$49,463（外国学生寄宿部）
学校简介：建校于 1878 年的小规模私立中学，学校致力于为学生提供一个安全的学习环境，课程设置极具挑战性，强调传统的学习质量，全心全意努力学习的风气，对那些丧失学有所成动力、成绩不理想并在原来学校有困难的学生极具鼓励作用。学校采用小班教学，每班只有 5 名学生，使学生得到更多的关注和指导，形成正面积极的学习气氛。体育运动课、美术课和其它小区活动使学生的教育延伸到课堂以外。学校学生来自美国 17 个州和 4 个其它国家。学校也开办暑期班。
运动队：网球队，英式足球队，篮球队，排球队，棒球队。
社　　团：艺术俱乐部，瑜伽社，合唱团，戏剧社，乐队，游泳俱乐部，足球社。
大学去向：美国大学，乔治华盛顿大学，波士顿学院，贝勒大学，波士顿大学，威廉和玛丽学院，乔治城大学，密歇根州立大学，宾州州立大学，北卡罗来纳大学，圣玛丽学院，纽约大学。

231. Randolph-Macon Academy（兰道夫梅根书院） *

网　　址：www.rma.edu
所在州：弗吉尼亚州(Virginia)
地　　址：200 Academy Drive Front Royal, VA22630
招生范围：五至十二年级
学生人数：294人
教　　师：50人
入学要求：原校成绩单，教师推荐信，面谈。
2018学费：US$45,995(外国学生寄宿部)
学校简介：这是一所建校于1892年,具有一百多年历史的传统大学预备中学。学校致力于为学生提供一个优良的学习环境,使学生能为自己设立高度学习目标,达到高标准学习成就和合宜的行为标准,自律能力的培养成为优先中的优先。学校招收六年级到大学预备班的学生。初中部是非军事学校,高中是采用军事化教育。高中部学生通过在沈能道大学修课最高可获取26个大学学分。每个学生必须上自修课。该校的优秀生都是成果累累的青年,包括高中生最高荣誉的总统学者奖、高中名人录得主。该校校友名人当中包括波音公司总裁查尔斯克林斯和足球名星杰克卢克等。全美只有该校的高中部开设青少年空军军事训练课（JROTC）和飞行训练课。学校还开设英语为第二语言课程（ESL）和大学预科班,因应较多的外国学生（其中亚洲人所占比例不少）的需要。
课程设置：AP课程：生物学,美国历史,美国政府与政治,心理学,物理C,英语和文化,英国文学,德语和文化,艺术史,化学,欧洲历史,微积分AB。
运动队：摔跤队,网球队,垒球队,足球队,曲棍球队,越野队,篮球队,排球队,棒球队,英式足球队,田径队,游泳队,高尔夫球队。
社　　团：艺术部,国际象棋俱乐部,戏剧社,乐队,文学杂志社,户外活动组,录音组,年刊,辩论社,演讲社,学生会。
大学去向：圣约翰学院,纽约州立大学石溪分校,加州大学洛杉矶分校,加州大学圣地亚哥分校,丹佛大学,迈阿密大学,密歇根大学。

232. St. Anne's-Belfield School（圣安妮比尔菲学校）*

网　　址：www.stab.org
所在州：弗吉尼亚州(Virginia)
地　　址：2132 Ivy Road, Charlottesville, VA22903
招生范围：七至十二年级
学生人数：883人
教　　师：109人(67%拥有硕士学位及博士学位)
入学要求：SSAT、ISEE 教育纪录局和水平考试，原校成绩单，教师推荐信，面谈。
2018 学费：US$55,275(外国学生住宿部
学校简介：较大规模的传统大学预备学校，最早是建于1910年的教会女校，1955年开设男女合校初中部，1970年后发展至高中部。学校分五天寄宿部、全寄宿部和日间部，大部分学生为日间部学生。课程设置的目标是为最好的大学输送人才。主要培养学生良好的学习习惯。学校设立了一套荣誉奖励体系鼓励学生上进，该校学生平均分绝大多数B以上。大学主修课考试75%学生获得4分以上的成绩。每周教堂活动对培养学生正面道德精神有帮助。学校的大学指导员会协助学生申请大学。学校参与各种课外活动，包括校际运动队比赛、丰富多样的美术项目和小区服务。
AP课程设置：美国历史，西班牙语和文化，拉丁语，法语和文化，乐理，欧洲历史，微积分AB，微积分BC，生物学，物理C，英国文学，宏观经济学，生物学，统计学，化学。
运动队：越野队，足球队，曲棍球队，游泳队，垒球队，田径队，棒球队，篮球队，排球队，网球队，英式足球队，高尔夫球队。
社　　团：戏剧社，数学组，滑冰社，文学杂志社，法语社，国际象棋俱乐部，学生会，西班牙语，科学组，户外活动组，艺术部，年刊。
大学去向：哈佛大学，耶鲁大学，加州理工大学，麻省理工大学，宾夕法尼亚大学，哥伦比亚大学，芝加哥大学，华盛顿大学，康奈尔大学，布朗大学，卡耐基梅隆大学，乔治城大学，佛吉尼亚大学，南加州大学，密歇根大学，北卡罗来纳大学，维克森林大学，波士顿学院。

233. St. Catherine's School (圣凯瑟琳学校)

网　　址：www.st.catherines.org
所在州：弗吉尼亚州(Virginia)
地　　址：6001 Grove Avenue，Richmond，VA23226
招生范围：九至十二年级
学生人数：738人(女生738人)
教　　师：45人(高中部)
入学要求：SSAT或托福成绩，原校成绩单，教师推荐信，面谈。
2018学费：US$42,835(外国学生寄宿部)

学校简介：这是一所规模较大的教区私立女子学校。建校于1890，招收范围从幼儿园到高中十二年级，但寄宿部只招收高中生，分日间部和寄宿部两部分。招收的学生学习能力在平均水平以上。学校的整体环境有利于帮助学生取得出色的学业成就，发展他们的领导才能和激发她们对课外活动的兴趣。课程设置以大学预备为导向。除基本课程外，还有包括中文、微积分等在风的23门大学先修课。84%的学生成绩在3分以上（大学承认AP考试3分以上的成绩）。学校有十一个不同的体育运动队和各种不同的课外活动，这不但对学生申请大学有好处而且可终生受益。这些艺术、文学、体育等社团活动不但能培养学生的兴趣，而且能培养她们的组织能力和领导才能。

课程设置：AP课程：生物学，商务学，化学，经济学，英语，艺术史，拉丁语，音乐，体育，摄影，物理，心理学，西班牙语，戏剧学，法语，历史。

运动队：篮球队，高尔夫球队，游泳队，排球队，网球队，英式足球队，足球队。

社　团：艺术社，音乐社，水球社，视觉艺术社，学生会，宿管部。

大学去向：丹佛大学，麦迪逊大学。

234. St. Margaret't School（圣玛格莉特学校）＊

网　址：www.sms.org
所在州：弗吉尼亚州（Virginia）
地　址：P.O. Box 158, 444 Water Lane, Tappahannock VA22560
招生范围：八至十二年级

学生人数：379 人
教　师：37 人
入学要求：原校成绩单，教师推荐信，面谈。
2018 学费：US$48,900（外国学生寄宿部）
学校简介：建校于 1921 年的小型大学预备女校，是一所教区属下的教会学校。办学宗旨是为学生今后面对愈来愈多的国际合作做准备。学校采用较新的教学方法，强调跨学科的专辑研讨、集体讨论、自学和外出旅行以实地考察，学生的背景多样化。学生和教师比例为 6∶1，采用独特的咨询制度。学生毕业后 99% 能进入理想大学。学校的重要设施包括一个新的图书馆，学生活动中心，艺术、舞蹈、音乐制作室和一个小区技术中心（内含科学实验室和食堂）。计算机网络包括国际互联网和电子邮件。学校开设的其它课程有英语为第二语言课程（ESL）、为患注意力缺失症和有学习障碍的学生而设的特殊教育课程等。
AP 课程设置：微积分 AB，微积分 BC，法语和文化，生物学，英国文学，欧洲历史，美国历史。
运动队：英式足球队，游泳队，排球队，高尔夫球队，越野队，垒球队，网球队。
社　团：合唱团，戏剧社，法语社，拉丁文学，西班牙语社，学生会，发到社，宿管社。
大学去向：佛吉尼亚大学，维克森林大学，纽约大学，威廉和玛丽学院，乔治理工大学，罗切斯特大学，威斯康辛大学，伦斯勒理工学院，乔治华盛顿大学，华盛顿大学，佛蒙特大学。

235. Stuart Hall（斯图亚特名人学校）*

网　　址：www.stuarthall.school.org
所在州：弗吉尼亚州(Virginia)
地　　址：P.O. Box 210, 235 West Frederick Street, Staunton, VA24402-0210
招生范围：八至十二年级
学生人数：300 人
教　　师：21 人
入学要求：SSAT 成绩，原校成绩单，教师推荐信，面谈。
2018 学费：US$49,500(外国学生寄宿部)

学校简介：该校是小型的大学预备学校，建校于 1844 年。办学宗旨是使学生充分发挥他们的潜力，将来成为领导人才、学者、艺术家、运动员或演员等等。着重在思想、身体和精神上使学生得到良好的教育。课程设置除基本大学预备基础课外，还有荣誉课、大学先修课等高级课程，学校也开设系统的视觉和表演艺术。该校学生毕业后 100%可进入大学。学校为有需要的学生需设英语为第二语言课程（ESL）大学先修课和五天宿寄宿部。学校的新设施有科学中心、初中部校舍、体育馆、完整的标准篮球场和排球场、两个练习场、一个训练室和举重室。

运动队：篮球队，排球队，英式足球队，越野队，高尔夫球队。

社　　团：电影社，科学社，摄影社，录音社，数学组，电子琴社，演讲社。

大学去向：波士顿大学，加州大学，杜克大学，长木大学，密歇根大学，纽约大学，宾州州立大学，科罗拉多大学，丹佛大学，佛罗里达大学，罗切斯特大学。

236.Virginia Episcopal School (弗吉尼亚教区学校)

网　　址：www.ves.org
所在州：弗吉尼亚州(Virginia)
地　　址：400 VES Road, P.O.Box 408, Lynchburg, VA24503
招生范围：九至十二年级
学生人数：216人

教　　师：68人(硕士20人，博士2人)

入学要求：SSAT、SAT、PSAT 成绩，原校成绩单，教师推荐信，面谈。

2018 学费：US$55,860(外国学生寄宿部)

学校简介：这是一所中型偏小的大学预备学校，建校于1916年。学校的目标是使水平平均和超群的学生都能茁壮成长。小班制及优质教师是创造互动教学环境的重要因素。学校鼓励学生勇于参与和面对挑战，所有从该校毕业的学生都能进入大学就读。该校学生在课堂上、运动场上和舞台上都有全新的成功表现。

学校拥有最先进的科学和计算机中心，还有30,000平方英尺的室内田径场和网球中心。

课程设置：AP 课程：生物学，微积分AB，微积分BC，欧洲历史，乐理，西班牙语和文化，统计学，化学，英语和文化，英国文学，环境科学，法语，比较政府与政治，美国历史，物理B，艺术。

运动队：棒球队，足球队，网球队，英式足球队，高尔夫球队，曲棍球队，排球队，游泳队，越野队。

社　　团：戏剧社，学生会，摄影社，数学竞赛组，录音社，杂志社。

大学去向：普林斯顿大学，耶鲁大学，斯坦福大学，宾夕法尼亚大学，哥伦比亚大学，芝加哥大学，杜克大学，达特茅斯学院，华盛顿大学，康奈尔大学，埃莫瑞大学，加州大学伯克利分校，佛吉尼亚大学，南加州大学，密歇根大学，乔治华盛顿大学，奥本大学，普渡大学，罗切斯特大学，伊利诺大学。

237. Woodberry Forest School（木莓林学校）☆

网　　址：www.woodberry.org
所 在 州：弗吉尼亚州（Virginia）
地　　址：241 Woodberry Station, Woodberry Forest, VA22989
招生范围：九至十二年级
学生人数：408 人

教　师：70 人（硕士 53 人，博士 3 人）
入学要求 SSAT 成绩，原校成绩单，教师推荐信，面谈。
2018 学费：US$53,500（外国学生寄宿部）

学校简介：这是一所中型的有百年历史的大学预备男校，建校于 1889 年。最初是由沃克上校雇佣教师来教育他的六个儿子，以后逐步发展为正规的寄宿男校。学校采用传统的教学方式，强调为大学作准备，培养学生的领导才能和为他人服务的精神。学校极力营造教师和学生的课堂上积极互动的良好气氛。学校设立的荣誉制度已有百多年历史，激励学生上进。出色的教师和单一性别的环境使该校成为杰出的大学预备学校。学校的课程严谨，开设有 27 门大学先修课。该校的艺术课和强化的体育课（设运动队，内含 13 个运动项目中的 34 支运动队），可帮助学生发挥自己既有的才能和发现新的兴趣了。

AP 课程设置：统计学，西班牙语和文化，西班牙文学，心理学，物理 B，阅历，拉丁语，拉丁文学，宏观经济学，微观经济学，艺术史，法语和文化，欧洲历史，环境科学，微积分 AB，微积分 BC，生物学。

运动队：越野队，田径队，跳水队，篮球队，英式足球队，游泳队，高尔夫球队，棒球队，曲棍球队，网球队。

社　团：阅读社，戏剧社，合唱社，学生会，数学组，模特社，辩论社。

大学去向：哈佛大学，波士顿大学，哥伦比亚大学，麻省理工学院，迈阿密大学，斯坦福大学，科罗拉多大学，宾州州立大学。

238. Annie Wright School（安妮莱特学校）*

网　址：www.aw.org
所在州：华盛顿州（Washington）
地　址：827 North Tacoma Avenue, Tacoma, WA98403
招生范围：九至十二年级
学生人数：130 人

教　师：53 人（硕士 12 人，博士 1 人）

入学要求：原校成绩单。

2018 学费：US$55,620（外国学生寄宿部）

学校简介：这是一所已有一百二十多年历史的小型女子学校，建校于1884年，是西部太平洋沿岸最古老的学校。课程设置以大学预备课为基础，要求严格。学校采用小班教学，教师与学生的比例 8:1，这个比例能促进师生互动及鼓励学生在学术上和个人发展上勇于冒险。由于是教会学校，学校非常重视精神层面的道德教育。由于临近西雅图，使学生可以参加当地的文化活动，而且可发展多项户外活动，如航海、划船、滑雪和野营等；学生也可参加各种社团活动。学校还为国际学生开设英语为第二语言课程（ESL）和五天寄宿部。

运动队：英式足球队，排球队，网球队，高尔夫球队，篮球队，越野队，田径队。

社　团：宿管部，艺术社，创意写作社，戏剧教学社，新闻报社，年刊，现代舞社，故事社，数学组，辩论社，电影创作社。

大学去向：波士顿学院，波士顿大学，加州大学洛杉矶分校，圣地亚哥州立大学，西雅图大学，史密斯学院，纽约州立石溪分校，纽约州立大学。

239. The Northwest School（西北学校）*

网　　址：www.northwestschool.org

所在州：华盛顿州(Washington)

地　　址：1415 Summit Avenue, Seattle, WA98122

招生范围：九至十二年级

学生人数：508人

教　师：84人

入学要求：学校三年平均成绩大部分为A或B，托福成绩，英语笔试4.0以上，教师及学校推荐信。

2018学费：US$58,045(外国学生寄宿部)

学校简介：这是一所中型的大学预备学校，建校于1980年，由三位深入了解名牌大学对学生的要求的教师发起组成。以日间部为主，寄宿部学生可以得到充分的生活照顾和广泛的同学交往。该校以高素质教师、高水平课程和学校文化为号召。课程设置严谨，并带有从六年级至十二年级的连贯性。学校致力于以历史的、艺术的和国际性的知识装备学生，使学生具备在大学与社会上成功的条件。学校坚持严格挑选学生，入学学生的水平较高。学校文化强调礼貌、责任和宽容。课外活动内容丰富，并具教育意义。很多户外活动注重锻炼学生意志及吸收其它文化精髓。学生有不同的社会经济背景，有20%获得学校的经济奖助，有15%来自其它国家，代表不同的族裔和文化。

课程设置：AP课程：生物学，物理B。

运动队：篮球队，越野队，田径队，排球队，英式足球队。

社　团：舞蹈社，音乐社，电影社，视觉艺术社，新闻播报社，攀岩社，露营社，圆顶建筑社，海上皮艇社，滑冰社。

大学去向：埃莫瑞大学，哈佛大学，奥本大学，宾州州立大学，西雅图大学，史密斯学院，乔治华盛顿大学，加州大学伯克利分校，旧金山大学，南加州大学，华盛顿大学。

240. The Linsly School（林斯利学校）*

网　址：www.linsiy.org
所在州：西弗吉尼亚州(West Virginia)
地　址：60 Knox Lane, Wheeling, WV26003
招生范围：七至十二年级
学生人数：450 人
教　师：49 人（硕士 16 人，博士 2 人）
入学要求：SSAT 成绩，学校成绩单，教师推荐信，面谈。

2018 学费：US$36,450（外国学生寄宿部）

学校简介：这是一所传统的大学预备学校，建校于 1814 年，有近二百年历史。学校箴言是美国前总结和名科学家的名言：「知识的投资是最有效益的投资。」学生遵照传统热爱学习，老师也有极大的积极性，课程设置严谨。学校的体育设置和课外活动设置对学生参与体育运动和课外活动很有吸引力，户外活动中心使学生经历以前从未想过的挑战。学校还根据学生的需求开设英语为第二语言课程（ESL）和暑期班。

课程设置：AP 课程：美国历史，物理 C，拉丁语，法语和文化，英国文学，英语和文化，心理学，物理 B，生物学，人类地理学，计算机科学 A，计算机科学 AB，微积分 AB，微积分 BC。

运动队：棒球队，越野队，冰球队，网球队，排球队，攀岩队，足球队，垒球队，篮球队，跳水队，高尔夫球队，曲棍球队，英式足球队，游泳队，田径队。

社　团：国际象棋社，德语社，莎士比亚社，技术社，数学社，摄影社，模特社，西班牙语社，学生会，环境科学社，动物保护组织，拼图社，历史社。

大学去向：哈佛大学，哥伦比亚大学，杜克大学，西北大学，约翰霍普金斯大学，埃莫瑞大学，莱斯大学，范德比尔特大学，圣母大学，加州大学伯克利分校，卡耐基梅隆大学，乔治城大学，佛吉尼亚大学，乔治亚理工学院，伊利诺大学。

241. St. John's Northwestern Military Academy（圣约翰西北军事学院）*

网　　址：www.sjnma.org
所 在 州：威斯康星州（Wisconsin）
地　　址：1101 N. Genesee Street Delafield, WI 53018-1498
招生范围：七至十二年级
学生人数：393 人
教　师：41 人（硕士 10 人，博士 3 人）
入学要求：SSAT 成绩，学校成绩单，教师推荐信，面谈
2018 学费：US$40,000（外国学生寄宿部）
学校简介：建校于 1884 年的一所中型教会学校。著名的校友是阿波罗 13 号宇宙飞船司令罗威尔，他的儿子孙子分别从该校毕业，与其同校的还有不少大公司的 CEO。课程设置以大学预备为导向。学校的办学宗旨是：学生掌握时间的技巧和自律的同时，发展自己的个性、建立对生活态度的价值观。采用小班教学，由教师督导的自习课，强制性参与的体育课和教堂活动，都是为学生今后在大学和社会的发展作好准备的重要因素。JRTOC 和有差别荣誉制度是培养学生领导才能和个人责任的重要方法。航空课、雷达训练、潜水训练、列队训练、童军组织则进一步培养学生的领导才能和新科学概念。学生在校培训即可考试取得航空师执照。
课程设置：AP 课程：美国历史，物理 B，化学，统计学，生物学，英国文学。
运动队：高尔夫球队，垒球队，网球队，曲棍球队，篮球队，棒球队，越野队，足球队，冰球队，英式足球队，游泳队，田径队。
社　团：合唱社，国际象棋社，戏剧社，滑雪社，乐队社，校园唱诗班，风笛社。
大学去向：艾默里大学，佛罗里达州立大学，马凯特大学，西北大学，普杜大学，范德比尔特大学，威廉学院，密歇根州立大学，印第安州立大学，加州大学。

242. Wayland Academy（韦兰德书院）*

网　　址：www.wayland.org
所在州：威斯康星州(Wisconsin)
地　　址：101 N.University Avenue, Beaver Dam, WI53916
招生范围：九至十二年级
学生人数：179人
教　　师：20人(硕士10人)
入学要求：SSAT成绩，学校成绩单，面谈，教师推荐信。
2018学费：US$53,030(外国学生寄宿部)
学校简介：这是一所小型的大学预备学校，建校于1855年。该校原本是一所大学，1855年后改为高中，也是全国最古老的寄宿学校之一，已有150年历史。学校传授传统的大学预备基础课程，同时也开设大学先修课，各种体系才能培训课程、辅导课、学习技巧和组织技巧课以及阅读课都是重要辅助课程。学生得益于出色的教师及学校丰富的运动、不同的文化，首府麦迪逊及密尔瓦基市的娱乐和体育活动也很受学生欢迎。学校并向学生提供经济资助。该校100%的学生毕业后进入大学就读。一个世纪以来，该校一直维持并会在今后继续努力创造出色的教育成果。
课程设置：AP课程：美国政府与政治，美国历史，拉丁语，德语和文化，英国文学，化学，宏观经济学，统计学，生物学，欧洲历史，微积分AB，微积分BC。
运动队：棒球队，英式足球队，高尔夫球队，篮球队，游泳队，田径队，冰球队，网球队，越野队，排球队，足球队，垒球队。
社　　团：合唱社，舞蹈社，电影社，戏剧社，模特社，学生会，音乐社，马术社，烘焙社。
大学去向：西北大学，波士顿大学，卫斯理女子学院，格林内尔学院。

243. American International School in Salzburg（莎尔兹堡美国国际学校）*

网　址：www.ais-salzburg.at
所在州：奥地利(Austria)
地　址：Moosstrasse 106，5020 Saizburg, Austria
招生范围：七至十二年级
学生人数：100 人
教　师：17 人(硕士 10 人)
入学要求：SLEP 成绩或托福成绩，学校成绩单，数学和英文教师推荐信，面谈。
2018 学费：35,500 欧元(外国学生住宿部)

学校简介：这是一所规模很小的寄宿学校，建校于 1977 年。该校的办学宗旨是为学生进入美国或世界其它地区的名牌大学作准备。课程设置采用美国的大学预备基本课程和大学先修课（AP 课和 AP 考核），同时也开设国际学士学位课程和完整的艺术和社会实践课程。小规模的校园生活和学生与教师的低比例使学生得到充分的照顾和帮助。学生毕业后都能进入最名牌的大学和院校深造。

课程设置：AP 课程：英国文学，英语和文化，比较政府与政治，欧洲历史，人类地理学，宏观经济学，微观经济学，物理学，美国政府与政治，美国历史，世界历史，微积分 AB/BC，计算机科学 A，统计学，生物学，化学，环境科学，物理 1，物理 2，中文与文化，法语和文化，德语和文化，意大利语和文化，日语和文化，拉丁语，西班牙语和文化，西班牙文学。

运动队：排球队，棒球队，网球队，高尔夫球队，垒球队，英式足球队。

社　团：滑板社，游泳队，攀岩社，电影社，当地饮食文化社，表演社，博物馆研究社。

大学去向：乔治华盛顿大学，乔治城大学，伊利诺大学，威廉和玛丽学院，纽约大学，曼哈顿学院。

244. Albert College（艾伯特书院）*

网　址：www.albertcollege.ca

所在州：加拿大(Canada)

地　址：160 Dundas Street West, Belleville, ON K8P 1A6 Canada

招生范围：七至十二年级

学生人数：305人

教　师：26人(硕士5人)

入学要求：SSAT成绩（高中入学考试），学校成绩单，教师推荐信，面谈。

2018学费：$62,000（国际生住宿部）

学校简介：这是一所中等规模的大学预备学校，建校于1857年。学校致力于帮助学生共同努力取得优秀的成绩并进入较好的大学。学校的各种设施良好，为学生提供最好的学科、体育、艺术教育环境。小规模和家庭式的校园生活符合家长希望孩子得到充分关注的要求。采用小班教学，每班不超过15人，教师指导自习课和学生顾问制度是学校教学成果杰出的保障。

课程设置：AP课程：生物学，世界历史，德语和文化。

运动队：骑单车队，攀岩队，篮球队，橄榄球队，冰上曲棍球队，划船队，足球。

社　团：戏剧社，美术社，合唱团，摄影社。

大学去向：加拿大或英美大学：卡尔顿大学，英属哥伦比亚大学，康考迪亚大学，皇家军事学院，麦克马斯特大学，麦吉尔大学，多伦多大学，滑铁卢大学，圭尔夫大学，渥太华大学，杜克大学，诺瓦东南大学，印第安纳州立大学，芝加哥艺术学院，约克大学，曼彻斯特大学，伦敦大学学院，德比大学。

245. Appleby College（亚扑拜学院）

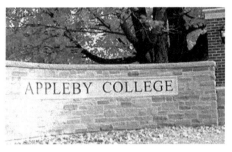

网　　址：www.appleby.on.ca
所在州：加拿大(Canada)
地　　址：540 Lakeshore Road West, Oakville, ON L6K 3PI Canads
招生范围：九至十二年级
学生人数：750人

教　　师：90人（硕士34人，博士14人）
入学要求：SSAT和托福成绩，入学考试，学校记录，学校成绩单，面谈。
2018学费：$68,300（国际生住宿部）
学校简介：这是一所中型的大学预备中学，建校于1911年。办学方针重视基础课，体育和课外活动并重，校方认为这样可以使学生打下坚实学科知识基础的同时，通过努力参国各项活动发展自豪感、团队精神和领导才能。学校课程设置以大学预备为基础，也开设其它辅助课程，使人文科学、自然和社会科学并重。学校很重视新技术在教学中的应用。该校的学生能设计出自己的网页，用手提电脑熟练使用互联网内的教学实况，很使校方感到骄傲。
课程设置：AP课程：艺术史，经济学，化学，生物学，世界地理，世界历史，艺术历史，微积分AB，统计学及数据管理，物理学。
运动队：网球队，英式足球队，曲棍球队，竟跑队，越野队，排球队，马术队，篮球队，游泳队，高尔夫球队，垒球队，羽毛球队。
社　　团：健身社，艺术社，舞蹈队，戏剧社，音乐社。
大学去向：多伦多大学，女王大学，哈佛大学，耶鲁大学，布朗大学，宾夕法尼亚大学，伦敦经济学院，西安大略大学。

246. Ashbury College（阿什伯利学校） *

网　　址：www.ashbury.ca
所在州：加拿大(Canada)
地　　址：362 Mariposa Avenue, Ottawa, ON K1M OT3 Canade
招生范围：九至十二年级
学生人数：685 人
教　　师：70 人(硕士 14 人，博士 4 人)
入学要求：托福成绩，自转式短文一篇（300 字）介绍自己的学习目标、兴趣及课外活动和社会活动，成绩单，入学考试。
2018 学费：$62,500(外国学生寄宿部)
学校简介：这是一所有一百年历史的中偏大型的寄宿学校，建校于 1891 年。学校的宗旨是教育学生掌握将来生活的基本技巧——清晰思考、表达己见和与他人合作的能力。百多年来，该校一直强调个人自由、正直诚实、自律和个人责任感的重要性。教学上采用小班教学，教师有奉献精神。
运动队：滑雪队，羽毛球队，篮球队，高尔夫球队，攀岩队，垒球队，网球队，滑板队，棒球队，越野队，英式足球队，游泳队，田径队，排球队。
社　　团：戏剧社，合唱社，学生会，数学组，模特社，辩论社，阅读社。
大学去向：耶鲁大学，哈佛大学，牛津大学，东京大学，杜克大学，乔治城大学，布朗大学，麻省理工学院，宾州州立大学，皇后学院，芝加哥大学。

247. Balmoral Hall School（巴尔摩洛名人学校）*

网　　址：www.balmoralhall.com
所在州：加拿大(Canada)
地　　址：630 Westminister Avenue Winnipeg, MB R3C 3S1 Canada
招生范围：六至十二年级
学生人数：551 人
教师：65 人(硕士 24 人, 博士 2 人)
入学要求：托福成绩，学校成绩单，教师推荐信，面谈。

2018 学费：$54,000(外国学生寄宿部)

学校简介：建校于 1901 年偏大型的大学预备学校,。以招收日间部学生为主，也招收少数寄宿生。日间部招收跨度很大，从幼儿园一直到大学预科。学校一直致力为学生进入大学、其学业生涯和个人前途作准备。学校课程设置很具挑战性，除基本课程外，还开设有 6 门大学先修课程，各门课设有荣誉果程。学校采用小班教学，高标准要求学生。

课程设置：AP 课程：英语，生物学，化学，物理学，心理学，微观经济学，英国文学，统计学，法语，西班牙语，中文和文化。

运动队：羽毛球队，田径队，龙舟队，排球队，篮球队，英式足球队，冰球队。

社　团：舞蹈队，表演艺术社，戏剧社，音乐社，合唱团，唱诗班，视觉艺术社。

大学去向：普林斯顿大学，康奈尔大学，宾夕法尼亚州立大学，约翰霍普金斯大学，雪城大学，多伦多大学，吉尔大学。

248. Bishop's College School (主教学校)

网　　址：www.bishopscollegeschool.com
所在州：加拿大(Canada)
地　　址：80 Chemin Moulton Hill, Sherbrooke, QCJIM 1Z8 Canada
招生范围：七至十二年级
学生人数：250 人
教　　师：28 人
入学要求：学习成绩单，教师推荐信，面谈。
2018 学费：$59,900(国际生寄宿部)
学校简介：这是一所规模不大的大学预备学校，建校于 1836 年。该校的优点是用英法两种语言授课。课程主动且具有挑战性。学校的传统是很注重学生的道德行为，对学生有较多的要求，教学上则采用较现代化的方法。学校为鼓励有天才、有学习动力的学生探索超越及获得标准以外的知识，特别设立多种学术活动和学术专题项目，给予学生对自身教育更多的责任感以及向自己的学习技巧挑战的机会。
课程设置：AP 课程：生物，微积分，化学，比较政治，计算机科学，英语，英语文学，欧洲史，法语，地理，宏观和微观经济学，物理，艺术。
运动队：越野队，足球队，马术队，英式足球队，滑冰队，篮球队，滑板队，曲棍球队，游泳队，攀岩队，高尔夫球队，网球队。
社　　团：绘画社，雕塑社，摄影社，录影社，军乐队，舞台乐队，高中乐队，合唱团，艺术和手工艺品制作社，象棋俱乐部，社区服务社，演讲社，校刊出版社，新闻采访社。
大学去向：麦吉尔大学，麦克马斯特大学，渥太华大学，皇后大学，多伦多大学，不列颠哥伦比亚大学，西安大略大学。

249. The Bishop Strachan School (斯特洛恩学校) *

网　址：www.bss.on.ca
所在州：加拿大(Canada)
地　址：298 Lonsdale Road, Toronto
招生范围：七年级到十二年级
学生人数：264 人
教　师：106 人(硕士 28 人，博士 1 人)
入学要求：先通过面试，然后考 SSAT、SLEP 或托福，学校成绩单，教师推荐信。

2018 学费：$60,130（外国学生寄宿部）

学校简介：建校于 1867 年，以培养学生进入美国常春藤盟校或英国名校为目标的大学预备女校。学校相信出色的教育能使学生在德、智、体方面得到全面发展。课程设置以提高学生的判断性思维技巧、沟通技巧、时间掌握技巧和团队合作领导技巧为宗旨。学校开设强化的数学、科学、人文科学和艺术等基本课程。其大学先修课程所涵括的科目和加拿大各校相比是最多的。学生毕业后 100%进入美国常春藤盟校和英国的大学。学校的体育课包括传统团体则有合唱队、乐队、弦乐队、戏剧社和辩论队、舞蹈队，学生还参加小区服务等。

课程设置：AP 课程：化学，统计学，英语和作文，英国文学，生物学。

运动队：羽毛球队，攀岩队，网球队，排球队，垒球队，冰球队，篮球队，越野队，英式足球队，游泳队，田径队。

社　团：环保社，电影社，戏剧社，烹饪社，辩论社，艺术社，爵士社，模特社，数学组，音乐社，学生报社，跑步俱乐部，西班牙语社，摄影社，学生会。

大学去向：约克大学，东京大学，波士顿学院，纽约大学，加州大学圣地亚哥分校，加州大学洛杉矶分校，迈阿密大学，宾州州立大学。

250. Branksome Hall（布兰克什名人学校）*

网　　址：www.branksome.on.ca
所在州：加拿大(Canada)
地　　址：10 Elm Avenue, Toronto, ON M4W1N4 Canada
招生范围：九至OAC
学生人数：850人
教　　师：100人

入学要求：学生最近两年的成绩单，教师推荐信，家庭医生出示健康证明，出生证或护照，SSAT成绩或圣驾学校的入学考试。

2018学费：61,485加元（外国学生寄宿部）

学校简介：这是一所传统的规模较大的大学预备女子学校，建校于1903年，分初中、高中两部分。学校致力于创造良好的学习环境，向学生的学科成绩和领导才能提出挑战。学校采用小班教学，使每个学生都得到充分的个别帮助和指导。课程设置严谨，除基本课程外，还有强化的法文和大学先修课。该校毕业生进入美国、加拿大或其它国家的大学都有很出色的表现。

课程设置：IB课程：数学，英语，德语，法语，西班牙语，拉丁语，化学，物理，生物，世界、欧洲和北美历史，地理学，经济学，法律，环境研究，音乐，美术。

运动队：篮球队，游泳队，英式足球队，曲棍球队，羽毛球队，排球队，网球队，垒球队，田径队，划船队，赛跑队，棒球队，橄榄球队，滑雪队。

社　团：模特社，戏剧社，视觉艺术社，音乐社，合唱团，辩论社，社区服务社，美食俱乐部，法语俱乐部，西班牙语俱乐部，吉他俱乐部。

大学去向：哥伦比亚大学，芝加哥大学，宾夕法尼亚，普林斯顿大学，牛津大学，利物浦大学。

251. Brentwood College School（班特伍德学校）

网　址: www.brentwood.bc.ca
所在州：加拿大(Canada)
地　址：2735 Mt Baker Rd, Mill Bay, BC VOR 2P1, Canada
招生范围：八至十二年级
学生人数：455 人
教　师：42 人（博士 1 人，硕士 16 人）

入学要求：原学校最近一年的成绩单，参加学校 30 分钟的入学考试，面谈。

2018 学费：$66,000（外国学生寄宿部）

学校简介:这是一所中型以招收寄宿生为主的中学，建校于 1923 年，有近百年历史、招收八年级到十二年级的学生。学校的办学目标是通过学生以团队成员或个人身份充分参与教学过程发掘自己的长处，从而得到优秀的成绩。学校努力创造良好的环境，以给予学生极大的支持。学校的学科设置很具挑战性，视觉艺术和表演艺术也是重要课程。

AP 课程设置：微积分 AB\BC，环境科学，艺术工作坊，乐理，英语和作文，英国文学，计算机科学 A，化学，物理 C，中文与文化，比较政府与政治，心理学，物理 B，人类地理学，生物学，西班牙语和文化，宏观经济学，微观经济学，法语和文化，艺术史。

运动队：羽毛球队，英式足球队，田径队，游泳队，高尔夫球队，篮球队，攀岩队，冰球队，排球队，网球队，山地自行车队。

社　团：舞蹈社，戏剧社，电影社，爵士社，私人辅导社，音乐电影社，设计社，创意科学社，摄影社，环境科学社，年刊，摇滚乐队。

大学去向：麻省理工学院，芝加哥大学，杜克大学，西北大学，华盛顿大学，康奈尔大学，加州大学伯克利分校，卡耐基梅隆大学，加州大学洛杉矶分校，维克森林大学，纽约大学，伊利诺大学，华盛顿大学，德克萨斯大学，俄亥俄州立大学，波士顿大学。

252. Lakefield College School（湖田学校）

网　　址：www.lcs.on.ca
所在州：加拿大(Canada)
地　　址：4391 Country Road #29,
Lakefield, ON K0L 2H0
Canada
招生范围：九至十二年级
学生人数：335 人
教　　师：90 人
入学要求：SSAT 成绩，最近成绩单，教师及亲友推荐信，面谈。
2018 学费：63,500 加元(国际生寄宿部)
学校简介：这是一所中等规模的大学预备学校，建校于 18979 年，学校是从只有 15 英亩 20 个学生发展为有 155 英亩和 300 多个学生的学校的。分寄宿部和日间部，以寄宿部为主。学校致力于为学生创造家庭式的既安全又健康的学习环境，重视户外教学和探索。开设有 10 门以上的大学选修课。学校 25% 的学生得到经济资助或奖学金，学生毕业率为 100%。
课程设置：AP 课程：化学，生物，欧洲历史，计算机科学，英语，政治，数学，法语。
运动队：排球队，橄榄球队，棒球队，垒球队，网球队，篮球队，五子棋队，高尔夫球队。
社　　团：爵士乐团，合唱团，外国语言社，学生议会，期刊社，科学研习社，滑雪社，独木舟队，帆船队，探险队，登山队，国际旅游社。
大学去向：滑铁卢大学，麦吉尔大学，多伦多大学，英属哥伦比亚大学，麦克马斯特大学，女皇大学，西安大略大学，圭尔夫大学，达尔豪斯大学，渥太华大学，纽约大学，迈阿密大学，肯塔基大学，帕森设计学院，伯克利音乐学院，牛津大学，爱丁堡大学，布里斯托大学，亚琛工业大学，慕尼黑大学，华威大学，基尔大学。

253. Pickering College (皮克林学院) *

网　　址：www.pickeringcollege.on.ca
所在州：加拿大(Canada)
地　　址：16945 Bayview Avenue, Newmarket, ON L3Y 4X2 Canada
招生范围：七至十三年级
学生人数：400人
入学要求：SSAT成绩，学校成绩单，教师推荐信，面谈。
2018学费：62,755加元(国际生寄宿部)
学校简介：该校创建于1842年，有近一百六十年历史。一个半世纪以来，学校致力于维持高素质学生水平、高标准要求、相互尊重、培养勇气、掌握技巧等传统。学校分初中及高中两部分，提供内容丰富的基础学科教学，鼓励学生树立信心、培养能力和遵纪守法，发挥他们最大的潜能。学校为寄宿学生创造良好的学习和生活环境，给予他们各方面的支持，帮助培养学生在学习和生活上的独立能力。
运动队：篮球队，排球队，游泳队，马术队，高尔夫球队，长曲棍球队，田径队，网球队。
社　　团：摄影社，公共演讲社，录影社，烹饪社，国际象棋聚乐部，电脑社，游戏社。
大学去向：普林斯顿大学，芝加哥大学，麦基尔大学，维多利亚大学，多伦多大学，皇后大学。

254. Ridley College（瑞德利学院）*

网　址： www.ridley.on.ca
所在州： 加拿大(Canada)
地　址： 2 Ridley Road, P.O. Box 3013, St. Catherine, On L2R 7C3 Canada
招生范围： 五至十二年级，相当于香港小学五年级至 Form 6, 大陆小学五年级至高中三年级，台湾国小五年级至高三。
学生人数： 625 人
教　师： 102 人（硕士 67 人）
入学要求： SSAT 成绩，学校成绩单，教师推荐信，学校一个半小时的入学考试，面谈。
2018 学费： $63,700（外国学生寄宿部）
学校简介： 这是一所较大型的大学预备学校，声誉很好，设施先进。该校很重视鼓励学生在基本科目学习的基础上，积极参与课外活动。学校计算机设施完整，为学生提供手提电脑。校园建筑很有美国常春藤大学的风格。学生来自于加拿大全国及 30 个其它国家。每年为有需要的学生提供 130 万美元的经济资助。
课程设置： AP 课程：微积分 AB，计算机科学 A，宏观经济学，微观经济学，乐理，物理 B，世界历史，西班牙文学，西班牙语和文化，艺术史，德语和文化，法语和文化，生物学。
运动队： 游泳队，田径队，高尔夫球队，篮球队，越野队，冰球队，羽毛球队，网球队，排球队。
社　团： 合唱社，辩论社，爵士乐队，年刊，报社，电子琴社，材料社手工锻造社，时尚社。
大学去向： 波士顿大学，乔治华盛顿大学，东北大学，宾州州立大学，迈阿密大学，华盛顿大学，多伦多大学，约克大学。

255. Roseeau Lake College School（罗素湖学院）*

网　　址：www.rosseaulakecollege.com
所在州：加拿大(Canada)
地　　址：1967 Bright Street Rosseau, On POC 1J0 Canada
招生范围：七年级至十二年级
学生人数：141 人
教　　师：40 人（硕士 24 人，博士 6 人）
入学要求：学校成绩单，教师推荐信，DMYO。
2018 学费：$49,000（外国学生寄宿部）
学校简介：这是一所小型的大学预备学校，招收七年级至前学士学位（OAC）的学生。学校致力于为学生提供最大的支持，使学生充分发挥自己的学术和体能上的潜力。学科课程偏重数学、科学、艺术和语文。采用小班教学，每日都安排辅导课，有教师监督晚自习和对学生个别辅导。学校每三周就发一次成绩单，使学生及家长及时了解学生的表现，以给予及时的帮助和支持。学校的环境有利于户外教育。学校有各种野外活动队、体育队和课外活动队，志在培养学生的领导才能。
运动队：山地自行车队，英式足球队，羽毛球队，攀岩队，篮球队，滑板队，排球队，越野队。
社　　团：健身社，摄影社，年刊，冲浪社，学生会，网球社，戏剧社，乐队，科学组。

256. St. Andrew's College（圣安德鲁斯学院）*

网　址：www.sac.on.ca
所在州：加拿大(Canada)
地址：15800 Yonge Street, Aurora ON L4G 3H7 Canada
招生范围：五年级至十二年级
学生人数：614 人

入学要求：SSAT 成绩或托福成绩，学校成绩单，教师推荐信，面谈。
2018 学费：$63,500（外国学生寄宿部）
学校简介：这是一所中型偏大的大学预备男校，建校于 1899 年，已有一百多年历史。课程设置以基本学科为主，也开设大学先修课。该校以出色的运动队著称，以培养学生的全面才能为目标。
学校拥有 50 支运动队，开设二十多种运动项目；学校的表演艺术课也得到赞许。该校是加拿大最早使用计算机联网的寄宿学校，重视将先进的科技引进教学中。
课程设置：AP 课程：欧洲历史学，统计学，化学，英语和作文，英国文学，物理 B，生物学，宏观经济学，微观经济学，美国历史，计算机科学 A。
运动队：羽毛球队，篮球队，高尔夫球队，曲棍球队，游泳队，英式足球队，田径队，棒球队，越野队，足球队，冰球队，网球队，排球队。
社　团：国际象棋舍，基督教社，投资社，环境科学社，经济学社，爵士社，历史电影社，数学组，模特社，戏剧社，电影教学社，学生商业社，摄影社。
大学去向：宾夕法尼亚大学，波士顿大学，布朗大学，卡内基梅隆大学，哥伦比亚大学，哈佛大学，康奈尔大学，达特茅斯大学，杜克大学，约翰·霍普金斯大学，麦吉尔大学，麦克马斯特大学，纽约大学，东北大学，安大略艺术和设计学院，普林斯顿大学，皇后大学，罗德岛设计学院，英属哥伦比亚大学，加州大学伯克利分校，埃克塞特大学，多伦多大学，西安大略大学，威尔弗里德·劳里埃大学，耶鲁大学，芝加哥大学。

257. St. George's College（圣乔治学院）

网　　址：www.stgeorges.bc.ca
所在州：加拿大(Canada)
地　　址：4175 W.29th Avenue, Vancouver BC C6S 1V6 Canada
招生范围：六至十二年级
学生人数：1,100人（男生）
教　　师：95人
入学要求：SSAT成绩或托福成绩，学校成绩单，入学试，面谈。
2018学费：$64,840（国际生寄宿部）

学校简介：这是一所大型的私立中学，建校于1930年。招收对象以日间部为主，班级由一年级至十二年级，寄宿部招收六年级以上的学生。学校的办学宗旨是，培养学生热爱学习，快乐生活，德、智、体全面发展。学校提供机会给学生发挥他们的学术及创造潜力。该校是全加拿大开置大学先修课最多的学校之一，90%学生可考到3分（大学先修标准）。学校的两个校园都有最先进的设施装备。学校的课室和宿舍都是最优秀的建筑。

课程设置：AP课程：化学，生物，物理，环境科学，拉丁文学，德语，微积分AB，微积分BC，统计，美国历史，政府政策比较，地理，心理学，计算机。

运动队：羽毛球队，足球队，体操队，骑马队，攀岩队，橄榄球队，跑步队，游泳队，网球队，排球队，高山滑雪队，滑板滑雪队，滑冰队和冰球队。

社　团：芭蕾社，合唱团，舞蹈队，长笛社，爵士乐队，钢琴社，小提琴社，吉他社，艺术社，法语社，年刊社，数学组，戏剧社，环境研究社。

大学去向：哈佛大学，耶鲁大学，康奈尔大学，约克大学，英属哥伦比亚大学，维多利亚大学，西安大略大学，多伦多大学，布朗大学，伦敦政治经济学院，宾夕法尼亚大学，麦基尔大学。

258. St. John's-Ravenscourt School（圣约翰渡鸦院学校）

网　　址：www.sjr.mb.ca
所在州：加拿大(Canada)
地　　址：400 South Drives, Winnipeg, MB Canada R3T 3K5
招生范围：七至十二年级
学生人数：800 人
教　　师：51 人

入学要求：学校成绩单，教师推荐信，面谈。

2018 学费：$52,000（国际生寄宿部）

学校简介：该校建校于 1820 年，已有一百八十多年历史。从小学开始招生，分小学、初中和高中部，大部分为走读生。学校一直维持成绩优异的传统。大学预备基本课程较强，并开设大学先修课、大学微积分，英文课程则着重于写作和文学。多年来该校毕业生大都进入一流大学，学校的校友在其专业领域中也处于领先地位。1990 年的毕业生中，将近 50%获得大学的奖学金。多年来，该校学生多赢得数学、辩论和公开演讲的全国和世界冠军。

运动队：健美操，舞蹈，普拉提，地板球，排球，竞走，羽毛球，越野滑雪，冰球，攀岩，重量训练，瑜珈，篮球，北美足球，长曲棍球，橄榄球，足球，垒球，田径，飞盘，足球，壁球。

社　　团：即兴表演组，演唱乐队，爵士乐队，创意写作，辩论和公开讲演，文学杂志社，数学竞赛组，多元文化俱乐部，科学俱乐部，科学博览会和研讨会，学生政府，学生报纸社，战术模拟组。

大学去向：哈佛大学，耶鲁大学，布朗大学，贝克利大学，艾默里大学，康奈尔大学，宾州州立大学，纽约州立大学，华盛顿大学。

259. St. Michaels University School（圣马克大学附中）*

网　　址：www.smus.bc.ca
所在州：加拿大(Canada)
地　　址：3400 Richard Road, Victoria BC V8P 4P5 Canada
招生范围：八至十二年级
学生人数：958 人
教　　师：40 人(硕士 24 人，博士 6 人)

入学要求：SSAT 成绩或托福成绩，学校成绩单，教师推荐信，面谈。
2018 学费：$63,375（国际生住宿部）
学校简介：该校建校于 1906 年，是由圣马可学校（建校于 1910 年）和大学附中（建于 1906 年）两校合并而成。是加拿大最好的大学预备中学，学生近千人。日间部从幼儿园开始招生，寄宿部从八年级才开始招生。课程设置既带挑战性又有趣，除基本课程外，另设有 15 门大学先修课、体育课和表演艺术课。学校重视户外教育和课外活动的安排，努力营造安全、友好、温暖的学习和生活环境，为学生提高水平和今后生活作充分准备。
课程设置：AP 课程：物理 B，欧洲历史，环境科学，宏观经济学，心理学，微积分 AB，艺术史，法语和文化，人类地理学，微积分 BC，德语和文化，微观经济学，生物学，化学，二维设计，绘画，电学和磁学，日语和文化，英语和文化，英国文学，比较政治和政府，中文和文化，西班牙语和文化。
运动队：英式足球队，羽毛球队，足球队，攀岩队，篮球队，冰球队，排球队。
社　　团：健身社，年刊，学生，文学社，历史学社，乒乓球社。
大学去向：哈佛大学，杜克大学，普林斯顿大学，加州大学，宾州州立大学，耶鲁大学，斯坦福大学，约克大学，布朗大学，达根茅斯学院。

260. Shawnigan Lake School（桑尼根湖学校）

网　　址：www.shawnigan.ca
所在州：加拿大(Canada)
地　　址：1975 Renfrew Road, Shawnigan Lake, BC VOR 2W1 Canada
招生范围：八至十二年级
学生人数：450人
教　　师：37人
入学要求：入学英语、数学及常识成绩，最近一年的成绩单及最近的学生报告，一封学校及一封小区人士推荐信，面谈（电话面谈）。
2018学费：$64,900（外国学生寄宿部）
学校简介：这是一所中等规模的大学预备学校。学校的宗旨是诚实、尊敬、礼貌、忍让、勤奋和自信。招收学生的标准关键是学生对学习的积极性和对各项活动的热情，因此，该校学生须为发挥自己在学科、运动和美术方面的最大潜能作努力。该校课程设置以大学预备为基础。学生毕业后98%进入加拿大名校如麦基尔大学、皇后大学等，进入美国的名校则包括伯克利加大、乔治城大学、麻省理工学院、史丹佛大学、耶鲁大学、普林斯顿大学等。
课程设置：计算机科学A，物理C，法语和文化，英国文学，英语和作文，人类地理学，生物学，欧洲历史，化学，微积分，西班牙语，美国历史，艺术工作坊。
运动队：羽毛球队，篮球队，越野队，冰球队，网球队，山地自行车队，游泳队，排球队，英式足球队，高尔夫球队。
社　　团：合唱队，电脑描绘社，创意写作社，辩论社，公共演讲社，环境科学社，工艺品社，年刊，爵士乐队，戏剧社，电影社，图表设计社，音乐社，摄影社。
大学去向：哥伦比亚大学，乔治城大学，皇后大学，东京大学，加州大学洛杉矶分校，芝加哥大学，旧金山大学，杜克大学，乔治华盛顿大学，哈佛大学，圣地亚哥大学，耶鲁大学，南加州大学，圣玛丽学院。

261. Stanstead College（斯坦斯德学院）*

网　　址：www.stansteadcollege.com
所在州：加拿大(Canada)
地　　址：450 Dufferin, Stanstead, QC J0B 3E0 Canada
招生范围：七至十二年级
学生人数：200 人
教　　师：37 人（硕士 24 人，博士 6 人）
入学要求：学校成绩单，教师推荐信，面谈。
2018 学费：$60,200（外国学生寄宿部）

学校简介：这是一所中偏小型的大学预备中学，建校于 1872 年。学校致力于促进提高学生的学业成绩。课程设置严谨，高质量的教员和先进的教学设施是学校达到目标的重要因素。学校采用小班教学，学生可以得到更多的注意力及个人辅导的机会。学校也注重培养学生的领导才能及个人的成长。该校之所以能吸引来自美国及世界各地的学生，主要是该校的十二年级荣誉证书能使学生毕业后直接进入美国大学，且历年都有不少学生进入美国的名牌大学。采用美式教育且费且较低。

课程设置：AP 课程：统计学，英国文学，宏观经济学，化学，微积分 AB，物理 B，生物学，艺术工作坊，法语。

运动队：高尔夫球队，越野队，垒球队，游泳队，篮球队，足球队，冰球队，英式足球队，网球队。

社　团：烹饪社，经典电影社，环境科学社，阅读社，视觉艺术社，年刊，学生会，桥牌社，辩论社，健身社，投资社，合唱社，乐队。

大学去向：哈佛大学，斯坦福大学，康奈尔大学，达特茅斯学院，布朗大学，宾夕法尼亚大学，纽约大学，雪城大学，多伦多大学，麦吉尔大学，英属哥伦比亚大学，皇后大学，滑铁卢大学，西安大略大学，剑桥大学，牛津大学，利兹大学。

262. Trinity College School（千里达学校）*

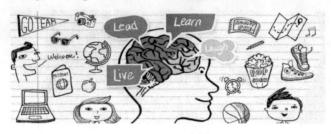

网　　址：www.tcs.on.ca
所在州：加拿大(Canada)
地　　址：55 Deblaguire Street North Port Hope, Ontario Cananda, L1A4K7
招生范围：九至十二年级
学生人数：590 人
教　　师：80 人
入学要求：SSAT 或托福成绩或 CCAT（加拿大学生能力测试），学校成绩单，教师推荐信，面谈。
2018 学费：$62,250（国际生寄宿部）
学校简介：这是一所具有悠久历史的中型大学预备学校，建校于 1865 年，一直是有名的私立中学，而且声望愈来愈好。该校学生为著名大学千里达学院输送人才。学校注重招收有学习动机的学生，培养学生的好奇心、开放的思维以及以学习为乐的精神。学校拥有杰出的师资。采用小班教学，学生在课堂上可得到教师的充分辅助。
课程设置：AP 课程：英语文学与写作，英语语言与写作，法语，西班牙语，德语，中文，日语，微积分 AB，统计，计算机科学 A，生物，化学，物理 B，环境科学，人文地理，世界历史，政府政策比较，微观经济学，艺术史，画室艺术，音乐理论。
运动队：曲棍球队，壁球队，篮球队，足球队，网球队，田径队，越野队。
社　　团：雕塑社，绘画社，录影社，摄影社，杂志社，数学组，模特社，学生会。
大学去向：麦基尔大学，皇后大学，东京大学，达特茅斯学院，宾州州立大学，英属哥伦比亚大学，哈佛大学，普林斯顿大学，牛津大学，渥太华大学。

263. Upper Canada College（上加拿大学院）

网　　址：www.ucc.on.ca
所在州：加拿大(Canada)
地　　址：200 Lonsdale Road Toronto, ON M4V 1W6 Canada
招生范围：九至大学毕业
学生人数：1,130 人(男生 674 人)
入学要求：SSAT 成绩，学校成绩单，教师推荐信，面谈

2018 学费：$62,524(国际生寄宿部)

学校简介：这是一所历史悠久的中学大学合并的学校，建校于 1829 年。创建者是旧任加拿大总督，初建时是一所男校。校园建筑古老雄伟。学制从九年级至大学毕业。学院以文科为主。学生毕业后可获得国际学士学位。100%的学生毕业后会到北美或世界其它国家深造——60%留在加拿大升学，27%到美国进入美国学校，其中有 50%进入常春藤大学；其余国家深造的学生，有 24%进入牛津大学。学校的班级人数是 18 人，学校会按他们各自的水平和需要分成不同的管理组，以确保他们得到适当的帮助。

运动队：羽毛球队，游泳队，田径队，高尔夫球队，网球队，高尔夫球队，曲棍球队，棒球队，英式足球队。

社　　团：音乐社，视觉艺术社，戏剧社，电影社，唱诗班，艺术社，辩论社，创意写作社，烹饪社，国际象棋社，摄影社，辅导社，模特社，科学社，乒乓球聚乐部，霹雳舞社，山地自行车社。

大学去向：剑桥大学，哈佛大学，麦吉尔大学，斯坦福大学，伦敦大学，多伦多大学，圣安德鲁大学，耶鲁大学。

264. American Overseas School Rome (罗马美国海外学校) *

网　　址：www.aosr.org
所在州：意大利(Italy)
地　　址：Via Cassia 811, Rome, Rm 00189 Italy
招生范围：九至十二年级
学生人数：475 人
教　　师：46 人(硕士 17 人)
入学要求：学校成绩单，教师推荐信，个人面谈，身体检查证明和记录。
2018 学费：24,800 欧元(国际生寄宿部)

学校简介：这是一所已有半世纪的非宗教大学预备学校，建校于 1946 年，招收 3~19 岁的学生。办学目标是帮助学生毕业后进入美国、英国和意大利的著名顶尖大学。课程设置除基本课程外，还开设有大学先修课和国际学士学位课程。该校的特色是毕业生成绩突出，采用小班教学，教师奉献意愿高，运动、音乐、艺术、戏剧项目出色。学生结构 38%是美国人，25%是意大利人，其余是来自于世界上 40 个其它国家的学生。住宿生都住在学校附近的三星级酒店中，有单人房及双人房，学校派出教师督促管理，教师与学生比例是 12：1，即一个教师管理 12 个学生。

课程设置：英国文学，英语，欧洲历史，美国历史，政府与比较政策，经济学，微积分 AB，微积分 BC，物理学，生物学，化学，心理学，艺术历史，西班牙语，法语。

运动队：篮球队，英式足球队，排球队，越野竞跑队，网球队，田径队，羽毛球队。

社　团：国际象棋俱乐部，摄影社，吉他社，钢琴社，小提琴社，卡通工作坊。

大学去向：波士顿学院，美国大学，加州大学，艾默里大学，乔治大学，纽约大学，圣地亚哥州立大学，史密斯学院，华盛顿大学，迈阿密大学，旧金山大学。

265. Leysin American School in Switzerland（瑞士雷欣美国学校）*

网　　址：www.las.ch
所在州：瑞士（Switzerland）
地　　址：Chemin de La Source3 Leysin, 1854 Switzerland
招生范围：八至十二年级
学生人数：350人
教　　师：57人（硕士24人）
入学要求：三年学校成绩单，教师推荐信，面谈。
2018学费：$88,000（外国学生寄宿部）

学校简介：这是一所中等规模的美国国际学校。全部学生为寄宿生，招收九年级到十三年级的学生。学校创造的学习和生活环境极佳，着重于帮助学生为今后的前途作准备。课程设置以大学预备为基础，也包括大学先修课和国际学士学位课程。地处欧洲中部的优势，使该校的教师能充分把欧洲丰富的文化资源融入教学，使学生见识更广。学生可以到该校作短期学习，适合父母工作流动性大的学生。学生来自于50个不同的国家。

运动队：篮球队，高尔夫球队，英式足球队，网球队，越野队，冰球队，排球队，网球队，游泳队，田径队，滑板队，滑冰队。

社　团：年刊，模特社，骑马社，吉他社，滑板社，音乐社，攀岩社。

大学去向：伦敦学院，斯坦福大学，东京大学，曼彻斯特大学，哥伦比亚大学，波士顿大学，宾州州立大学，达特茅斯学院。

266. TASIS, The American School in Switzerland（瑞士美国学校）*

网　　址：www.switzerland.tasis.com
所在州：瑞士(Switzerland)
地　　址：Via Collina d'Oro15, 6926 Montagnola, Switzerland
招生范围：七至十二年级
学生人数：273 人
教　　师：40 人（硕士 24 人，博士 6 人）
入学要求：学校成绩单，教师推荐信，面谈。
2018 学费：CHF 83,000（外国学生寄宿部）
学校简介：该校由费莱明夫人创建于 1956 年，是欧洲第一所美国寄宿学校。学校的课程设置具有挑战性。以大学预备为基础，也包括大学先修课和国际学士学位课程。采用现代化的教学方式，地理上的便利，使该校学生可就近汲取欧洲文明。野外学习活动也相当丰富。学校还举办教育性或体育性的旅行项目，包括在科兰士蒙大拿为期两周的滑雪和在欧洲境内的旅行和学习。
课程设置：AP 课程：艺术史，生物学，英语和文化，英国文学，欧洲历史，经济学，微积分，统计学。
运动队：英式足球队，篮球队，羽毛球队，曲棍球队，网球队，游泳队，田径队，越野队。
社　　团：骑马社，健身社，竞跑社，手工艺品社。
大学去向：迈阿密大学，印度安大学，芝加哥大学，华盛顿大学，乔治城大学，波士顿学院，纽约大学，悉尼大学。

编后语

在编写本书过程中，我得到很多朋友的帮助。我非常感谢曾任名校菲利普艾瑟特书院招生部主任理查德德·舒伯特先生（Richard Schubart）所提供的指导及帮助；非常感谢美国相关的私立寄宿学校为本书的出版提供了大量的文字资料及数据；同时，也感谢李雁南女士所提供编辑方面的协助，还有钟宁真先生长期以来的大力支持及帮助。

美国私立寄宿院校是培养优秀学生的温床，各院校虽有先后排名，但各有优点和特长。家长及学生选择学校时，应着重考虑选读最适合家庭条件和学生学习情况的学校。适合自己的学校，就是最好的学校。

本书从编辑到出版经历了两年多时间，有些数据有待更新，我会在再版中更新数据。同时，未被收录介绍的学校也将在再版中补上。期望能得到广大读者和专家的批评与指导。

黎和平

二零一九年二月

CPSIA information can be obtained
at www.ICGtesting.com
Printed in the USA
BVHW071452130223
658298BV00011B/1263